KB105650

인간의 조건

칸트 탄생
300주년 기념

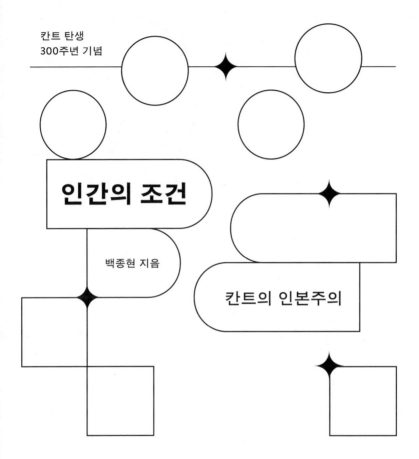

인간의 조건

백종현 지음

칸트의 인본주의

아카넷

책을 펴내면서

시류를 타고 있는 포스트휴먼화(posthumanization)의 이데올로기가 정신적으로 신체적으로 한계를 느끼고 있는 인간(휴먼)을 지상에서 영생할 수 있다고 유혹하고 있다. 이제 사람들은 교육이나 자기 수련 없이도 1)컴퓨터공학기술과 의생명과학기술에 의해, 2)인간의 신체나 정신을 직접적으로 조작하여, 3)인간이 갖는 인지나 감정적 기능, 신체적 능력, 건강 수명과 같은 기초적인 능력들을 개선하거나 강화할 수 있다고 한다. 누군가는 이렇게 해서 '인간 향상[증강](human enhancement)'이 이루어지면, 인간은 동물적 생, 인간적 생을 넘어 초인간적 생을 얻는 것이라고도 한다. 그러나 '초인간(포스트휴먼)'은 인간(휴먼)이 아니다.

'기술 발전, 곧 복지 향상'이라는 명분을 내세워 인류 문명의 지속적 발전을 위협하고, 인간의 규정(사명)마저 변경할 것을 종용하는 포스트휴먼화 이데올로기의 부상을 보면서 이제 우리가 재확인할 일은 무엇보다 '참다운' 인간의 모습이며, 더욱더 매진할 일은 휴머니즘(인본주의)의 증진이다.

우리가 바라는 것은 '개선된 인간' 내지 '인간의 개선'이지 '현존

인간의 변형'이나 '자연인간의 대체', '자연인간의 폐기', 제작된 개량 '유사인간'의 세상이 아니지 않는가? 물리생물학적 변조에 의해 현생 인류가 파멸, 소멸하고, '진화'라는 이름으로 신생 우월 존재자가 출현하는 것을 우리 인류가 바라거나, 남의 일처럼 지켜보고만 있을 수 있는 일은 아니지 않는가?

'포스트휴머니즘' 내지는 '포스트-휴머니즘'이라는 새로운 사조가 등장하면서 전통적 휴머니즘을 하나의 낡고 그릇된 사념으로 치부하려는 이들이 있지만, 인간(휴먼)이 인간으로서 '인간'이라는 중심에서 세계를 바라보는 것은 아주 자연스러운 일이다. 그리고 마땅한 일이다.

휴머니즘, 인본주의의 대표적인 사상가인 임마누엘 칸트(Immanuel Kant, 1724 1804)의 탄생 300주년을 맞아, 이른바 '인공지능의 시대'에 "인간은 무엇인지, 무엇이어야 하는지?"를 다시금 물으면서, 그의 사념의 길을 되걸어 본다.

역사상 최고의 철학자 가운데 한 사람인 칸트는 옛 독일 프로이센 왕국의 발원지인 쾨니히스베르크(Königsberg)에서 1724년 4월 22일에 탄생하여 그 도시에서만 평생을 살다가 1804년 2월 12일에 별세하였다.

칸트는 소박한 마구사(馬具師)인 아버지와 경건주의 신앙이 독실한 어머니의 아홉 자녀 중 넷째로 태어났다. 그렇지만 유아 사망이 많았던 시절이라 부모보다 오래 살아남은 형제는 세 누이에 남동생 한 명으로 실제로는 임마누엘이 빈한한 가문의 장남이자 상속자였다.

칸트는 6세(1730)부터 학교 교육을 받기 시작했는데, 중고등학교 시절에는 특히 고전 작품과 라틴어에 심취해 있었다. 그 사이 어머니를 여읜(1737) 소년 칸트는 1740년(16세)에 쾨니히스베르크 대학에 입학하여 철학, 수학, 자연과학을 폭넓게 공부하였다. 1746년(22세)에 그의 부친마저 세상을 떠난 직후, 그는 「활력의 참 측정에 대한 견해들」이라는 논문으로 대학을 졸업하고, 이후 9년간 쾨니히스베르크 근교의 세 가문에서 가정교사 생활을 하면서 생계를 유지하였다.

1755년(31세) 7월에 학위 논문 「불에 관하여」를, 같은 해 9월에 교수자격취득을 위한 마지막 논문 「형이상학적 인식의 제1원리들에 대한 신해명」을 제출하고, 사강사(私講師)가 되어 철학, 자연과학, 자연지리학, 신학, 인간학 등을 강의하였다.

1764년(40세)에 '시학' 교수 자리를 제의받았으나, 자신의 전문 분야가 아니라는 이유로 거절하고, 그 대신에 1765년에 겨우 왕립 도서관의 부사서직을 맡아 생전 처음으로 소액이지만 고정적인 급여(연봉 62탈러)를 받게 되었다. (그러고도 형편이 별로 나아지지 않은 칸트는 교수가 된 후에도 2년을 더 이 행정직을 놓지 못했다.)

1769년에 에를랑겐(Erlangen)과 예나(Jena) 대학에서 정교수 초청이 있었지만 거절하고 기다렸다가, 1770년(46세) 마침내 쾨니히스베르크 대학의 '형이상학과 논리학' 강좌의 정교수가 되었다(연봉 220탈러). 이때 그는 교수취임논문 「감성세계와 예지세계의 형식과 원리들에 관하여」를 발표하였다.

이후 거의 모든 사교생활에서 물러나 1781년(57세)에 대저 『순수이성비판』을 출간하고, 이어서 『형이상학 서설』(1783), 『윤리형이상학 정초』(1785), 『실천이성비판』(1788), 『판단력비판』(1790), 『이성의 한계 안에서의 종교』(1793), 『영원한 평화』(1795), 『윤리형이상학』(1797) 등 역저를 잇따라 내놓음으로써 철학사의 중심이 되었다.

그 사이 그는 1786년과 1788년 두 차례 대학 총장을 역임하였고(연봉 620탈러), 1787년(63세)에는 자기 집을 소유할 만큼 마침내 가난에서 벗어났다. 그러나 경제적으로 안정된 생활을 하게 되었을 때는 이미 결혼 적령기를 넘겨서인지 평생 독신으로 지내다가 1804년 80세 되던 해에 세상을 떠났다. 그의 유해는 처음에는 쾨니히스베르크 대사원의 교수 묘역에 묻혔다가, 1880년에 인근 교회 묘지로 이장되었고, 탄생 200주년을 맞은 1924년에 쾨니히스베르크 대사원의 '칸트 주랑(Stoa Kantiana)', 현금(現今)의 장소에 안치되었다.

1904년 그의 100주년 기일에 사람들은 "그에 대해서 자주 그리고 계속해서 숙고하면 할수록, 점점 더 새롭고 점점 더 큰 경탄과 외경으로 마음을 채우는 두 가지 것이 있다. 그것은 내 위의 별이 빛나는 하늘과 내 안의 도덕법칙(der bestirnte Himmel über mir und das moralische Gesetz in mir)이다."(KpV, A288=V161)라는 그의 『실천이성비판』의 맺음말 첫 구절을 새겨넣은 기념 동판을 쾨니히스베르크 성곽에 부착하여 그를 기렸다. 하지만 1945년에 원래의 동판을 유실하여, 1994년에 허물어진 쾨니히스베르크(칼리닌그라드) 옛 성곽의 모서리에 독일어-러시아어로 같은 글귀를 새긴 현재의 동판을 부착하였다. 독일인 칸트는 생전에도 쾨니히스베르크가 러시아에 의해 점령당했던 수년 동안 러시아 신민이었는데, 현재 사람들은 그의 묘소와 기념품, 기념관을 러시아 영토에서 찾아볼 수 있다.

지금은 칼리닌그라드(Kaliningrad)라는 러시아 땅인, 남쪽의 폴란드와 북쪽의 리투아니아 사이 동해(발틱해) 연안의 항구 쾨니히스베르크는 13세기에 독일 기사단이 세운 도시로, 여기서 프로이센 1대 왕 프리드리히 1세(재위: 1701~1713)가 즉위하여 왕국을 열었으니 장차 독일 통일의 대업을 이룬 프로이센 왕국의 발상지라 할 것이다. 칸트가 강사로 교단에 선 1775년에 건립 500주년 행사를 성대하게 거행한 이 도시의 주민 수는 1800년에 약 6만 명(당시 왕국의 수도인 베를린은 17만 명, 또 다른 대도시인 쾰른과 프랑크푸르트는 5만 명, 뮌헨은 3만 명)이었지만, 동해의 중심 해상무역항으로 영국, 스페인, 노르웨이, 아메리카 등지뿐만 아니라 아프리카의 상선도 드나들었다. 1544년에 개교한 쾨니히스베르크 대학(Albertus-Universität Königsberg)은 칸트 당대에 교수 수 30~40명, 학생 수 800명을 넘지 않는 정도로 그다지 큰 규모는 아니었으나, 각지에서 온 적어도 9개의 서로 다른 모국어를 사용하는 학생과 교수들이 구성한 그 당시 최신 학문의 전당이었다. 이 대학에서 칸트는 매주 16시간 이상(몇 학기 동안은 26~28시간)의 강의를 하는 한편, 그의 학문 활동 57년간(1747~1803)에 걸쳐 70편의 논저를 세상에 펴내 세계인과 교류하였다.(B. Dörflinger / J. J. Fehr / R. Malter 편, *Königsberg 1724-1804*, Zürich · New York: OLMS 2009 참조)

1900년에 개시하여 현재까지 29권 35책이 간행된《칸트전집(학술원판)》을 1890년대에 최초로 편찬 기획하고, 칸트협회를 설립한 독일 학자들은 칸트의 철학사적 위상을 평가하여, 칸트 이전의 모든 사상이 칸트에 모여 있고, 칸트 이후의 모든 사상은 칸트로부터 흘러나왔다고 말했는데, 이는 사실에 크게 어긋남이 없는 말이라 할 것이다. 오늘날 '칸트를 추종하거나 반대하면서 철학할 수는 있어도, 칸트를 모르고서는 할 수 없다'라는 세평이 칸트철학의 위상을 잘 말해준다.

그는 '존재' 개념을 공간 · 시간의 지평 위에 국한함으로써 존재 형이상학을 해체하고, 형식논리학에 대해 인식논리학(초월논리학)을 세움으로써 논리학(사고)=존재론(존재)으로의 길을 열었으며, 미적 판단의 보편타당성을 논변함으로써 미학을 학적으로 정초하였다. 이것만으로도 그는 철학 사유의 대혁신을 이루었다. 그러나 칸트철학의 불멸성은 무엇보다도 인간 존엄성의 근거를 대고, 인간 품격의 고양을 촉진하는 휴머니즘에 있다.

이 책은, 칸트 탄생 300주년을 기념하고자, 글쓴이가 지난 반세기 여에 걸쳐 칸트를 독해하면서 발표했던 다수의 논고 중 칸트철학의 정수(精髓)를 밝힌 수 편을 뽑고, 칸트의 인본주의 사상의 요점을 정리하여 묶은 결과이다. 이 책에 부분적으로 포함된 글쓴이의 옛글과 그 출처는 다음과 같다.

1. 「칸트: 현상의 존재론」, 수록: 『칸트연구』 1집, 한국칸트학회, 1995.

2. 「윤리 문제의 근본 주제」, 수록: 『철학사상』 제23호, 서울대학교 철학사상연구소, 2006.

3. 「칸트에서 '가능한 세계의 최고선'」, 수록: 『哲學硏究』 제96집, 철학연구회, 2012.

4. 「칸트 '인간 존엄성의 원칙'에 비춰본 자살의 문제」. 수록: 『칸트연구』 32집, 한국칸트학회, 2013.

5. 「칸트에서 선의지와 자유의 문제」, 수록: 『人文論叢』 제71권 제2호, 서울대학교 인문학연구원, 2014.

6. 『존재와 진리 — 칸트 《순수이성비판》의 근본문제』, 철학과현실사, 2000 · 2008(전정판).

7. 『칸트와 헤겔의 철학』, 아카넷, 2017(개정판).

8. 『인간은 무엇이어야 하는가』, 아카넷, 2021.

9. 『영원한 평화』(칸트 원저), 아카넷, 2013.

10. 『유작 I.1』 · 『유작 I.2』 · 『유작 II』(칸트 원저), 아카넷, 2020 2022.

이 책은 이상의 옛글을 포함하고 있기는 하지만, 부상하는 포스트휴머니즘에 주의를 기울이면서 이를 다소간 다듬어 쓰고, 이에 칸트 휴머니즘 사상에 관한 새로운 기술을 더했다. 책은 다음의 6장으로 구성되어 있다.

'**1장 인간의 세계 인식**'은 칸트철학의 대명사가 된 비판철학 시기 칸트의 자연인식론, 곧 경험적 실재론이자 초월적 관념론인 초월철학의 취지를 설명하고, 차츰 적극적인 의미로 확장해나가는 초월적 관념론의 행로를 서술한다. 그것은 칸트 인본주의 사상의 펼침의 행로이기도 하다.

'**2장 인간의 세계 규정**'은 말년의 칸트가 독일 이상주의 흐름에 합류하여 그의 초월적 관념론을 전반적인 세계 규정, 곧 '인간-세계-신'의 규정의 기본 틀로 삼으려 한 취지를 살펴 기술한다. 칸트『유작』의 여러 시론을 한 가지로 정리한 것이다.

'**3장 인간의 세계 실현**'은 칸트 도덕철학의 요지이다. 도덕은 당위적 실천에 있고, 그것은 이성의 말을 현실화하는 데에 있다. 이론이 세계의 관조라면, 실천은 세계의 실현이다. 지상에 사는 이성존재자인 인간(휴먼)의 희망은 지상에 천국을 세우는 일이다.

'**4장 인간의 조건**'은 인간이 한낱 동물도 아니고, 기계도 아니며, 그렇다고 신도 아님을 적시한다. 인간의 인간임은 무엇보다도 그의 자율성과 인문성(人文性)에 있다. 인간 개선의 요체는 부단한 자기 교화(敎化)이다. 칸트가 생각하는 인간에게 의무이자 목적인 명제는 '너 자신을 완성하라!'이다.

'**5장 인본주의**'는 칸트 휴머니즘의 기본 생각을 서술한다. '자연의 최종 목적'인 인간은 그 존엄성에 맞는 인간의 인간으로서의 권리, 곧 인권을 가지는바, 인권에는 상응하는 의무들이 있다. 또한 인권 실현을 위해서는 법치 국가, 나아가서는 세계의 평화가 전제된다. 칸트는 인간의 기본권의 토대로 '영원한 평화'를 설파한다.

'6장 인간 생활세계에서의 난제들'에서는 특히 오늘날 한국 사회에서 문제가 되고 있는 두 문제, 곧 사회 갈등의 문제와 자살의 문제를 칸트철학의 관점에서 성찰한다. 부록: '칸트의 생사관'을 참고로 붙인다.

이 작은 책자를 펴내는 데에도 많은 분의 협조와 노고가 함께하였다. 옛 문서 정리에 어려움이 있을 때 유상미 선생님은 변함없는 친절로 지체 없는 도움을 주었고, 출판사 아카넷의 김정호 대표님은 칸트 탄생 300주년을 기리는 뜻으로 이 책의 출간을 흔쾌히 맡아 주셨으며, 박수용 팀장님은 책의 출판 전 과정을 꼼꼼하게 관리해주셨고, 정민선 선생님은 언제나 그렇듯이 거친 글귀들을 정연하게 만들어주셨다.

칸트 탄생 300주년이 아무쪼록 한국어 독자들이 포스트휴머니즘의 시류 가운데서도 칸트의 휴머니즘을 되짚어보는 계기가 되기를 희망하면서, 함께한 여러 분들의 호의와 정성에 깊은 감사의 마음을 표한다.

2024년 4월 22일
정경재(靜敬齋)에서
백 종 현

3장 인간의 세계 실현

4장 인간의 조건

1장

인간의

세계 인식

1

현상존재론으로서의 칸트 초월철학

1) 대상으로서의 존재자 인식

(1) 대상 인식의 구조

어떤 것이 무엇이고, 그것이 있는가 없는가는, 즉 존재자의 본질과 존재는 인식을 통해서 우리에게 비로소 드러난다. 그렇다면 인간에게 인식은 어떻게 성립하며 어떤 구조를 가지는가?

칸트는 일차적으로 인식이란 "어떤 대상과 관련한 의식적 표상" (Log, A139=IX91[•]; V-Lo/Dohna, XXIV752; KrV, A320=B376이하 참조)

• 원문을 인용함에서 칸트의 경우, 저자 이름 없이 논저의 약호와 칸트 원저의 표준판 면수/학술원판 권수(로마숫자) 면수(아라비아숫자)만 본문 중 ( ) 안에 제시

이라고 규정한다. 이로써 칸트는 인식을 세 겹으로 설명하고 있다. 인식은 일종의 표상(repraesentatio)이고, 그것도 의식적 표상(perceptio)이며, 더 나아가서 대상에 대한 의식적 표상(cognitio)이라는 것이다.(KrV, A320=B376이하; V-Met/Schön, XXVIII471 참조)

어떤 대상에 대한 인식, 곧 사물 인식은 무엇인가 "있는 것"(KrV, A845=B873 · A633=B661 참조)에 대한 표상이다. 그런 한에서 그것은 한편으로는 그 표상되는 것을 '있는 듯이' 그려내는 상상과 구별되며, 다른 한편으로는 "있어야 할 것"(KrV, A845=B873)과 관련되어 있는 실천적 인식과도 구별된다. 객관적 인식으로서의 사물 인식은 관찰에 독립해서 존재하는 사물을 관찰함으로써 얻는 보편타당한 의식적 표상이다. 이런 이해에서 칸트는 사물 인식은 "자연인식"(KrV, A635=B663)이며 "이론적 인식"(KrV, A633=B661)이라 한다. 사물 인식은 '상상적'이나 '실천적'과 대조되는 사변적, 관조적, 관망적이라는 의미에서의 '이론적'[1] 인식이다. 그러므로 어떤 표상이 사물 인식인지 아닌지는 무엇보다도 그 표상이 "우리의 밖에 있는, 우리의 감관의 대상들로 주어져 있"는 무엇인가가 "우리 감관들을 촉발함으로써 우리 안에 결과하게 한 표상"(Prol, A62이하=IV289 참조)인지 아닌지에 달려 있다. 그러니까 우리의 표상에 독립해서 존재하는 것 없이는 사물 인식이란 없다. 사물 인식이란,

---

하고, 완전한 서지 사항은 책의 말미 「참고문헌」에서 모아 밝힌다. 칸트 외의 저자의 경우에는 본문 중에서나 본문 하단의 각주에 서지 사항을 충분히 알 수 있도록 저자 이름과 원서의 제목을 적절히 밝히고, 완전한 서지 사항은 「참고문헌」에서 제시한다.

요컨대 존재하는 어떤 것이 무엇이며 어떻게 있는가를 개념적으로 표상함이다. 여기서 우리는 사물 인식은 세 요소, 곧 표상함이라는 작용[의식: 인식 작용], 표상된 것[인식 내용], 그리고 표상되는 것[인식 대상]의 3중 구조로 이루어져 있음을 알 수 있다.

그런데 칸트는 또한 다른 문맥에서 인식은 "주어진 표상들이 한 객관과 일정하게 관계 맺는 데서 성립한다"(KrV, B137)라고 말한다. 여기서 '주어진 표상들'이란 '우리 밖에 있는 무엇인가가 우리 감관을 촉발하여 우리 안에 영향을 미친 것'으로서의 "감각들"을 지칭하며, 때때로 칸트가 "현상의 잡다"(KrV, A20=B34) 혹은 "직관의 잡다[한 표상들]"(KrV, B136 참조)라고 부르는 것이다. 이 표상들은 어떤 것이 우리를 촉발함으로써 우리에게 '주어지는' 것이다.(KrV, A19=B33 참조) 무엇인가에 의해 촉발되어 주어지는 표상을 수용할 수 있는 인간의 인식 기능을 "감성"(KrV, A19=B33)이라고 부른다. 그런데 이 감성은 고유한 수용의 틀[형식]을 가지고 있어서 그 틀에 맞게 주어지는 표상을 받아들인다. 그 수용의 틀이 공간·시간의 형식이다. 그러니까 주어진 표상들은 직관의 잡다이지만, 공간·시간적으로 정돈된 잡다이다. 이제 이 감성을 통해 주어지는 잡다한 표상들을 한 대상과 일정하게 관계 맺는다고 함은 무엇을 말하는가? 그것은 그 주어지는 표상들을 한 대상으로 일정한 방식에서 통일적으로 표상함을 말한다. 이때 그 통일은 어떻게 이루어지는가? 이 통일적 표상 작용은 또 하나의 인식 기능인 "지성"(KrV, A51=B75)의 "통각의 근원적-종합적 통일의 조건"(KrV, B136)에서의 활동을 통해 수행된다. 이로써 객관적으로 타당한 하나의 인식이 성립한다. 이런 뜻에서 인식, 곧 "어떤 대상과 관련한 의식적 표상"은 '주어지는 표상들을 한 대상과 일정하게 관계 지음'에서 성립한다.

"어떤 대상과 관련한 의식적 표상"인 인식은 '주어지는 표상들을 한 대상과 일정하게 관계 지음'에서 성립한다는 칸트의 인식 규정 안에서, 우리는 칸트가 포착하고 있는 인식 현상의 전모를 들춰낼 수 있다. 뒤의 '일정하게 관계 지음'은 바로 앞의 '의식적 표상'으로서 그것은 지성의 통각에서의 종합 통일 작용을, 그리고 뒤의 '주어지는 표상들'은 감성에서 공간·시간 질서 형식에 따라 수용된 감각의 잡다를 뜻한다. 그러나 앞의 '어떤 대상'과 뒤의 '한 대상'은 여기서 구별해야 한다. 앞의 '어떤 대상'은 우리 밖에 있는 인식되어야 할 것을 제시한다. 그러니까 그것은 우리가 아직 "그것이 무엇인가"(KrV, A277=B333, KrV, B164 참조)를 모르며, 인식을 통해서 비로소 우리에게 알려질 것이다. 그러므로 그것은 "어떤 것 = X"(KrV, A104)로 표현하는 편이 차라리 좋은 것이다. 그러나 그것은 우리 감관을 건드림으로써 자신이 존재함을 우리에게 알리며, 그것의 건드림[촉발]을 통해 생기는 이른바 '주어지는 표상들'을 우리는 수용한다. 그러므로 이 '어떤 것'은 이를테면 '주어지는 표상들'의 생기 "원인"이다.(KrV, A288=B344·A494=B522 참조) 반면에 뒤의 '한 대상'은 "주어지는 직관의 잡다가 그 개념 안에 통합되어 있는 바로 그것"(KrV, B137)이다. 그러니까 그것은 우리 의식에서 인식된 것, 즉 우리에게 그러그러하다고 개념적으로 파악된 것이다. 그것은 나의 인식 작용에서 비로소 "나에 대해 객관"(KrV, B138)이 된 것이다.

'어떤 것의 의식 촉발'→'의식의 인식 작용'→'의식 안에서의 대상 인식'이라는 대상 인식의 과정과 구조를 염두에 두고서 칸트는 모든 "우리의 경험[사물] 인식조차도 우리가 [감각] 인상들을 통해 수용한 것과 (순전히 이 감각 인상들의 야기로) 우리 자신의 인식 능력이 자신으로부터 산출해낸 것의 합성"(KrV, B1)이라고 말한다. 이로써 칸트는 사물 인식의 두 요소, 곧 질료와 형식을 분명하게 적시하고 있다.

(2) 대상 인식의 두 요소: 질료와 형식

사물에 대한 경험적 인식은, 곧 실재적 실질적 인식은 그것이 객관적으로 타당한 것인 한, 인식하는 의식이 감각적으로 수용한 것(질료)과 자기 자신으로부터 산출해낸 것(형식)의 한 결합물이다. 그러니까 사물 인식은 말하자면 "전혀 다른 두 종류의 요소", 곧 감각으로부터 유래하는 인식을 위한 질료[재료]와, 순수 직관과 사고의 내적 원천에서 유래하는, 저 질료를 정리 정돈하는 일정한 형식[틀]을 갖는다.(KrV, A86=B118 참조) 여기서 칸트는 '일정한 형식'에는 그 기능하는 방식이 서로 다른 두 가지, 곧 무엇인가를 수용하면서 정리하는 틀인 직관의 형식과 그 수용한 것을 종합 통일하는 틀인 사고의 형식이 있음을 구별하여 말한다. "감성"이라는 인간의 수용적 인식 능력에 그 원천을 갖는, 따라서 순수하고 선험적인 감성 작용, 즉 직관의 형식이 바로 공간·시간 표상이다.(KrV, A19=B33이하 참조) "지성"이라는 인간의 자발적인 인식 능력에 그 원천을 갖는, 따라서 역시 순수하고 선험적인 지성 작용, 즉 사고의 형식이 범주인 순수 지성개념들이다.(KrV, A76=B102이하 참조) 그러니까 인간 인식의 일차적인 틀인 직관의 형식에 맞게 수용된 재료를 이차적인 틀인 범주에서 통일하는 것이 인간의 사물 인식 작용이다.

직관의 형식과 사고의 형식은 순수하게 주관적인 표상이다. 다시 말하면 그것들은 그 원천을 인식하는 인간의 주관 안에 두고 있다. 그런 한에서 그것은 선험적이다. 그럼에도 범주들과 공간·시간은 "결코 생득적이거나 본유적인 표상들이 아니다."(ÜE, AB68= VIII221) 왜냐하면 선험적인 표상들인 범주나 공간·시간은 주어지는 대상들이 없으면 전적으로 공허한 것, 아무런 내용도 갖지 않는 것이기 때문이다.(KrV, A51=B75 참조) 칸트는 "직관에 속하는 것이든 지성개념에 속하는 것이든 그 모두를 취득된 것으로 본다."(ÜE, AB68= VIII221) 선험적인 표상들도 의당 취득된 것이며, 이를테면 "근원적으로 취득된 것"(ÜE, AB68= VIII221)이다. 우리 인식 능력은 이 선험적 표상들을 어떤 감각적 대상으로부터 얻는 것이 아니라 "자기 자신으로부터 성취해내기"(ÜE, AB68= VIII221)에 말이다. 그러므로 그 선험적 표상들이 "그렇게 그리고 다르지 않게 생겨나, 아직 주어지지 않은 객관들과 관계 맺을 수 있게끔 만드는 근거는 주관 안에 있을 수밖에 없고, 이 근거는 적어도 본유적이다."(ÜE, AB68= VIII221이하) 바꿔 말하면 선험적 표상들 자체야 본유적이 아니지만, 공간·시간과 범주들 같은 일정한 표상들을 있도록 하는 그 근거만은 주관에 본유적인 것이어야 한다. 그래서 칸트는 선험적 표상들의 "싹과 소질"은 이미 인간의 주관 안에 있다고 말한다.(KrV, A66=B91) 그러나 선험적 표상들이 주관 안에 이미 갖추어져 있는 것은 아니고, "경험을 기연으로 발전"(KrV, A66=B91)하는 것이다. 감각 인상이 "그것들을 산출하는 기회원인"(KrV, A86=B118, 참조 KrV, B1)이다. 그러니까 감각 인상이 없었더라면 선험적 표상들, 아니 일체의 표상들이 없었을 터이다. 인식의 질료가 없는 곳에서 인식의 형식은 "공허하고", 인식의 형식이 없다면 인식의 질료는 "맹목적이다."(KrV, A51=B72 참조)

사물 인식은 의식의 수용적이면서 자발적인, 이를테면 수동적-능동적 활동이다. 일정한 활동의 형식을 갖춘 인간의 인식 능력은 오로지 우리 감관을 촉발하는 무엇인가로 인하여 작동해서, 한편으로는 이 촉발하는 것에 대한 표상들을 얻고, 다른 한편으로는 "이 표상들을 비교하고, 그것들을 연결하거나 분리하고, 그렇게해서 감각 인상들의 원재료를 경험이라 일컬어지는 대상에 대한 인식으로 가공"(KrV, B1)한다. 이런 뜻에서 이 두 요소, 즉 우리 밖에 있는 것이 우리 의식에 대해 미친 효과인 감각적 질료와 우리 의식이 대상을 수용하고 수용된 감각 재료들을 스스로 가공하는데 사용하는 형식은 한 사물 인식이 성립하는 데는 불가결하다.

무엇인가 우리 밖에 있는 것이 우리 감성을 자극해서 우리 안에 감각 인상들을 일으키며, 또한 그것은 "경험에서 감각 인상은 그 개념들과 관련해서 전 인식능력이 발동하고", 하나의 감각적 사물에 대한 인식을 성립시키는 "최초의 계기를 제공한다."(KrV,

A86=B118) "그러므로 시간상으로는 우리에게 어떠한 인식도 경험에 선행하는 것은 없고, 경험과 함께 모든 인식은 시작된다."(KrV, B1) 그럼에도 우리는 감각 재료를 지성이 가공(加工)함으로써 비로소 그 감각이 관계 맺고 있는 대상을 인식한다. 인식함으로써 우리는 비로소 인식된 대상을 갖는다. 인식함으로써 알려지지 않은 무엇인가가 우리에게 대상(對象, Gegenstand)이 되는 것이다. 지성에 의한 가공이란 규정되지 않은 한갓 감각적으로 주어지는 어떤 것을 하나의 대상으로 규정함(Bestimmung)이다. 지성의 이 자발적 활동과 관련하여 칸트는 질료를 "규정될 수 있는 것(das Bestimmbare: das determinabile)"이라고 부르고, 반면에 형식을 이 것의 "규정(Bestimmung)" 혹은 "규정 작용(actus determinandi)"이라고 칭한다.(KrV, A266=B322; V-Met-L₂/Pölitz, XXVIII575 참조)

여기서 말하는 형식은 단지 범주로 기능하는 순수 지성개념들이며, 이에 상응해서 질료도 한갓 "감각에 대응하는 것"(KrV, A20=B34)이 아니라, 이미 직관의 형식에 따라, 즉 공간·시간적으로 정돈된 질료를 말한다. 지성은 사물 인식을 위해 자신이 예비한 일정한 형식에 따라 감성에 의해 공간·시간적으로 정돈되어 수용된 규정 가능한 것, 그러나 아직 규정되지 않은 잡다한 것을 하나의 통일된 무엇, 하나의 사물로 규정한다. 이런 지성의 활동을 통해 비로소 "어떤 것을 하나의 대상으로 인식하는 것이 가능"(KrV, A92=B125)하다. 어떤 무엇인가를 범주에서 규정함으로써, 곧 인식함으로써 무규정적이던 어떤 것이 인식하는 자에게 일정한 대상[사물]이 된다.(KrV, B138 참조) 사물 인식이란 요컨대 "객관의 규정"(KrV, B166)이다. 이 점에서 칸트의 생각은 "사물의 본질은 형식에 있다"라는 것이다.(VT, BM421=VIII404 참조) 그리고 이러한 생각은 "형식이 사물에게 본질/존재를 부여한다(forma dat esse rei)"(OP. XXII11·300·306·307·318·322·330·355·375·446·487·553 참조)라는 스콜라철학에 잇닿아 있다.

인간의 주관적 사물 인식의 형식이 바로 감각적으로 객관적인 사물을 사물로서 가능하게 하는 것, 곧 사물의 실질적 본질이다. 질료와 형식은 사물 인식과 사물 인식에서 규정되는 사물을, 곧 대상으로서의 존재자를 성립시키는 불가결의 두 요소이지만, 그러나 선험적 형식만이 인간의 경험적인 사물 인식에 보편성을 주는 근거이기 때문에, 이 선험적 형식만이 객관적으로 타당한 인식에서 인식된 대상의 순수 본질, 곧 보편적인 내적 근거를 이룬다. 이 점이 칸트 초월철학의 핵심 생각이고, 이러한 생각으로 인해 '초월철학'이라는 명칭이 생긴 것이며, 이 때문에 초월철학을 곧 존재론으로 간주할 수 있는 것이다.

2) 인식된 것으로서의 존재자와 존재자의 존재 해명

(1) 인식된 것으로서의 존재자: 현상

칸트에서 엄밀한 의미로 존재하는 것은 우리에게 존재하는 것으로 나타난 것, 즉 현상(現象, Erscheinung)이며 그런 뜻에서 언제나 '그 자체로 있는 것'이라기보다는 '대상', 우리 맞은편에 객(客)으로 있는 것, 곧 객체(客體) 내지 객관(客觀)이다. 이에 반해 대상을 규정하는 우리 인식 기능은 대상을 대상으로 가능하게 하는 본부, 즉 기체(基體)이며 그런 뜻에서 주체(主體) 내지는 주관(主觀)이다. 그렇다고 이 대상이라는 것을 주관이 임의로 만들어낸 것은 아니다.

우리가 인식한 대상, 그리고 같은 방식으로 우리가 인식할 수 있는 대상만이 우리에게는 존재하는 것이다. 그래서 우리는 우리에게 대상인 것에 관해서만 그것이 존재자임을 말할 수 있다. 우리가 인식하지도 않았고 인식할 수도 없는 것에 대해서 우리는 무슨 권리로, 그것이 존재한다고 말할 수 있겠는가? 그러나 우리는 우리가 하나의 대상을 어떻게 인식하는가를 반성해봄으로써, 우리의 일정한 선험적 표상에서 어떤 것이 하나의 대상으로 규정되고 인식되며, 바로 이 인식하는 표상 작용 중에서 인식된 대상이 도대체가 하나의 대상인 것으로 가능하다는 사실뿐만 아니라 대상의 인식은 그렇지만 대상을 그 현존의 면에서 생산해내는 것이 아니라는 사실, 그러니까 없는 것을 하나의 존재자로 창조해내는 것이 아니라는 사실 또한 잘 안다. 우리의 인식 작용은 현존하는 대상을, 그것이 우리에게 나타나는 대로 파악하는 의식 활동이다.

우리가 어떤 대상을 그것이 우리에게 나타나는 바와 다르게 인식할 수는 없다. 자기 자신의 선험적 표상에 따라서 우리 인식 능력은 우리에게 나타나는 어떤 것을 나타나는 그대로 하나의 대상으로 규정한다, 즉 인식한다. 우리는 우리의 선험적 표상 틀을 가지고서 하나의 대상을 형상화하는 것이다. 이것이 우리의 대상 인식이며, 바로 여기에서 어떤 것이 우리에게 하나의 대상(obiectum), 사물(res), 존재자(ens)이게 된다. 그러나 바로 이 때문에, 즉 우리의 인식 능력은 — '백지(白紙)'가 아니라 — 인식의 형식으로서 일정한 선험적 표상을 스스로 준비해가지고 있기에, 우리는 대상을, 그것이 그 자체인 바대로라기보다는, 우리에게 나타나는 바대로 인식할 수밖에는 없다.

우리 인간의 인식 기능의 수용성만이 아니라 오히려 우리 인간 자신의 인식 능력에서 선험적 표상을 산출해내는 그 자발성(Spontaneität)이 바로 그 자신의 한계, 유한성을 뚜렷하게 드러낸다. 우리의 인식 기능은 오로지 자신의 주관적 표상에 따라서만 무엇인가를 인식할 수 있고 인식해야만 하기 때문이다. 우리가 기왕에 갖추고 있는 선험적 표상에 알맞게 현상하는 것만을 우리는 인식할 수 있는 것이다.

우리의 선험적 표상들은, 요컨대 어떤 것을 하나의 그러그러한 대상으로 규정한다. 하나의 그러그러한 대상인 것으로 규정된, 우리에게 존재자인 것은, 그 자체로서는 무엇인지 우리에게 아직 알려지지 않은 그것이 비로소 현상함으로써 자신이 현존함을 우리에게 알려준다. 그러므로 우리에게 대상이란 어떤 무엇의 '현상'일 뿐이다.

(2) 현상으로서의 존재자의 '임'[본질]과 '있음'[존재]

칸트에서 한 대상을 인식한다는 것은 한 대상을 본질적으로 규정한다는 뜻이다. 그러나 대상을 본질적으로 규정함은 대상을 그 현존에서 생산해냄이 아니고, 한 대상을 그러그러한 대상으로서 가능하게 함이다. 하나의 대상을 그러한 대상으로 가능하게 만드는 것은 그 대상의 실질적 본질이다. 이 대상의 실질적 본질 규정은 바로 그 대상이 현존함을 전제로 한다.[2] 이것은 대상의 본질과 대상의 현존은, 즉 어떤 대상이 그런 대상'임'과 그런 대상으로 '있음'은 별도의 범주임을 함의한다.

칸트에서는 어떤 것이 무엇이고, 몇 개이며, 다른 어떤 것과 어떤 관계를 맺고 있는가의 규정, 곧 질(質)·양(量)·관계(關係)의 범주는 말하자면 대상의 본질 규정의 형식이고, 이 범주에서 규정되는 것은 기본적으로 어떤 것이 무엇이냐, 곧 어떤 것의 무엇'임'이지, 그 어떤 것이 있느냐 없느냐, 곧 어떤 것의 '있음'의 양태(樣態)가 아니다. 있음, 사물의 현존, 현실성은 사물의 실질적 규정이 아니다. 칸트의 예를 그대로 옮기면, "현실적인 100탈러[3]는 가능적인 100탈러보다 조금도 더 함유하는 게 없다."(KrV, A599=B627) 100탈러는 그것이 지금 내 지갑에 들어 있는 것이든, 내가 내일 봉급으로 받게 되는 것이든, 가령 쌀 열 가마를 살 수 있는 가치의 화폐라는 점에서는 똑같다. 그러니까 100탈러가 무엇이냐와 100탈러가 있느냐 없느냐는 별개의 문제이다.

한 대상의 실질적 본질 규정에는 '하나', '실재[질]성', '실체와 속성'과 같은 순수 지성개념들이 범주로 기능한다. '실체' 범주 없이는, 따라서 이 범주에 대응하는, 어떤 시간 관계에서나 동일한 것으로 지속하는 고정불변적인 것 없이는 시시각각 변전(變轉)하는 직관의 잡다한 질료들이 그 하나의 대상이라는 개념에서 생각될 수 없다. 곧 변전하는 것들이 "그" 대상으로 통합될 수 없다.(KrV, A182=B224이하, 제1 유추의 원칙 참조) '하나' 그리고 '실재[질]성'이라는 범주 없이는 어떤 것이 '하나의 무엇임'으로 생각될 수 없다. 이런 이유에서 한낱 인간의 사고 틀인 범주들은 '객관적 실재[질]성'을 갖는다. 즉 그것들은 대상으로서의 존재자의 실질적 순수 본질을 이룬다. 순전히 주관적인 사고 형식이던 순수 지성개념들이 그 개념 틀 안에서 인식된 대상, 곧 우리에서의 존재자의 존재 구조를 이룬다.

지성은 대상을 대상으로서 규정한다. 그러나 지성은 사물 인식에서 단독으로 그렇게 하는 것이 아니라 오직 감성과 '결합해서' 그렇게 한다. "지성과 감성은 우리에게 있어 서로 결합할 때만 대상을 규정할 수 있다. 우리가 그것들을 떼어놓으면, 우리는 개념들 없는 직관이거나 직관들 없는 개념을 갖는 것이지만, 이 두 경우에 우리는 아무런 일정한 대상과도 관계시킬 수 없는 표상들을 갖는 것이다."(KrV, A258=B314; 참조 KrV, A51=B75이하) 사물 인식에서는 어떤 경우에나 규정함[형식]에는 규정되는 것[질료]이 대응한다. 순수 지성개념 '실재[질]성'에 대응하는 것은 바로 "감각 일반에 대응하는 것"(KrV, A143=B182), 곧 "실재적인 것"(KrV, A175=B217)이다. '실재[질]성' 개념에 대응하는 이 직관 내용이 없으면 실재[질]성이라는 개념은 공허하다. 직관의 질료인 이 감각이 없으면 '실재[질]성'이란 한낱 형식적 개념일 따름이다. 감각이 인식된 대상의 내용, 실질, '무엇'을 이룬다. 그러나 감각 재료 자체는 한갓 잡다에 불과하다. 그 자체로는 '무엇'이라는 통일적 표상이 아니다. 직관은 감각에서 우리에게 아직 하나의 대상이라는 개념을 주지 못한다. 우리 인간은 '무엇'을 감각할 수는 없다. "'무엇'을 감각하기 위한 감각 기관은 없다."⁴ 그러나 "감각을 동반하는 표상"(KrV, B147)인 지각은 주어지는 감각을 그저 취하기만 하는 것이 아니라 하나의 '무엇'인가를 "맞이하여 미리 취한다."⁵ 즉 지각은 감각을 수용하면서 동시에 무엇을 예취(豫取)한다. 하나의 "무엇", "모든 감각에서 […] 감각 일반으로서의 감각에서 선험적으로 인식될 수 있는 무엇"(KrV, A167=B209)이 지각에서 예취된다. 이에 따라서 지성은 "본디 순전히 경험적인 것, 곧 감각에 관계하는 것에서" 경험에서 주어지는 감각 인상을 넘어서 "종합적이면서 선험적으로" 하나의 '무엇'을 인식한다.(KrV, A175=B217 참조) 그러므로 하나의 '무엇'은 결코 후험적으로 취해지는 것이 아니고, 오직 선험적으로 보태져서[종합적으로] 인식되는 것이다. 이렇게 해서 우리에게 하나의 대상, 현상으로서의 이 사물 혹은 저 사물이 있다. 이런 방식으로 지성은 인식된 대상의 무엇임, 현상으로서의 존재자임[본질]을 규정한다.

앞에서 이야기했듯이 한 사물의 무엇임, 실재[질]성은 그 사물의 있음, 현존과는 구별된다. "사물의 순전한 개념에서는 그 사물의 현존의 성격이 전혀 마주쳐지지 않는다."(KrV, A225=B272) 그러나 경험적으로 직관되고, 따라서 경험적으로 인식되는 대상의 실재[질]성[무엇임]은 그 인식된 대상의 현존을 고지(告知)한다. "현상에서의 실재적인 것(現象體 實在性)"(KrV, A265=B320; 참조 KrV, A166·A168·B209·A581=B609), 곧 "(현상에서) 사물 자신을 이루는 것"(KrV, A581=B609)은 자신이 현존함을 증시(證示)한다.[6] 현상으로서의 존재자의 실질, 곧 그것을 경험적 존재자로 만드는 바로 그것은 다른 것이 아니고 "직관의 실재[질]적인 것", 곧 "진짜로 경험적인 것", 곧 "감각"(Prol, A91=IV306)이다. 현상의 실재 내용은 곧 현상의 "질료", "재료"(KrV, A375·B207·A225=B273)인 감각에서 감각된 것이다. "감각은 […] 우리 밖의 사물들에 대한 우리 표상들의 한낱 주관적인 것을 표현한다. 그러나 그것은 본래 표상들의 (그에 의해 실존하는 무엇인가가 주어지는) 질료적인(실재적인) 것을 표현한다."(KU, BXLII이하=V189) 그러므로 "감각들 일반에 대응하는 실재적인 것"은 상상물이 아니라 "그 개념 자체가 하나의 '임'을 함유하는 무엇인가를 표상"(KrV, A175이하=B217; 참조 KrV, A143=B182; Refl 6324, XVIII647)한다. 감각에 수반되는 표상으로서의 지각은 '무엇'인가를 예취하면서 그 실질(적인 것)을 현실적인 것으로 표상한다.[7] 지각은 "현실성[현존하는 것]의 표상"(KrV, A374)이다. 그러므로 지각에서 예취된 '무엇'을 지성은 주어진 감각(실질)이 그것에 귀속하는 기체[실체]로서 어떤 현존하는 것을 표상한다. 다시 말하면, 지성은 이로써 '하나의 그러그러한 실제로 있는 대상'을 규정한다. 여기에서 우리에게 '현존하는 하나의 무엇인 것'이 나타난다. 이것이 우리에게는 실재하는 존재자이다. 이런 의미에서 지성은 인식된 대상의 무엇임과 어떻게 있음, 곧 존재자의 본질[임]과 존재[있음](방식)를 규정한다.

지각에서, 그것의 내용인 감각이 지각되는 사물의 실질을 이루는 바로 그 지각에서 그 사물의 현존함[현실성]이 고지된다. 그래서 지성은 그의 범주적 사고에서 "경험의 질료적 조건(즉 감각)과 관련되어 있는 것은 실제로 있다[현실적으로 실존한다]"(KrV, A218=B266)라는 원칙을 요청한다. 경험적 사고는 보편타당한 사고의 틀에 맞게 "사물들의 현실성[현존함]"을 인식하는 데에 "지각, 그러니까 의식된 감각을 요구한다."(KrV, A225=B272) 왜냐하면 지각 곧 지각에서 포착되는 사물의 실질이 그 사물의 "현실성의 유일한 특징"(KrV, A225=B273)이기 때문이다. 직관에서 주어지는 실재[질]적인 것만이 어떤 사물의 현존함을 보증한다. 그러나 여기서 사물의 실재(적 본질)와 그것의 현존(성)을 혼동하거나 동일한 것으로 생각해서는 안 된다. 실재(적 본질)성은 그 자체가 실재하는 것의 현존성은 아니고, 그 실재하는 것이 "주어지기 위한 조건"[8]이다.

하나의 대상이라는 '개념을 위한 재료'를 제공하는 지각이 이제 그 대상의 '현존함의 유일한 징표'이기도 하다고 칸트는 말했다. 이것이 뜻하는 바는 첫째로, 지각된 것 곧 지각을 통해 인식된 대상은 그것이 단지 상상되거나 생각된 것이 아니라 바로 지각되기에 현실적으로 있다는 것이다. 그러나 이것은 더 나아가서 바로 그 지각하는 자[지각의 주체]와 그 지각에서 지각되는 것[지각의 객체]이 그 지각함[지각 작용]의 "진짜 대응자[상관자]"(KrV, A30=B45

참조)로서 현실적으로 있음을 말하고자 한다. 실제로 현존하는 지각하는 주관 없이는 아무런 지각도 일어나지 않는다. 마찬가지로 지각 작용의 상관자로서 실제로 현존하는 대상이 없이는 아무런 지각도 일어나지 않는다. 지각이 한낱 상상이나 사고 유희가 아니라 실제로 현존하는 것의 "현실성의 성격"을 가질 수 있는 근거는, 바로 그것이 "어떤 현실적인 것을 표상"(KrV, A374)하는 데에 있다. 다시 말하면, 지각된 것의 현실성의 유일한 근거는 지각에서 표상되는 것의 현실성에 있다. 이런 반성을 통해 우리가 내릴 수 있는 결론은, 지각은 그 자체로서 지각하는 주관뿐만 아니라 지각되는 객관의 현존함을 지시한다는 것이다.

지각은 이를테면 지각하는 주관과 지각되는 객관의 만남 내지는 "마주침"(KrV, A92=B124이하 참조)이다. 사물 인식은 본래 하나의 '주관'[주체]과 '객관'[대상]의 '마주침'이다. 그러나 여기서 말하는 주관과 객관은 그 자체가 지각된 것 곧 현상은 아니다. 이 양자는 한갓 존재한다고 전제되는 것이다. 그러나 존재하는 것으로 단지 전제되는 이 양자는 지각 작용[지각함]과 현상으로서의 지각 대상[지각된 것]을 가능하게 하는 근거이다. 이 양자는 하나의 지각, 따라서 경험 인식 일반을 가능하게 하는 원리이다. 그래서 칸트는 전자를 '초월적 주관[주체]', 후자를 '초월적 객관[대상]'이라 부르며, 이때 '초월적'이란 "경험 인식을 가능하도록 하는"(Prol, A204=IV373 참조)이라는 의미를 갖는다고 할 것이다. (그렇다고 '초월적 객관'이 '실체' 개념처럼 "모든 경험에 선행하는(선험적인)" 것은 아니니, 이러한 명칭은 제한적인 의미만을 갖겠다.)

감각 일반에 상응하는 실재적인 것에 근거해서 지성은 직관된 대상, 곧 현상으로서의 존재자의 무엇임과 어떻게 있음을 규정한다. 여기서 지성은 그 감각적 실질을 내용으로 갖는 인식된 대상의 현존[현실성]을 정립한다. 그러나 현상으로서의 대상의 현실성 정립은 무엇보다도 이 "현상의 원인"(KrV, A288=B344) 내지는 "근거" (KrV, A380)로서 초월적 객관으로 이해되는 "사물 그 자체의 정립"(KU, B340=V402)을 뜻한다. 왜냐하면 인식된 대상 곧 현상이 실제로 존재하는 것으로 정립되는 "유일한" 근거는 다름 아닌 인식된 것의 질료인 직관의 실질이 그 직관의 상관자인 어떤 현실적인 것과 관련되어 있다는 사실이기 때문이다. 다시 말하면, 현상으로서의 대상의 현실성은 오로지 그 대상의 질료, 곧 감각이 그 근원을 어떤 현실적인 것에 두고 있음에 근거해서만 정립된다. 이는 더 나아가서 칸트가 "사물 자체로서의 모든 대상의 초월적 질료 (사물임, 실재[실질]성)"(KrV, A143=B182)라고도 표현했던 것, 현상으로서의 대상에서 감각에 상응하는 실재[질]적인 것은 현상으로서의 대상의 현존을 고지할 뿐만 아니라 초월적 객관이라는 의미에서의 '사물 그 자체'의 현존을 지시한다.

여기서 우리는 현상으로서의 대상의 현존뿐만 아니라 그렇게 말하기가 곤란할 것 같은, 그 자체로서의 사물의 현존에 대해서도 이야기하고 있으므로, '현존'(현실성)의 개념에 대해 다시 한번 해명을 덧붙이는 것이 필요할 것 같다.

칸트는 "우리에게 가능한 경험의 모든 대상은 현상들, 다시 말해 순전한 표상들 외에 아무것도 아니며, 그렇게 표상되는 대로,

[…] 우리의 사유 밖에서는 그 자체로 정초된 아무런 실존도 갖지 않는다"(KrV, A490이하 = B518이하)라고 말한 바 있다. 모든 현상은 "그 자체로는 사물들이 아니고, 표상들 외에는 아무것도 아니며, 우리 마음 밖에서는 전혀 실존할 수 없"(KrV, A492=B520)는 것이다. 그러나 이 말이 뜻하는 바는 경험 인식의 대상으로서 현상이 한갓 상상물 혹은 "망상"(KrV, A157=B196 · A222=B269)이라거나 지성이 대상의 현존성을 창안해낸다는 것이 아니다. 여기서 칸트가 말하려는 것은 현존[현실성]의 정립됨[정립성]이다. 우리에게 그러그러한 것으로 인식된 모든 현존하는 것은 실재[질]성을 갖춰 현존하는, 말하자면 객관적으로 실재하는 것이기는 하다. 그러나 현존[현실성, 실제로 있음] 그 자체는 전혀 사물의 실질 규정[내용]이 아니다.(KrV, A219=B266 참조) 그것은 사물의 사태성 내지는 사물성이 아니다.(KrV, A223=B270 참조) 현존 개념도 그 가운데 하나인 양태 범주들은 사물의 실재[질]적 술어로서 기능하지 않는다. 양태 범주들은 대상임의 보편적 본질에 속하지 않으며, 대상으로서의 대상의 본질을 한정[정의]하는 그런 순수 개념에 속하지 않는다.[9] '현존' 개념을 포함해서 양태의 순수 지성개념들은 그것이 덧붙여지는 것을 "객관의 규정으로서 조금도 증가시키지 않고, 단지 인식능력과의 관계만을 표현할 뿐이다."(KrV, A219=B266; 참조 KrV, A233=B286) 존재 양태 곧 하나의 대상이 규정되어야 할 방식의 범주로서 '현존'은 사물의 "구성적 술어(규정)가 아니라"(Refl 5255, XVIII133), 단지 형식적인 주관적 조건(KrV, A234=B286 참조)이며, "그를 통해서 비로소 대상이라는 것이 규정될 수 있는"[10] "지성

(그것의 경험적 사용)과의 관계에서의 한낱 사물의 설정(設定)"(KrV, A235=B287)이다. 그리고 이 설정은 필연적 보편적 설정이기 때문에, 직관의 실재[질]를 근거로 해서 객관적으로 규정된 현상으로서 현존하는 것은, 그것이 한갓 현상임에도 단지 우리의 사고 안이나 우리의 의식 속에서만, 즉 주관적으로만 타당하게 존재하는 것이 아니라 객관적으로 타당하게, 곧 "항상 그리고 누구에 대해서나 마찬가지로 타당"(Prol, A78=IV298)하게 존재한다.

직관의 실질(내용)에 의거해서 그것의 무엇임이 규정되는, 곧 인식되는 현존하는 것은 우리에게는 오로지 인식된 대상일 따름이다. 그런데 인식에는 이미 "감성에 독립적"(KrV, A252)으로 존재하면서 직관의 실질에서 자신의 현존을 알리는 현존하는 것이 전제되어 있다. 그것은 아직 무엇인지 알려지지 않은 어떤 것이다. 인식된 대상은 이미 알려진 것이다. 인식의 본래 대상, 즉 이제 인식되어야 할 대상은 그러니까 아직 알려지지 않은 어떤 것이다. 그 '어떤 것'은 아직 그것이 무엇인지 알려지지는 않았지만, 현존하는 것으로 전제될 수밖에 없다. 진정으로 사물 인식이 문제 되는 곳에서는 존재하지도 않는 것을 어떤 것이라고 부를 수는 없고, 존재한다고 생각되는 그러나 무엇인지 모르는 것을 '어떤 것'이라고 부른다. 이 어떤 것이 무엇인지, 그리고 어떤 방식으로 존재하는지를 인식은 개념적으로 파악하고자 한다. 일단 어떤 현존하는 것이 그래서 무엇인가로 인식되면 그 '어떤 것'은 한낱 어떤 것이 아니라 이미 일정하게 규정된 대상, 곧 인식에서 그것의 실질 내용이 규정된 '현상'이다.

인식되어야 할 것으로서의 어떤 것은, 그로부터 현상으로서의 대상의 질료가 주어지는 한에서 초월적 객관이라는 뜻에서의 '사물 그 자체'로 이해된다. 그 자체로서의 사물, 어떤 것 = X가 현존한다고 말함에도 그것은 알려지지 않은 것이다. 왜냐하면 그 자체로서의 사물이 현존한다고 말해도 그것은 실질 내용에서 조금도 규정되지 않으며, 따라서 그것이 무엇인지에 대해 전혀 인식된 바가 없기 때문이다. 현존함이란 대상의 아무런 실재[질]적 규정도 아니다. 그러나 이 말은 그 자체로서의 사물은 아무런 실질(내용)도 갖지 않는 한갓 현존하는 어떤 것임을 뜻하는 게 아니다. 아무런 실질 내용도 갖지 않으면서 존재하는 것이란 없을 터이다. "우리에게 알려지지 않은 것"(KrV, A492=B520)인 그 자체로서의 사물도 그것의 실질 내용[속성]을 가지고 있을 터이다. 다만 "항상 그것의 성질은 문제성 있는 것으로 남"(KrV, A38=B55)는다. 그것의 실질 내용[무엇임]은 우리에게 알려져 있지 않을 뿐만 아니라 결코 알려질 수도 없다. "사물들 자체에 속하는 그러한 속성들은 감관을 통해서는 우리에게 주어질 수도 없"(KrV, A36=B52)는 것이니 말이다.(KrV, A43=B60 참조) 그렇기에 인식하는 자인 우리의 맞은편에는 언제나 한갓 어떤 것이 마주 서 있다고 생각될 뿐이다. 그래서 "이것은 우리가 전혀 알지도 못하고, 도대체 (우리 지성의 지금의 설비로는) 알 수도 없는, 어떤 것 = X"(KrV, A250)인 그 자체로서의 사물은 질료의 면에서 현상을 가능하게 하는 근거로 간주된다. 그것은 우리 감성의 "진짜 대응자[상관자]"(KrV, A30=B45)이자 또한 "감성적 직관의 잡다의 통일을 위한 통각의 통일의 상관자로"(KrV, A250)도 기여한다. 바로 "이 통각의 통일에 의해 지성은 잡다를 한 대상의 개념 안에 통일"(KrV, A250)시키는 것이다.

순수 지성개념은 인식의 형식으로서 대상에 관계하며, 그 질료는 우리에게 감각 경험적으로 주어진다. 감각 경험적으로 주어지는 질료의 내용은 다름 아닌 바로 그 감각이다. 그런데 감각은 한갓 상상이나 사념과는 달리 "대상의 실제적 현전[現前]을 전제"(KrV, A50=B74)로 한다. 그러나 이 대상은 우리에게 인식된 대상인 엄밀한 의미에서의 현상과는 달라야 한다. 왜냐하면 규정된 대상은 규정하는 인식을 통해 비로소 '우리에 대해서 대상'이 된 것인 데 반하여, 저 대상은 '그 자체로서의 대상[사물]'으로서, 이로부터 규정되어야 할 질료가 규정 작용[형식 기능]에게 주어지는 것으로 간주되기 때문이다.

범주에서의 규정은 대상의 대상임, 존재자의 존재를 규정함이다. 다시 말하면 그것은 존재자가 무엇이며, 그것이 우리 인간에 대해 어떤 방식으로 있는가 하는 존재양태를 규정함이다. 범주는 규정하는 인식에서 대상 일반을 가능하게 하는 보편적인 지성개념이기는 하지만, 이 대상과 저 대상을 구별 가능하게 하는 규정될 것으로서의 질료가 주어질 때만 의미 있게 기능할 수가 있다.

결론적으로 말해 칸트에서 존재자의 존재를 규정하는 사물 인식은 바로 존재자의 무엇임과 어떻게 있음을 개념적으로 파악함이다. 그러므로 규정하는 인식을 가능하게 하는 근거(형식)로서의 범주에 관한 칸트의 이론은 현상, 곧 그것의 실질 내용[질료]이 어떤 현존하는 것에 귀속시켜야 할 현상으로서의 존재자 일반의 보편적 본질에 관한 이론이다. 이런 의미에서 칸트의 범주들("즉 순수한 지성개념들")은 "존재론적"(KU, BXXIX = V181) 개념들이다. 순수한 선험적인 지성개념들인 범주는 "경험 일반을 가능하게 하는 조건"이자 "동시에" 이 경험 인식에서 인식된 "경험 대상 일반을 가능하게 하는 조건"이기도 하다(KrV, A158=B197 참조)는 점에서 '초월적' 개념들이다. 그것들은 존재자를 존재자로서 가능하게 하는 근거(ratio essendi)이다. 그러나 이때 존재자는 우리에 대해서 그러그러하게 있는 대상인 것, 곧 현상일 따름이다. 그러므로 칸트에서 초월철학인 존재론은 우리에게 경험 감각적으로 인식되는 것, 곧 현상의 존재론이다.

3) 유일하게 가능한 존재론으로서의 현상존재론의 함축

존재자의 보편적 본질에 관한 이론으로서 존재론은 우리 인간에게는, 그 존재하는 것의 보편적 본질이 인식될 수 있는 한에서만 가능하다. 그런데 칸트에 따르면 우리에게는 감각적 직관에서 주어지고 주어질 수 있는 사물만이 인식되고 인식될 수 있다. 그러니까 칸트에서 우리에게 유일하게 가능한 존재론은 감각 경험적으로 인식되고 인식될 수 있는 존재자 일반, 곧 칸트적 의미에서의 현상 일반에 관한 존재론이다.

인간의 경험적 대상 인식은 규정될 수 있는 질료와 규정하는 형식의 결합으로써 가능하고, 이에 상응해서 우리 인간의 인식 능력은 본질적으로 서로 다른 두 기능, 곧 주어지는 어떤 것을 수용[직관]하고, 그 수용[직관]된 것을 자기 활동적으로 가공[사고]하는 기능을 갖는다. — 이러한 반성에서 칸트의 유일한 우리에 대한 대상인 현상으로서의 존재자의 본질에 관한 이론이 출발한다. 이 반성이 우리에게 말해주는 첫째의 것은 우리의 사고 기능, 즉 지성은 스스로 사고의 틀을 예비하고, 주어지는 소재들을 비교·결합·분리·추상하는 자발적 활동을 하지만, 그렇다고 그 소재들을 창조하는 것은 아니라는 점이다. 지성은 인식의 소재를 제공받고, 감성은 그것이 제공되는 창구의 역할을 할 따름이다. 어떤 것을 수용하는 인식 기능인 감성의 직관은 그 직관 대상을 현존하게 하는 것이 아니라 오히려 "객관의 현존에 의존적이고, 그러니까 주관의 표상력이 그것에 의해 촉발됨으로써만 가능한 것이기 때문"(KrV, B72; 참조 KrV, A92=B125)이다. 그렇기에 현상에 관한 이론은 불가불, 촉발하는 객관이 인식하는 주관에 독립해서 이미 현재한다는 전제 아래에서만 유의미하다.

경험적 직관의 재료, 곧 현상의 질료가 그로부터 유래하는(ÜE, BA56=VIII215 참조) 촉발하는 객관은 그 자체가 "현상들로서 관찰되지 않는"(KrV, A256=B312)다. 그것은 그 자체로서의 사물로 여겨지지만 현상을 현상이게끔 하는 근거로 간주된다는 점에서 초월적 객관이라고 할 수 있다. 그 자체로서의 사물은 우리에게 나타난 것, 현상이 아닌 한에서 "범주들을 통해 인식하는 것이 아니"(KrV, A256=B312)고, 따라서 "단지 그것들을 알려지지 않은 어떤 것이라는 이름 아래서 생각하기만 할 뿐"(KrV, A256=B312)

이다. 곧 그것은 "오로지 순수 지성에 의해"(KrV, A254=B310) 생각될 수 있고, "순전히 개념들에 의해서만 규정될 수 있는"(KrV, A285=B341) 것이다. 이런 뜻에서 그것을 "순수 사고의 대상들, 다시 말해 예지체[叡智體]들"(KrV, A287=B343)이라고 명명할 수 있다. 그러나 예지체, 곧 '지[오]성적으로 생각 가능한 것'이란 한갓 생각 속에만 있는 것을 의미하지는 않는다. 현상의 질료의 근원으로서 '사물 그 자체'는 인간의 인식 작용에 독립해서 실재하는 것일 수밖에 없다. 그것의 현상이 이미 그것의 실제 현존을 생각하도록 만든다. 그러므로 그것이 '생각 가능한 것'이라 함은 인간의 지성이 그 자체로서의 사물의 무엇임[실질 내용]을 알 수는 없지만, 그것이 현존함은 충분히 생각할 수 있음을 말한다. 그리고 이것은 다시금 대상에 대한 인간의 직관은 창안이 아니라 어떤 객관적인 것과의 관계 맺음이라는 것을 말하고, 또한 인간의 직관 기능인 감성은 "감성적 인식의 객관적 타당성"을 위해서는 객관적으로 주어지는 어떤 것만을 수용해야 하고, "감성적 직관을 사물들 그 자체 너머까지 연장"할 수도 없고, 연장해서도 안 된다는 것을 말한다. 여기서 예지체인 '사물 그 자체'라는 개념은 "감성의 참월[僭越]을 제한하기 위한 한계개념"(KrV, A255=B310이하)으로 기능한다. 다시 이 말이 뜻하는 바는, 인간의 직관은 스스로 그 대상을 창조해내는 무한한 본원적인 직관(intuitus originarius)이 아니라 현존하는 객관을 수용하는, 그것도 그것이 현상하는 그대로 수용하는 유한한 파생적인 직관(intuitus derivativus)이라는 것이다.

칸트가 간혹 그 자체로서의 사물을 "예지적인 것들(intelligibilia)"

이라고 표현하기는 하지만, 이로써 그가 그 자체로서의 사물은 "예지[오성]세계(mundus intelligibilis)"에 속하며, 우리에 대한 사물인 현상은 "감성세계(mundus sensibilis)"에 속한다고 말하려는 것은 아니다. — 만약 이런 뜻으로 '예지체'가 쓰인다면 그것은 "적극적인 의미"로 사용되는 것이겠다.(KrV, A249이하 · B307이하 · A252이하 참조) — 그 자체로서의 사물과 그것의 현상은 결코 서로 다른 두 사물이 아니다. 다름 아닌 그 자체로서의 사물, 그것이 그것의 현상에서 자신을 드러낸다. 현상은 다름 아닌 그 자체로서의 사물의 현상이다. 그러니까 이 말은 본래 예지세계에 속하는 어떤 것이 감성세계에 나타난다는 것을 뜻하는 것이 아니라 그 자체로 존재하는 어떤 것(ens per se)이, 그러나 그것이 무엇인지 우리에게 알려지지 않은 어떤 것이 인간의 감성이라는 조건 아래서 자신을 드러내며, 그것이 자신을 드러낸 모습의 "직접적인, 곧 감성적인 표상"(KrV, A252 참조)이 인간의 지성 기능의 조건 아래서 규정된다는 것을 뜻한다.

'현상'이 무엇인가의 나타남을 의미하고, 그 '무엇인가'가 미지의 것인 한에서, 그것을 '무엇인가 = x'라고 표시하는 것은 부득이하다. 그것을 칸트는 '사물 자체', '객관 자체', 또는 '대상 자체'라고 지칭하기도 하는바, 이러한 사태의 문제성은 『순수이성비판』 출간 직후부터 논란거리였다. 이와 관련하여 야코비(F. H. Jacobi, 1743 1819)는, 사물 자체를 "전제하지 않고서는" 칸트 초월철학의 "체계 안에 들어설 수가 없고, 그 전제를 가지고서는 그 안에 머물

수가 없다"[11]라고 강력히 문제를 제기했고, 적지 않은 비판이 뒤따랐다.[12] 그러나 칸트는 끝내 그 생각에 변함이 없었다.

"현상으로서의 모든 표상은 대상 자체인 것과는 구별되는 것으로 생각된다.(감성적인 것과 예지적인 것의 구별) 그러나 후자 = x는 내 표상 바깥에 실존하는 하나의 특수한 객관이 아니라, 오로지 감성적인 것을 추상한, 필연적인 것으로 인정되는, 이념[관념]이다. 그것은 예지적인 것으로서 인식 가능한 것(cognoscibile)이 아니라 x이다. 그것은 현상의 형식 바깥에 있는 것이지만, 사고 가능한 것(cogitabile) ― 그것도 필연적인 것으로 생각할 수 있는 것 ― 이기 때문이다. 주어질 수 없는 것이지만 생각되어야만 하는 것이다. 왜냐하면, 그것은 감성적이지 않은 어떤 다른 관계들에서 나타날 수 있기 때문이다."(OP, XXII23)

"공간 또는 시간상의 한 대상의 실존은, 그 대상이 선험적 종합 명제들을 통해 (직관으로) 주어져 있는 한에서, (현상체[Phänomenon]로서의) 현상[Erscheinung]에서의 대상의 표상이며, 이 현상체에 객관에 대한 하나의 지성표상의 상관자로서의 사상[事象] 자체의 개념 = x가 선험적 종합 판단들의 원리로서 대응한다."(OP, XXII48) 그러나 현상에서의 한 사물에 대응하는 '사물 자체'라는 것은 "순전한 사념물"(OP, XXII415), 생각해볼 수 있는 "예지체(noumenon)"(OP, XXII112)일 뿐이다. "사물 자체는 표상 바깥에 주어진 하나의 대상이 아니라, 객관에 대응하는 것으로 생각되는 하나의 사념물의 설정[定位]일 따름이다."(OP, XXII31) "사물 자체라는 개념은 한낱 사념물(ens rationis)로서, 직관의 객관을 현상으로 대립시켜 표상하기 위한 대상 = x로 쓰이는 것이다. [⋯] 그것은 단지 하나의 부호 같은 것으로 있다."(OP, XXII37) "사물 자체 = X는 감관들에 주어지는 객관이 아니라, 단지 감관직관 일반의 잡다의 선험적 종합 인식의 원리이자 이 잡다의 배열 법칙의 원리이다."(OP, XXII33) '사물 자체'라고 하는 것은 "객관적으로가 아니라 주관적으로만 규정할 수 있는 것, 하나의 무한한[무한정한] 개념(conceptus infinitus[indefinitus])이다."(OP, XXII420) 그것은 이를테면 "이성의 추정적 존재자(ens rationis ratiocinantis)"(OP, XXII421)이다.

우리 인간은 구조상 — 선험적으로, 그러니까 필연적으로 — 일정한 조건 아래서 작동하는 인식의 기능 형식을 가지고 있고, 바로 그 때문에 그 자체로 존재하는 어떤 것이 그것이 있는 바 그대로 우리에게 현상하는지 어떤지 알 수가 없다. 어쩌면 사물은 자기가 그것인 바 그대로를 우리에게 내보이는지도 모른다. 그러나 우리에게는 그것을 결코 확인할 방도가 없다. 이런 유보 상황에서 우리는 칸트와 더불어 말한다:

우리 인간의 인식 작용이 지향하는 인식의 대상은 다름 아닌 그 자체로서 존재하는 어떤 것이다. 그러나 우리가 정작 인식한 대상은 한낱 그것의 현상이다. 실재하는 존재자를 규정하는 인식인 경험 인식은 그 자체로서 존재하는 것을 파악하길 노린다. 그러나 파악된 대상은 바로 '파악된' 것이기 때문에 더 이상 그 자체로서 존재하는 것이라기보다는 한갓 우리에 대해서 존재하는 것으로 간주된다. 물론 그 양자는 동일할 수도 있다. 그러나 우리는 그것을 확인할 수가 없다. 오로지 이런 이해에서만 그 자체로서의 사물과 그것의 현상은 서로 구별된다. 그리고 오로지 이런 의미에서만 그 자체로서의 사물은 그것의 현상을 현상이게 한 근거[원인]로 간주된다.

4) 형이상학에 남겨진 문제

초월적 관념론이자 경험적 실재론인 칸트의 현상존재론이 형이상학에 남기는 문제는 많다. 그것은 무엇보다도 이론이성이 자신의 순수한 인식 능력을 검사한 결과, 감성적인 것으로부터 초감성적인 것으로 넘어가 지식을 확장할 능력이 자신에게는 없음을 확인한 데서 비롯한다. 형이상학(形而上學, metaphysica)이란 문자 그대로 자연적/감성적인 것에서 초자연적/초감성적인 것으로 넘어서는 지식 체계이니 말이다.

칸트의 이성 비판의 결과로 진리와 허위가 가려지는 지식의 영역은 현상 존재 세계에 국한된다. 그러니까 자연 현상 너머의 세계에 대한 지식 체계로서 '형이상학'은 칸트철학 체계 안에서는 설 자리가 없다. 그렇다면 인간의 삶에 진리·허위의 분간보다도 어쩌면 더 가치가 있는 선함, 아름다움, 신성함이라든지, 인생의 의의, 궁극목적, 영생(永生)의 가능성에 대한 탐구는 어디서 기대할 수 있는 것일까? 오로지 경험과학적인 탐구 방법밖에는 남아있지 않은가?

칸트는 이성 사용의 방식을 이론적 사용, 실천적 사용으로 나누어보았을 뿐만 아니라, 더 나아가서 반성적 사용의 방법까지도 제시하였다. 그리고 과학적 탐구의 목표인 진리 가치 외에도 '형이상학적' 가치들을 지속적으로 탐구하였다. 그러나 그에게 그런 가치들은 더 이상 인식의 대상이 아니고 희망과 믿음과 동경, 한마디로 이상(理想)의 표적이었다. 그래서 우리가 칸트에서 '진짜 형이상학'을 이야기하려면 그의 이상주의를 거론할 수밖에 없다. 그것은 이성주의, 합리주의의 정점에 서 있는 칸트에게서 낭만주의, 비합리주의를 발견하는 일이다.

칸트의 '이성 비판'이 형이상학을 파괴했다고 본 헤겔(G. W. F. Hegel, 1770~1831)은, 칸트 이래로 사람들은 "형이상학 없는 세련된 족속"[13]이 되어버렸다고 통탄했지만, 형이상학을 더 이상 진리 가치적, 이론적 지식의 체계로 볼 수 없다고 비판한 것이 형이상학을 무효화시킨 것일까? ─ 칸트 자신이 "형이상학이 없이는 도대체가 철학이라는 것이 있을 수 없[음]"(SF, A200=VII114)을 누구보다도 더 잘 알고 있었다.

칸트는 '이론이성 비판'을 통해서 자연 세계가 실제로 무엇인가를 학적으로 밝혔다. 그러나 '실천 이성 비판'을 통해서는 자연존재자가 아니라 이성적 존재자로서 인간이 이상적으로 무엇이어야 하는가를 밝혔으며, '판단력 비판'을 통해서는 자연 안에서의 인간이 무엇일 수 있는가를 반성적으로 규정하려고 하였다. 종교이성·역사이성 비판을 통해서는 장구한 세월을 두고 인간이 무엇이기를 기대해도 좋은가를 탐색하였다. 이 모든 것은 "인간이 무엇이고, 무엇이어야 하는가?"에 대한 철학적 탐구의 일환이었다. 그리고 이것들은 분명히 그의 '형이상학'의 내용을 이룬다. 그런데 이런 구명과 탐구에 체계의 완전성을 향한 '이성의 건축술'과 '믿음'과 '희망'과 '억측'이 개입되어 있다 해서, 그러니까 진위 분간이 손쉬운 순전한 지식 이외의 것이 섞여 있다고 해서 형이상학은 "모든 학문의 여왕"(KrV, AVIII) 자리를 잃게 되는 것일까?

칸트의 현상존재론은 이제까지 진리의 지식 체계이고자 했던 형이상학에 선(善)과 미(美)와 성(聖), 그리고 완전성의 가치 체계로의 전환을 모색하게 한 것이 아닐까? 그렇다면 형이상학은 지성적 지식 안에서가 아니라 이성의 이념 속에서 자신의 자리를 찾아야 하는 것이 아닐까?

인식은 감각 경험의 세계, 곧 자연을 있는 그대로 포착하는 것을 목표로 한다. 그러나 인간 심성은 객관과의 관계에서 인식만으로 충족되지 않는다. 인간은 왜 인식만 하지 않고 실천을 하는가? 인간은 왜 짐승처럼 행동하지 않고 '인간답게' 행위하려고 하겠는가? 왜 인간은 수용만 하지 않고 창작을 하고, 노동을 하는가? 인간은 왜 초목과 짐승들의 먹이사슬에서 벗어나서 기술(技術)을 발휘하려 하겠는가? 왜 인간은 자연을 단지 환경으로만 보지 않고 감상하며, 자연 속에서 외경과 전율에 빠지고, 예술 작품을 지어내겠는가? 인간의 "(생산적 인식능력으로서) 상상력은 곧 현실적인 자연이 그에게 준 재료로부터 이를테면 또 다른 자연을 창조해내는 데 매우 강력한 힘을 가지고 있다."(KU, B193=V314) 우리 인간은 현상 세계로서의 자연에서는 발견할 수 없는 어떤 이상(理想)에 자신을 맞추려 하고, 자연에 대한 감각적 경험이 우리에게 주는 소재를 가공하여 자연을 다른 어떤 것, 말하자면 자연을 넘어가는 어떤 것으로 개조해나가며, 여기에서 인간성을 찾는다. 바로 이 지점에서 형이상학은 자기 자리를 얻어야 하는 것이 아닐까?

그러므로 칸트가 이성 비판을 통해 엄밀한 지식 체계로서의 형이상학이 가능하지 않음을 드러냈다면, ─ 이 공적을 우리는 인정하고 그의 말을 귀담아들어야 한다 ─ 그때 무너진 형이상학은 진리의 학문이고자 했던 종래의 형이상학일 것이다. 그리고 종래 형이상학의 부질없음은 초감성적 언어로 쓰여야 할 형이상학이 당초에 감성적 언어로 읽히기를 기도한 탓이 아니겠는가? 이제 초감성적 세계의 학문으로서의 "진정한" 형이상학은 그 체계가 존재 세계와 부합하는지의 여부에서 그 학문성을 평가해서는 안 되고, 인간의 완성을 향해 있는 이성의 궁극적 관심(KpV, A215이하=V119이하 참조)에 비추어 평가해야 하지 않을까? 그렇다면 진정한 형이상학은 더 이상 존재론의 확장이 아니라 이념론 혹은 이상론일 것이다.

그래서 칸트가 비판적 관념론의 견지에서의 '초월적 관념론'에 아직 머무르고 있을 때 그의 후배들은 이를 비판하면서 '초월적 관념론'을 이상주의로 확장해나가려 했는바, 얼마 지나지 않아 칸트의 사념도 그 방향으로 걸음을 옮기기 시작했다.

2

칸트 초월철학의 행로

1) 비판철학에서의 초월적 관념론

(1) '초월적 관념론'

『순수이성비판』의 독해를 통해 알 수 있는 칸트의 초월철학은 존재자의 총체인 자연 세계란 우리 인간에게 인식된 세계, 즉 현상 세계로서, 이 현상 세계는 인식자인 인간의 의식에 의해서 규정되는 것인 만큼 인간의 의식에 의존적인 것이고, 그런 의미에서 일종의 관념의 체계라고 본다. 이런 의미에서 초월철학은 관념론의 기조 위에 서 있다고 하겠다.

그러나 '관념론'이란 보통 "감관의 외적 대상들의 현존을 부정"하지는 않되, "외적 대상들의 현존[이] 직접적인 지각에 의해 인식된다는 것을 인정하지 않고", "외적 대상들의 실재성을 일체의 가능한 경험에 의해서는 결코 완전히 확실하게 인지할 수는 없다"(KrV, A369)라는 주의주장을 뜻한다. 이러한 관념론은 일반적으로 "감관들과 경험을 통한 모든 인식은 순정한 가상일 따름이며, 오직 순수 지성과 이성의 관념들 중에만 진리가 있다"(Prol, A205=IV374)라는 주장을 함의한다.

이와 연관하여 칸트 비판철학에서 "모든 현상들의 초월적 관념론(transzendentaler Idealismus)"이란 "우리가 그 현상들을 모두, 사물들 그 자체가 아니라 순전한 표상들로 보며, 따라서 시간과 공간은 단지 우리 직관의 감성적 형식일 따름이고, 사물 그 자체로서의 객관들의 그 자체로 주어진 규정들이거나 조건들이 아니라고 하는 이론"(KrV, A369; 참조 Prol, A141=IV337)이다. 그 반면에 이에 맞서는 '초월적 실재론'은 "시간과 공간을 (우리 감성에 독립적인) 자체로 주어진 어떤 것"이라 보고서, 외적 현상들을 "우리와 우리 감성에 독립적으로 실존하는, 그러므로 순수한 지성개념들에 따르더라도 우리 밖에 존재할 터인 사물들 자체라고 표상한다."(KrV, A369) 이러한 초월적 실재론은 결국 '경험적 관념론'에 이르러, 우리 감각기능과 무관하게 그 자체로 존재하는 사물을 전제하고서는 그러한 사물 자체는 도무지 우리의 감각기능에 의해 온전히 인식될 수 없는 것이라고 회의하고, 그러면서도 우리에게 온전히 인식되지는 않지만 무엇인가 그 자체로 존재하는 것이 있다고 단정 짓는다.

그래서 초월적 실재론, 그러니까 경험적 관념론은 "외감의 대상들을 감관 자신과는 구별되는 어떤 것으로, 한갓 현상들을 우리의 밖에 있는 독자적인 존재자로" 본다. 그렇게 보게 되면 "이 사물들에 대한 우리의 표상을 제아무리 잘 의식한다 해도, 표상이 실존한다고 해서 그에 상응하는 대상도 실존한다는 것이 조금도 확실하지 않"다.(KrV, A371 참조) "무릇, 사람들이 외적 현상들을 그 자체로 우리 밖에 있는 사물들인 그것들의 대상들에 의해 우리 안에서 결과로 나타난 현상들로 본다면, 그들이 이 사물의 현존을 결과에서 원인을 추리하는 방식 외에 어떻게 달리 인식할 수 있는지는 알아낼 수가 없다. 그런데 이런 추리에서 저 원인이 우리 안에 있는지 밖에 있는지는 여전히 의문으로 남아 있을 수밖에 없다. 이제 사람들이 설령 우리의 외적 직관들에 대해서, 초월적 의미에서 우리 밖에 있음 직한 어떤 것이 그 원인이라고 인정할 수 있다고 하더라도, 그러나 이 어떤 것이 우리가 물질 내지 물체적 사물이라는 표상들로 이해하는 대상은 아니다. 왜냐하면, 이것들은 오로지 현상들, 다시 말해 순전한 표상방식들이기 때문이다. 그것들은 항상 단지 우리 안에서만 있는, 그리고 그것들의 현실성이, 우리 자신의 사고내용에 대한 의식과 마찬가지로 직접적인 의식에 의거하고 있는 것이다. 초월적 대상은, 내적 직관과 관련해서든 외적 직관과 관련해서든, 마찬가지로 알려지지 않는다."(KrV, A372)

이와는 달리 비판철학적인 초월적 관념론은 "생각하는 존재자로서의 나의 현존과 마찬가지로 물질의 현존을 우리의 순전한 자기의식의 증거에 근거해서 받아들이고, 그럼으로써 증명된 것으로 선언하는 데 아무런 의구심도 없다. 왜냐하면, 나는 나의 표상들을 의식하고 있으므로 이 표상들과 이 표상들을 가지고 있는 자인 나 자신은 실존한다. 그러나 무릇 외적 대상들(물체들)은 한낱 현상이고, 따라서 다름 아니라 일종의 나의 표상들이기도 하며, 그것들의 대상들은 오직 이 표상들에 의해서만 어떤 무엇이고, 이 것들을 떠나서는 아무것도 아닌 것이다. 그러므로 나 자신이 실존하듯이, 똑같이 외적인 사물들도 실존한다. 이 둘 모두 나의 자기 의식의 직접적인 증거에 근거해서 실존하는 것이지만, 다만 차이점은 사고하는 주체로서의 나 자신의 표상은 순전히 내감과, 반면에 연장적인 존재자라고 칭하는 표상들은 외감과도 관계 맺어져 있다는 점뿐이다. 나의 내감의 대상(곧, 나의 사고내용)이 가진 현실성에 관해서 추리를 할 필요가 없듯이, 나는 외적 대상들의 현실성과 관련해서도 추리할 필요가 없다. 왜냐하면, 그것 둘 모두 표상들일 따름이며, 표상들에 대한 직접적인 지각(의식)은 동시에 그것들의 현실성에 대한 충분한 증명이 되기 때문이다."(KrV, A370 이하) "그러므로 초월적 관념론자는 경험적 실재론자이며, 그는 현상으로서 물질[물체]에, 추론될 필요 없이 직접적으로 지각되는 현실성을 인정한다."(KrV, A372) — 그러니까 초월적 관념론은 감각적으로 경험한 것은 그것으로써 이미 실재를 입증하는 '현상'이고, 그 이상의 어떤 '사물 자체'라는 것은 한낱 관념일 따름이라는, 경험적 실재론(empirischer Realismus) 내지 경험 실재주의이다.

(2) '비판적 관념론'

그래서 칸트는 자신의 '관념론'이 한낱 "형식적 관념론"으로, 실은 전통적인 "진짜"(Prol, A205=IV374) 관념론, "본래의"(Prol, A207= IV375) 관념론에 대해 한계를 규정해주는 "비판적 관념론(kritischer Idealismus)"(Prol, A71=IV294 · A208=IV375)이라고 생각한다. 칸트의 비판적 관념론은, "공간을 순전한 경험적 표상"으로 보고서, "경험의 현상들의 기초에는 아무것도 선험적으로 놓이는 것이 없으니" "경험은 아무런 진리의 표준도 가질 수 없다"(Prol, A206이하=IV374 이하 참조)라고 하는 버클리(G. Berkeley, 1685~1753)류의 "교조적 관념론"(Prol, A208=IV375) 내지는 "광신적 관념론"(Prol, A70=IV293)이나 누구든 "물체 세계의 실존을 부인"할 수 있다는 데카르트(R. Descartes, 1596~1650)류의 "경험적 관념론"(Prol, A70=IV293) 내지는 "회의적 관념론"(Prol, A208=IV375)을 비판한다.

이에 칸트의 비판적 관념론인 초월적 관념론은 오히려 "순전한 순수 지성 내지 순수 이성에 의한 사물들에 대한 모든 인식은 순정한 가상일 따름이며, 오직 경험 중에만 진리[진상]가 있다"(Prol, A205=IV374)라는 논지를 편다. 이것은 "보통의[통상적인] 관념론을 전복시키는"(Prol, A207=IV375), "저 본래의 관념론과는 정반대"(Prol, A206=IV374)가 되는 주장이다. 이것은 차라리 관념론 비판 또는 "반박"(KrV, B274)이라고 볼 수 있다.

그렇기에 칸트는 '관념론'이 자기의 철학 "체계의 영혼을 이루고 있는 것은 아닌"(Prol, A205=V374) 것이라 한다. 그럼에도 칸트가 자신의 인식론을 굳이 "나의 이른바 (본래는 비판적) 관념론"(Prol, A207=IV375) 혹은 "형식적, 좀 더 적절하게 표현해 비판적 관념론"(Prol, A208=IV375)이라고 일컫는 것은, "진상은 오직 경험 중에만 있다"라는 그의 경험 실재주의적 주장에서, 경험된 것 즉 '현상'은 공간·시간 형식상에서만 우리에게 있을 수 있는 것인 우리 의식에 의존적이라는 사태를 도외시할 수 없기 때문이다. 이 대목에서 주의를 기울여 살펴볼 것은 실재적인 인식인 경험의 최초 단계로서의 '직관'의 성격이다.

(3) 경험적 실재론에서의 직관과 그 방식

개별적이고 직접적인 표상으로서의 직관

경험 실재주의로서의 칸트 초월철학에서 '직관'은 '개념'과 대비된다. 그것은 감성과 지성의 대비에 상응한다. 지성이 개념의 능력이라면 감성은 직관의 능력이다. 개념이 공통 징표에 의한 표상(repraesentatio per notas commmunes), 곧 보편 표상이라면, 직관은 "개별 표상(repraesentatio singularis)"(Log, A139=IX91)이다. 보편 표상이 여러 대상에 공통적인 그런 표상이라면, 이와 구별되는 개별 표상이란 적어도 여러 대상에 공통적이지 않은 표상이어야 한다. 그러니까 직관이란 하나의 특정한 것 내지는 단 하나의 것에 대한 표상이겠다.

개념이 공통 징표를 매개로 대상과 간접적으로 관계 맺는다면, 직관은 대상과 무매개적으로 또는 "곧바로(직접적으로)"(KrV,

A19=B33), 이른바 "직각적"(KrV, A68=B93 참조)으로 관계 맺는다. 직관이 '무매개적'이라 함은, 무엇인가(대상)가 우리를 촉발하면 직관은 '직접적'으로 발생함을 뜻하고, 그런 의미에서 직관은 우리를 촉발하는 어떤 것(대상)에 대한 "직접적인 표상"(KrV, B41)이다. 그러나 이런 경우의 직관은 감각을 촉발하는 무엇인가가 있는 직관, 그러니까 '경험적' 직관이다. 그런데 만약에 촉발하는 외적 대상 없이도 생기는 직관이 있다면, 그것은 감각에 독립적이라는 의미에서 '순수한' 직관이겠다. 그리고 그러한 순수한 직관은 "대상들 자체보다도 선행"(KrV, B41 참조)하는 선험적인 직관이겠다.

경험적 직관과 순수 직관

"경험적 직관"이 감각 질료를 포함하고 있는 것이라면, '아무런 감각도 섞여 있지 않은' 직관은 "순수한 직관"(KrV, A20=B34/35)이라 일컫는다. 그런데 직관은 감성의 작용방식이다. 그렇다면 감각과 무관한 직관은 감관[감각기능]에 의한 것일 수는 없으니, 순수한 직관은 감관 외의 또 다른 감성 능력 곧 상상력에 의한 것일 수밖에 없다.

그러나 상상력이 산출하는 모든 직관이 순수한 것은 아니다. 상상력이 산출하는 표상들 가운데서도 그것들의 재료가 어떤 방식으로든 감각적인 것으로 판명될 수 있는 것들이 있고, 따라서 그런 것들은 순수한 것이 아니라 경험적인 것이다. 그래서 순수한 직관이란 오로지 "감관 내지는 감각의 실재 대상 없이도 […] 마음에서 생기는"(KrV, A21=B35) 그런 직관만을 일컫는다. 그러므로 순수 직관의 원천은 마음에서, 인간의 주관에서, 곧 인간 자신의 감성 자체에서 찾아야 한다.

그래서 칸트는, 우리 인간이 감각에 앞서 "마음에 선험적으로 준비되어"(KrV, A20=B34) 있는 순수 직관에 의거해서 우리를 촉발하는 대상을 감각적으로 직관한다고 생각한다. 그러니까 순수 직관은 "직관의 형식"(KrV, B67; 참조 KrV, A20=B34 등)으로 기능하는 것이다. 그리고 직관이 감성의 본질적 기능인 한에서, 이 직관의 형식은 다름 아니라 바로 '감성의 형식'(KrV, A20=B34 참조)이기도 하다. 또한 그것이 '감성적 직관들의 형식'인 한에서, 그것은 단지 외감적 직관과 내감적 직관의 형식일 뿐만 아니라 상상력의 직관 형식이기도 하다. 그러나 이 형식이 "현상의 형식"(KrV, A20=B34), 바꿔 말해 경험적으로 직관된 것의 형식인 것은, 그것이 외감적 직관과 내감적 직관의 형식으로 기능하는 한에서이다. 감성에 선험적으로 준비되어 있는 표상인 이 직관의 형식과 경험적으로 직관된 것에서 모든 경험적인 것을 사상(捨象)한 다음에도 여전히 남는 감성적 표상인 경험적으로 직관된 것의 형식은 내용상 동일한 것이다. 그것은 다름 아닌 공간·시간 표상이다.

직관의 형식들인 공간과 시간 표상들은, 순수한 직관들인 한에서 그 자신도 직관된 것, 감성에 의해 표상된 것이고, 그것도 "아무런 실재하는 대상 없이" 표상된 것이다. 공간·시간 표상에는 우리의 표상력에, 곧 상상력에 독립해 있는, 어떠한 실재하는 대상도 대응하지 않는다. 공간과 시간은, 순수한 직관인 한에서, 순전한 "상상적 존재자(ens imaginarium)"(KrV, A291=B347; MSI, A₂18=II401)

이다. 그러니까 공간·시간은 우리 감성을 떠나는 그 즉시 아무것도 아니다.(KrV, A28=B44 참조) 그것들은 사물 자체도 아니고, 사물 자체의 성질들도 아니며, 또한 현상들도 아니다. 그것들은 엄밀한 의미에서는 도대체가 아무런 것(대상)이 아니다.

근원적 직관과 파생적 직관

"그 직관 자체를 통해 직관 대상의 현존이 주어지는 그런 직관"을 "근원적 직관(intuitus originarius)"이라 한다면, "그 직관이 대상의 현존에 의존하는, 그러니까 주관의 표상력이 대상에 촉발됨으로써만 가능한 그런 직관"은 "파생적 직관(intuitus derivativus)"(KrV, B72)이라 하겠다.

공간·시간 표상은 어떠한 대상의 촉발 없이도 이미 우리 안에 있는 표상이라는 점에서는 근원적인 것이지만, 오로지 감각되는 대상에 대해서만 실재성을 갖는 것이므로, 감각 대상과 관련해서만 취득될 수 있다는 점에서는 이를테면 "근원적 취득(acquisitio originaria)"(ÜE, BA68=VIII221·BA71=VIII223 참조)에 의한 표상이고, 그런 의미에서 일종의 파생적 직관이다. 엄밀한 의미에서 근원적 직관은 일체 감각에 의존하는 바가 없는 존재자, 신에게나 가능한 것이다.

감성적 직관과 지성적 직관

우리 인간은 감성을 통해서만 대상 인식이 가능하기에, 직관 또한 감성적 직관만이 가능하다. 공간·시간상에 있지 않은 무엇인가를 직관함, "비감성적 직관", 이를테면 "지성적 직관"은 인간에게는 공허한 것이다.(KrV, B148이하 참조) 이른바 '지성적 직관'은 직관을 통해 객관을 산출하는 "근원적인 존재자에게만 속하고,"(KrV, B72) 인식에서 주어지는 객관과 관계를 맺는, 그러니까 객관에 의존적인 존재자인 "우리로서는 우리의 감성적 직관 외에 다른 방식의 직관은 전혀 아는 바가 없"(KrV, A287=B343)다.

2) 칸트의 독일관념론[독일이상주의]과의 마주침

(1) 피히테의 '절대적 주관' 이론과 칸트의 대응

피히테의 자아론 전개

칸트의 비판철학에 대해 피히테(Johann Gottlieb Fichte, 1762~1814)는 "칸트의 정신을 넘어선 어느 곳에서도 더 이상의 연구 대상은 없다. 나는, 내가 분명하게 그리고 확정적으로 세우려는 원리들을, 칸트가 불분명한 채이기는 하지만, 자기의 모든 연구의 바탕에 가지고 있었음을 전적으로 확신한다"[14]라고 말하면서 자신의 지식론 체계를 전개시켜나간다.[15]

칸트는 자연인식에서 인간 이성은 선험적 원리를 가지고 있고, 그것이 인식의 범주로 기능한다는 점에서 인간 이성은 자연 세계의 틀일 뿐만 아니라, 자연 안에서 의지의 자유에 따른 도덕적 실천 행위를 한다는 점에서는 자연 세계를 실질적으로 변화시키는 주체이고, 이 인간 주체의 자율적 행위가 자연 안에서 성취되기 위해서는 자연 운행의 법칙과 선의지의 목적지향적 행위 법칙이 부합해야만 하며, 그렇다면 인간의 도덕적 행위와 꼭 마찬가지로 자연도 합목적적으로 운행함이 당연하다고 생각했다. 그러나 칸트에서 인간 이성에 내재한다는 자연인식의 범주는 어디까지나 개념 형식이며, 도덕적 행위의 자유 원인성도 초월적 이념으로서 어떤 존재적 지위를 갖는 것은 아니었다. 칸트가 말한 '자연의 합목적성'이라는 것도 자연에 합목적성이 사실적으로 내재하는 것이라기보다는 "오로지 반성적 판단력에 그 근원을 가지고 있는 하나의 특수한 선험적 개념"(KU, BXXVIII=V181)으로서 이를테면 합리적 세계를 해명하기 위한 "상대적 가정(suppositio relativa)"(KrV, A676=B704)으로 이해될 수 있는 것이었다.

그러니까 피히테가 볼 때 칸트가 "불분명한 채로" 즉 충분한 반성 없이 자기의 이론 체계의 원리로 사용하고 있는 것이란, 칸트가 인간 의식활동을 지(知)·정(情)·의(意)로 나눠보는 당대의 심리학에 따라 이론이성, 실천 이성[의지], 감정의 순수 기능을 분별 추궁하여 인식 이성의 자기활동적 초월성, 행위 의지의 자율성, 반성적 판단력의 자기자율성을 병렬시킨 점이고, 피히테가 더욱 "분명하게 그리고 확정적으로" 세우려는 원리란 이 세 가지 기능의 공통 토대를 말하려는 것으로 보인다. 칸트에서 참된 인식의 본부는 순수 이론이성, 선한 행위의 본부는 순수 실천 이성, 세계의 합목적성의 본부는 순수한 반성적 판단력으로 나뉘어 있는 셈인데, 피히테는 이것들이 가지고 있는 공통 성격인 의식의 자기활동성으로부터 의식과 의식의 대상들의 토대를 찾으니 말이다.

피히테는 칸트가 나누어본 의식 활동들을 하나의 원리로 설명하려는 것이다. 그는 인식이든 실천이든 희망이든 이런 것들은 모두 의식의 활동인데, 이런 "모든 의식의 근저에 놓여 있어, 그것을 가능하게 하는"• 것은 무엇이겠는지를 묻는다. 그리고 피히테는 그것이 가장 근원적인 것인 만큼 증명되거나 규정될 수 없는 의식의 "실행(Tathandlung)"이라고 생각한다.

의식의 사실(Tatsache)들은 모두 의식 안에서, 의식에 대해서 비로소 그 어떤 것이다. 그런 만큼 의식의 사실들은 그것이 무엇이 되었든 대상의식의 법칙 아래에 있다. 이런 사실 내용을 가능하게 하고, 의식의 법칙 작용인 것은 다름 아닌 의식의 사실행위 곧 실행이다.

의식은 궁극적으로 자기활동적인 것이고, 그런 뜻에서 자유이고 실천적이다. 대상이란 이 의식에 대해 있는 것으로 모두 의식에 의해서 정립되는 것이라 한다면, 스스로 자신을 정립하는 것, 곧 "순수 활동성"은 '나' 또는 '자아(das Ich)'라 해야 할 것이다. "나는 자기 자신을 정립하며, 자기 자신에 의한 이 단적인 정립에 의해 존재한다. 또 거꾸로, 나는 존재하며, 자기의 단적인 존재에 의해 자기 존재를 정립한다."(Fichte, *GW*, SW I, 96) 스스로 존재하는 것이 아닌 것은 '나'가 아니다. 그렇기에 '나', '자아'는 "절대적 주

• Fichte, *GW*, in: Sämtliche Werke[SW], hrsg. v. I. H. Fichte, Berlin / Bonn 1845 / 1935, Bd. I, 91. 이후에는 "(Fichte, *GW*, SW I, 91)" 방식으로 본문에서 출처를 제시.

관"(Fichte, *GW*, SW I, 97)이다. 절대적 주관인 나는 행위하는 자이고 동시에 행위의 산물이며, 실제 활동하는 자이고, 동시에 이 실제 활동을 통해 생산된 것이다. 실제 활동(Tat)과 행위(Handlung)는 "한가지이고 동일한 것이며, 따라서 '내가 존재한다'라는 실행(Tathandlung)의 표현이다."(Fichte, *GW*, SW I, 96) 그러나 '나는 존재한다'거나 '나는 생각한다'는 활동하는 나의 근원적 표현일 수 없고, '나는 행위한다'만이 그런 것일 수 있다. 그렇지만 여기서 주의할 점은, 나를 '행위하는 자', '활동하는 자'라고 할 때 그것이 데카르트의 '생각하는 자', '존재하는 자'에서처럼 어떤 실체를 뜻하는 것으로 이해해서는 안 된다는 것이다.

자연적 의식은 행위가 있다면 행위하는 자가 의당 전제된다고 생각한다. 그래서 사람들은 쉽게 실체로서 행위자를 생각한다. 그러나 칸트의 '초월적 의식'이라는 개념은 데카르트류의 이런 실체적 사고방식을 깨뜨렸다. 피히테는 여기서 한 걸음 더 나아가 기체(基體) 없는 순수 기능이 있다고 생각한다. 이 순수한 기능 활동이 모든 것의 토대이다. 모든 존재는 실행 속에서 실행의 산물로서 발생하는 것이다. '나', '자아'라 불리는 것도 실행 밖에 있는 어떤 것이 아니고, 실행 안에서 성립한다. 존재하는 자아가 실행하는 것이 아니고, 실행 중에 자아라는 것이 존립한다.

자아가 이론적으로 기능할 때 "자아는 자기 자신을 비아(非我)에 의해 규정된 것으로 정립한다."(Fichte, *GW*, SW I, 127) 인식 행위에서 '나'를 '나'로서 기능하게 하는 것은 물론 '그 자체로 존재하는 것'인 비아이다. 그러나 바로 이 '그 자체로 존재하는 것'이라는 것은 자아에 의해서 그러한 것으로 정립된 것 곧 대상일 뿐이다. 자아가 실천적으로 기능할 때 "자아는 자기 자신을 비아를 규정하는 것으로서 정립한다."(Fichte, *GW*, SW I, 246) 실천 행위는 무로부터의 창조도 아니고 무제한적인 생산도 아니다. 그러니까 자아가 자기 자신을 비아를 규정하는 것으로 정립한다고 함은 자아가 어떤 것에 대해 작용함을 뜻한다. 실천이란 자아가 어떤 것에 대해 작용함을 뜻하는 것이다. 실천이란 자아에 맞서 있는 것을 변형시키고 극복하는 행위이다. 그러므로 실천적 자아의 활동성은 노력이다. 노력은 대립하는 자가 있을 때만 있을 수 있는 일이다. 그러니까 실천적 자아의 활동이 있기 위해서는 비아의 정립 곧 이론적 자아의 활동이 전제된다. 다른 것이 아닌 바로 자아가 실천적이기에 역시 이론적이기도 해야 하는 것이다. 자아는 노력하는 자아로서 현실적인 것이기 때문에 사물의 세계를 실재적인 것으로 반드시 정립해야만 한다. "자아는 자아 안에서 자아에 대해서 비아를 맞세우고"(Fichte, *GW*, SW I, 110) 그것에게 새로운 목적과 새로운 형식을 부여한다. 이런 의미에서 자아는 자유롭다고 할 수 있고, 절대적 자아라고 부를 수 있다. 이 절대적 자아의 바탕 위에 비아에 맞서는 자아, 곧 상대적 자아와 그의 대상으로서의 비아, 곧 세계가 정초된다.

칸트의 대응

『순수이성비판』에서 철저한 인간 이성 자신의 능력 검토를 통하여 근본학으로서 철학을 수립하고자 했던 칸트가 스스로 그의 "[순수이성]비판은 하나의 방법론이고, 하나의 학문 체계 자체는 아니다"(KrV, BXXII)라고 말했을 때, 그리고 형이상학만을 "참된 철학"으로 이해한 칸트가 '순수 이성 비판'을 "본래 형이상학의 앞마당"(FM, A10이하=XX260; V-Met/Volckmann, XXVIII360; V-Met/Mron, XXIX752 참조), 또는 "예비학"(KrV, B25·A841=B869 등) 내지 "예비 연습"(KrV, A841=B869)이라고 언명했을 때, 피히테와 뒤따르는 독일관념론/독일이상주의자들은 칸트의 "이성 비판"의 정신은 계승하되 '참된 철학'인 형이상학의 내용까지를 제시하여 완전한 '학문의 체계' 자체를 수립하고자 기도하였다. 이러한 학문 운동을 목격한 칸트는 철학의 수행 방법으로서 '순수 이성 비판' 작업과 이 작업의 결실인 그의 저작『순수이성비판』을 구별해야 하며, 그의 저작『순수이성비판』에는 "해결되지 않은 또는 적어도 해결을 위한 열쇠가 제시되지 않은 형이상학의 과제는 하나도 없다"(KrV, AXIII)라고 환기하면서, 그의『순수이성비판』은 이미 "순수 철학의 완성된 전체"(1799. 8. 7 자「피히테의 지식론에 관한 해명서」, XII397)를 제시하고 있다고 천명하였다.

그와 동시에 칸트는 독일관념론/독일이상주의 유파가 일관성과 체계성을 내세워 '사물 자체' 개념을 제거함으로써 '현상' 개념을 왜곡하고, 하나의 '자아'를 내세워 다층적 세계의 토대 자체를 망가뜨리는 짓을 자신의 문헌에 대한 폭력으로 간주하고, 자신의 저술을 읽는 독자에게 "문자대로 이해할 것"(1799. 8. 7 자「피히테의 지식론에 관한 해명서」, XII397)을 요구했다.

그럼에도 칸트는 이미 이른바 '독일이상주의' 유파의 학문 방향을 그의 뜻에 맞게 조정할 수는 없었다. 피히테를 곧이어 셸링(Friedrich Wilhelm Joseph Schelling, 1775~1854) 또한 칸트의 철학을 학문 방법론으로 치부하고 그 자신이 '지식의 체계'를 제시하고자 하였으며, 그 뒤에는 칸트 비판철학으로부터 더 멀어진 헤겔철학이 한세월 많은 이들의 환호를 받았으니 말이다.

(2) 셸링의 초월적 관념론의 체계와 칸트의 응대

셸링에서 절대자로서의 자아와 '지성적 직관'

20대 초반에 셸링은 노령의 칸트를 넘어서려는 시론을 편다.[16]

셸링은 의식의 사실에 대한 반성을 통해 오로지 자기 자신에 의해서만 정립되는 것 곧 자아만이 무제약자임을 포착하고, 이로부터 '절대자' 개념으로 나아간다.

"자아란 본질상 자기의 단적인 존재(Seyn)에 의해서 절대적 동일성으로 정립되므로, 최고 원리는 '나는 나이다' 또는 '나는 있다'라고 표현될 수 있겠다."● '나'라고 하는 자아는 "모든 사고와 표상에 선행하는 존재이다. 자아는 생각됨으로써 있으며, 있기 때문에 생각된다. 자아는 자신이 자신을 생각하는 한에서 있으며, 또한 그런 한에서 생각된다. 그러므로 자아는 그 자신이 자신을 생각하기 때문에 있으며, 있기 때문에 그 자신이 자신을 생각한다. 자아

● Schelling, *Ich als Princip*, in: Sämtliche Werke[SW], hrsg. v. K. F. A. Schelling, Stuttgart 1856~1861, Bd. I/1, 179. 이후 Schelling 인용 출처는 본문 중에 약호로 제시함.

는 자기 생각을 통해서 자신을 — 절대적 원인성으로부터 — 산출한다."(Schelling, *Ich als Princip*, SW I/1, 167) 자아란 자기의 전(全)실재성과 실질성을 "오로지 자기 자신을 통해서 얻는 것이다." 그런 만큼 이 자아는 "절대자라고 일컬을 수 있는 유일한 것"이고, 그 나머지 것들은 "이 절대자 개념의 단순한 전개에 불과하다."(Schelling, *Ich als Princip*, SW I/1, 177)

셸링에서 1)자아는 "무제약적"(Schelling, *Ich als Princip*, SW I/1, 179)인 것이며, 그런 한에서 "오로지 자기 자신에 의해서만 있는 것이고, 무한한 것을 포섭하는 것"이다. 2)"자아는 단적으로 하나이다."(Schelling, *Ich als Princip*, SW I/1, 182) 만약 자아가 다(多)라면, 그것은 부분들의 실현일 터이니 말이다. 자아는 불가분리적인 것이고, 따라서 불변적이다.(Schelling, *Ich als Princip*, SW I/1, 192 참조) 3)"자아는 모든 존재, 모든 실재성을 함유한다."(Schelling, *Ich als Princip*, SW I/1, 186) 만약 자아 밖에 자아 안에 있는 실재성과 합치하는 실재성이 있다면, 그것 역시 무제약적일 터인데, 이것은 상호 모순이고 불합리한 것이니 말이다. 4)"만약 실체가 무제약적인 것이라면, 자아가 유일한 실체이다."(Schelling, *Ich als Princip*, SW I/1, 192) "따라서 존재하는 모든 것은 자아 안에 있고, 자아 밖에는 아무것도 없다."(Schelling, *Ich als Princip*, SW I/1, 192) "자아를 유일한 실체라 한다면, 존재하는 모든 것은 한낱 자아의 우유[偶有]성이다."(Schelling, *Ich als Princip*, SW I/1, 193)

자아를 유일한 실체 곧 절대자로 이해해야 한다고 함은, 자아는 결코 대상[非我]으로서 우리에게 주어지는 것이 아니라 단적인 자아로 파악된다는 뜻이다. 의식 활동과 의식의 모든 사실은 대상으로 혹은 대상의 방식으로 감각적 직관에 주어질 수 있는 것이 아니다. 자기 자신의 정립 활동의 파악은 명백히 다만 직접적으로 자기의 자발적 수행에서만 가능하고, 따라서 감각적 직관에서의 비아처럼 규정될 수는 없고, 오직 '지성적 직관'에서만 규정될 수 있다.

"대상이 있는 곳에 감각적 직관이 있으며, 감각적 직관이 있는 곳에 대상이 있다. 그러니까 어떤 대상도 없는 곳에는, 곧 절대적 자아에서는 어떠한 감각적 직관도 없고, 그러므로 아무런 직관도 없거나 지성적 직관이 있다. 따라서 자아는 그 자체로서 지성적인 직관에서 단적인 자아로서 규정된다."(Schelling, *Ich als Princip*, SW I/1, 181) 지성적 직관이란 대상 없는 직관이요, 자발성인 자기 자신에 대한 자발성의 직접적인 인식이다. 그것은 궁극적인 것에서는 자기 존재의 원리와 자기인식의 원리가 같은 것임을 말한다. 절대자는 절대자에 의해서만 그리고 절대자에게만 주어지고 파악되는 것이다.

절대자로서 '나'의 자기 정립이 함의하는 가장 기본적인 것은 나의 근거는 자유라는 것이다. 피제약성은 결국 자기 활동성과 그에 의한 자기 정립을 배제하는 것인 만큼, 자유 없는 자기 정립이란 생각할 수 없고, 순수활동으로서 자기 정립은 오로지 절대적 자유로서만 생각할 수 있는 것이다. 그런 의미에서 "자아의 본질은 자유이다."(Schelling, *Ich als Princip*, SW I/1, 17)

그런데 이 세계에서 '나'를 말하는 것은 인간이고, 인간만이 자아로서 자기활동을 한다. 그래서 우리는 "인간의 정신은 절대적으로 자유롭다"(Schelling, *AEIW*, SW I/1, 428)라고 말한다. 그런데 인간 정신의 자유로움은 그의 단적인 행위함, 곧 의지 의욕에서 드러난다. 의욕함에서 정신은 "자기 행위를 직접적으로 의식하며, 그러므로 이 의욕함이라는 의지 작용은 자기의식의 최고 조건이다."(Schelling, *AEIW*, SW I/1, 428) 정신은 의욕함 중에서 곧 자유 안에서 자기 자신을 직접적으로 인식하고, "바꿔 말하면 정신은 자기 자신에 대한 지성적 직관을 갖는다."(Schelling, *AEIW*, SW I/1, 428) 이 자기인식을 직관이라 함은 그것이 아무런 매개도 없는 직접적인 포착이기 때문이요, 지성적이라 함은 어떠한 감각적 소여도, 그리고 그에 근거한 어떠한 경험적 개념 없이도 '나'를 표상하기 때문이다.

셸링은 정신의 자유로운 활동이 어디에서보다 예술 창작에서 두드러지게 나타난다고 본다. 이미 칸트가 예시한 바이기도 하지만, 셸링도 인간 정신의 주요 활동으로 이론적 활동과 실천적 활동 외에 예술 창작 활동을 꼽는데, 그중에서도 창작 활동에서 정신의 정신성이 가장 잘 드러난다는 것이다.

인식과 행위, 이론과 실천은 객관에 의한 주관의 규정과 주관을 통한 객관의 규정을 말한다. 셸링은 이 맞서 있는 의식의 두 활동에서 동일한 하나의 뿌리를 발견한다. 표상들은 대상의 모상(模像: Nachbild)이거나 원상(原像: Vorbild)이다. 인식은 대상을 모사하는 것이고 실천 행위는 대상을 형성시키는 것이다. 모사하는 지성은 필연적인 어쩔 수 없는 활동이다. 반면에 대상을 형성하는 지성은 자유로운 의지적인 목적 설정적인 활동이다. 그런데 이론적 지성이나 실천적 지성은 근원에 있어서는 하나여야만 한다. 왜냐하면, 양자는 동일한 의식의 활동 양식이기 때문이다. 문제는, 지성이 어떻게 동시에 모상적이고 원상적일 수 있는가, 다시 말하면 어떻게 사물을 좇으면서 동시에 사물을 형성시킬 수 있는가 하는 점이다. 바꿔 말하면 지성 활동은 어떻게 필연적이면서 동시에 자유로울 수 있는가가 문제이다. 이 문제는 양자가 활동하는 바탕에 놓여 있는, 즉 의지의 대상을 그렇게 하듯이 인식의 대상을 창조하는 어떤 동일한 생산적 활동을 가정함으로써, 즉 자연 속의 의식 없는 합목적적 활동성과 일치하는 어떤 창조적 활동성을 가정함으로써만 해결할 수 있다. 그런데 자연 속의 의식 없는 창조적 정신에 부응하는 것은 의식에서는 인식도 의지도 아니고, 단 하나 예술적 창작이 있을 뿐이다. 자연의 생산적 힘이나 주관의 생산적 힘은 근본에서는 동일한 창조하는 정신이다. 자연은 대상의 실재 세계를 산출하는 반면에 자유로운 의식적인 예술적 창작은 대상의 이상 세계를 산출한다. 우주는 살아 있는 유기체일 뿐만 아니라 삼라만상이 통일적으로 상호작용하는 예술작품이요, 인간의 예술작품은 작은 우주이고 동일한 정신의 발현이다. 예술이야말로 감성적 현상 세계를 빌려 절대자, 정신을 개시(開示)하는 것이다.

예술 창작이 그 단적인 예이듯이 인간은 자유로운 활동을 통해서 세계 창조의 일정한 위치, 자연과 정신 사이의 중심적 본질존재의 위치에 들어선다. 자유는 자연과 정신을 결합시키면서 이 양자 속에 뿌리박고 있으므로 자유의 실현 매체인 인간은 이 두 세계의 통일 가능성을 포괄하는 유일한 자유로운 본질존재이다.

셸링에서 초월적 관념론으로서의 초월철학 개념

셸링은 "자연철학의 과제"가 "객관적인 것을 최초의 것으로 삼고, 그로부터 주관적인 것을 도출하는 일"(Schelling, *StI*, SW I/3, 342)이라면, 그와 반대로 "초월철학"의 업무는 "최초의 절대적인 것으로서의 주관적인 것에서 출발하여, 그것에서 객관적인 것이 발생하도록 하는 일"(Schelling, *StI*, SW I/3, 342)이라고 본다. 다른 것이 아닌 "지성(Intelligenz)에서 하나의 자연을 만드는 일"(Schelling, *StI*, SW I/3, 342)이 초월철학의 과제라는 것이다.

초월철학에서는 "주관적인 것이 — 최초의 것이자 모든 실재성의 유일한 근거이고, 다른 모든 것의 유일한 설명원리"(Schelling, *StI*, SW I/3, 343)이다. 초월철학자에게는 "주관적인 것만이 근원적 실재성을 가지"므로, 그는 "주관적인 것만을 앎[知]에서 직접적으로 객관으로 삼는다."(Schelling, *StI*, SW I/3, 345) 그것은 곧 "자기직관(Selbstanschauen)"이며, "비-객관적인 것"을 의식으로 가져와 객관화하는 것, 즉 "주관적인 것의 스스로 객관-되기(sich-selbst-Objekt-Werden des Subjektiven)"(Schelling, *StI*, SW I/3, 345)이다.

초월철학에서는 주관적인 것만이 근원적 실재성을 가지므로, 앎[知]의 최고 원리 역시 주관 안에서 찾을 수밖에 없고, 그것은 틀림없이 우리에게는 '최초의 앎[知]'이 있다는 것이다. 그리고 그 "최초의 앎[知]은 의심할 여지없이 우리 자신에 대한 앎, 바꿔 말해 자기의식이다."(Schelling, *StI*, SW I/3, 355) 이 "자기의식이 우리에게는 거기에 모든 것이 연결되어 있는 확고한 점이라는 사실은 증명할 필요가 없다."(Schelling, *StI*, SW I/3, 355) "무릇 자기의식은 우리에게 존재의 한 방식이 아니라, 앎[知]의 한 방식이고, 그것도 우리에게 단적으로 있는, 최고 최극[最極]의 방식이니 말이다."(Schelling, *StI*, SW I/3, 356)

"자기의식은 그에 의해 사고하는 자가 직접적으로 자기의 객관이 되는 작용(Akt)이다."(Schelling, *StI*, SW I/3, 365) 그리고 이 작용은 "절대적으로-자유로운 활동/행위(Handlung)"(Schelling, *StI*, SW I/3, 365)로서, 이 "자기의식에서 사고의 주관과 객관이 하나라는 사실은 누구에게나 자기의식의 작용 자체만으로써 명백하게 될 수 있다."(Schelling, *StI*, SW I/3, 365)

자기의식은 작용인데, 이 작용의 결과가 개념이고, 최초의 개념이 '나'이다. "'나'라는 개념은 자기의식의 작용에 의해 성립되고, 그러므로 이 작용 바깥에서[외에] 나는 아무것도 아니다. 나의 전체 실재성은 오직 이 작용에 의거해 있고, '나'는 자체로서는 이 작용 이외의 아무것도 아니다. 그러므로 '나'는 오직 작용 일반으로서 표상될 수 있으며, 그렇지 않으면 아무것도 아니다."(Schelling, *StI*, SW I/3, 366)

이 '나'의 작용에서 주관(표상하는 자)으로서의 '나'와 객관(표상되는 자)으로서의 '나'가 동일한 자기의식은 이를테면 "근원적"인 의식으로서, "순수 의식 내지는 진정한 의미에서의 자기의식"(Schelling, *StI*, SW I/3, 367)이라 일컫겠다. 그 반면에 한낱 표상되는 나는 "경험적 의식"(Schelling, *StI*, SW I/3, 366)이겠다.

이 순수한 자기의식은 '나'가 어떠한 매개도 없이, 직접적으로 '나'를 봄이므로, "직관(Anschauung)"이고, 그것은 직관하는 자와 직관되는 것이 구별되는 '감성적' 직관과는 달리, 직관하는 자가 곧 직관되는 자인 말하자면 "지성적 직관(intellektuelle Anschauung)"(Schelling, *StI*, SW I/3, 369)이다.

이 "지성적 직관이 초월적 사고[의식]의 기관(Organ)이다."(Schelling, *StI*, SW I/3, 369) "무릇 초월적 사고는, 자기 자신을 자유에 의해, 보통은 객관인 것이 아닌, 객관으로 삼는 것을 겨냥하니 말이다. 초월적 사고는 정신의 특정한 행위들을 동시에 산출하고 직관하여, 객관의 산출과 직관 자체가 절대적으로 하나이게끔 하는 능력을 전제한다. 그런데 바로 이러한 능력이 지성적 직관의 능력이다."(Schelling, *StI*, SW I/3, 369)

그러므로 '지성적 직관'이야말로 초월적 사고, 초월철학의 출발점이자 지지대이다. "나 자신이 자신에 대해 앎으로써 있는 하나의 객관이다. 다시 말해, '나'는 하나의 부단한 지성적 직관작용이다. 이렇게 자기 자신을 생산하는 자가 초월철학의 유일한 객관이므로, 지성적 직관은 초월철학에서, 기하학에서 공간과 같은 것이다."(Schelling, *StI*, SW I/3, 370) 공간 없는 기하학을 생각할 수 없듯이, 지성적 직관을 떠나면 초월철학은 명칭 자체가 성립할 수 없다. '나'는 바로 지성적 직관작용이며, 그런 한에서 "철학의 원리"(Schelling, *StI*, SW I/3, 370), 곧 시발점이지만, 그렇기에 증명할 수는 없고, 단지 "요구"되고 "요청"(Schelling, *StI*, SW I/3, 370)되는 것이다.

이렇게 요청되는 '나'는 자기로부터의 작용으로서 단적으로 자유로운 것이므로, 바꿔 말하면 초월철학의 "시작과 끝"(Schelling, *StI*, SW I/3, 376)은 자유이다. 이것은 이 '나'가 이론적 앎(Wissen)의 원리일 뿐만 아니라 실천적 함(Tun)의 원리이기도 하다는 것을 함의한다. 곧 초월철학의 원리는 이론철학의 원리이자 또한 실천철학의 원리인 것이다.

칸트의 응대

칸트는 레싱(G. E. Lessing, 1729 1781)과 멘델스존(M. Mendels-sohn, 1729 1786)에 받아들여져 독일관념론/독일이상주의에 광범위한 영향을 미친 스피노자(Baruch de Spinoza, 1632~1677)에 대해서 적어도 1790년까지는 분명하게 비판적이었다.(KpV, A182 이하=V102이하; KU, B323=V391이하 · B372이하=V421 · B406=V439이하 · B437=V452 등 참조) 또한 1799년 여름에는 "피히테의 지식론의 체계는 전혀 유지할 수 없는 체계"(1799. 8. 7 자 「피히테의 지식론에 관한 해명서」, XII396)라고 성명까지 냈다. 그러나 우리는 이미 칸트의 1799년 8월 1800년 4월경의 기록으로 추정되는 [유작]의 [제10묶음] [제11묶음]과 1800년 4월 1800년 12월경의 [제7묶음], 그리고 1800년 12월 1803년 2월경의 기록으로 여기는 [제1묶음]의 다수 단편에서 스피노자주의나 피히테의 지식론, 또는 셸링의 초월적 관념론의 체계에서 읽을 수 있는 것과 유사한 사상 내용과 마주친다. 이들에 리히텐베르크(G. Chr. Lichtenberg, 1742~1799)를 포함시켜 칸트는 심지어 "셸링, 스피노자, 리히텐베르크 등, 말하자면 3차원: 현재, 과거 그리고 미래에 의한 초월적 관념론의 체계"(OP, XXI87)라고까지 적어놓고 있다.

> "초월적 관념론은 자기 자신의 표상들의 총괄에 객관을 놓는 스피노자주의이다."(OP, XXII64)

> "스피노자의 초월적 관념론에 따르면 우리는 우리를 신 안에서 직관한다. 정언명령은 내 바깥에 있는, 하나의 최고의 지시 명령하는 실체를 전제하지 않고, 나의 이성 안에 들어 있다."
> (OP, XXII56)

노년의 칸트는 과거의 '초월적 관념론'인 스피노자와의 친화성을 이끌어 '나'의 이성 명령인 정언명령 안에 임재하는 신을 설명하는 한편, 특히 청년 철학자 셸링에 대해 각별한 관심을 표명하고 있다.

> "초월철학은 자기 자신을 인식의 객관으로 체계적으로 구성하는 형식적 원리이다.
> 셸링의 『초월적 관념론의 체계』.
> 《문예지》, 에를랑겐, 82~83호를 보라."(OP, XXI97)

1801년 4월 28일과 29일에 발간된 에를랑겐의 《문예지》, 82~83호에 1800년에 출판된 셸링의 『초월적 관념론의 체계』에 대한 서평이 게재되었는바, 이 연간에 칸트는 셸링의 '초월적 관념론' 내지 '초월철학'에 관해 알 만큼 알고 있었고, 그에 대해 비판이 아니라 오히려 "현재" 또는 "미래의 초월철학"에 대한 기대를 가지고 있는 것으로 보인다. 그뿐만 아니라 칸트 자신의 초월철학을 독일관념론/독일이상주의의 추세에 맞게 전개시켜나가는 다수의 조각글을 적어놓았다.

3) 칸트 '초월철학'의 확장 기도(企圖)와 향방

자연 세계이든 윤리 세계이든 세계는 '나'의 표상이다. "항존 불변의 '나'는 우리의 모든 표상들[…]의 상관자"(KrV, A123)이다. 곧 "순수 통각인"(KrV, A123) "'나는 사고한다'라는 것은 나의 모든 표상에 수반할 수밖에 없다."(KrV, B131) 그런데 '사고하는 나' 곧 '나의 의식', '자기의식'은 자기 자신을 자발성(Spontaneität)과 자율(Autonomie), 그리고 자기자율(Heautonomie)에서 구성하고 규제한다. 자발성의 원리에 따라서 "경험 일반을 가능하게 하는 조건들은 동시에 그 경험의 대상들을 가능하게 하는 조건들"(KrV, A158=B197)이라는 『순수이성비판』의 명제가 학적 인식의 기반이 되며, 자율의 원리에 따라서 "너의 의지의 준칙이 항상 동시에 보편적 법칙 수립의 원리로서 타당할 수 있도록, 그렇게 행위하라"(KpV, A54=V30)라는 『실천이성비판』의 명제가 인간의 선한 행위를 규정하는 최고의 원칙이 된다. 또한 "자기자율"(KU,

BXXXVII=V185)의 성격에 따라서 "자연의 잡다함 속의 자연의 합목적성"(KU, BXXVII=V180)이라는 『판단력비판』의 원리를 반성적 판단력은 객관적으로 "자연에게가 아니라 […] 그 자신에게 자연을 반성하기 위해 하나의 법칙으로 지정한다."(KU, BXXXVII=V185 이하) ― 칸트의 세계는 "그에 의해, 그 아래서만 사물들이 우리 인식 일반의 객관들이 될 수 있는 선험적인 보편적 조건이 표상되는, 그런 원리"라는 의미의 "초월적 원리"(KU, BXXIX=V181)들에 기초해 있다. 그러니까 이러한 선험적이고 주관적인 보편적 조건의 타당성의 범위를 벗어난, 즉 '초험적'인 것들은 어떠한 객관적 실재성도 없다, 즉 순전히 관념적이다. ― 비판철학에서 의미 있는 관념론은 이러한 맥락에서의 '초월적 관념론'이다.

그러나 칸트 〖유작〗(1796 1803)의 여러 조각의 글 중에서 간취할 수 있는 '초월철학'은 『순수이성비판』(1781 1787)에서 "초월철학의 이념"(KrV, A1) 밑에 개진한 것과는 상당한 거리가 있다. 〖유작〗에서 반복적으로 말하는 '초월철학'은 『비판』에서 기획된, "대상들이 아니라, 대상들 일반에 대한 우리의 선험적(a priori) 개념들을 다루는 모든 인식"들의 "체계"(KrV, A11이하) 내지 "대상들이 아니라 대상들에 대한 우리의 인식방식을 이것이 선험적으로 가능하다고 하는 한에서 일반적으로 다루는 모든 인식"들의 "체계"(KrV, B25)인 것만도 아니고, 『형이상학 서설』(1783)에서 재규정한 "모든 경험에 선행하면서도(즉 선험적이면서도), 오직 경험인식을 가능하도록 하는 데에만 쓰이도록 정해져 있는"(Prol, 부록, 주:

A204=IV373), 이른바 '초월적' 인식들의 체계인 것만도 아니다.

칸트는 "초월철학의 이념"을 처음 피력한 『순수이성비판』의 서론에서, "도덕성의 최상 원칙들과 기본개념들이 선험적인 인식이기는 하지만, 그럼에도 그것들은 초월철학에 포함되지 않는다"(KrV, A14이하=B28이하)라고까지 분명하게 말하면서, "따라서 초월철학은 순수한 순전히 사변적인 이성의 세계지혜[철학]"(KrV, A15=B29)라고 규정하였다. 그러나 노년의 단상을 보여주는 [유작]에서의 '초월철학'은 단지 경험을 가능하게 하는 사변적 이성의 원리들의 체계가 아니라, 인간 즉 '나'에서 출발하는 세계(자연 세계, 윤리 세계, 희망의 세계) 일반을 정초하는 이론 체계이고자 한다. 그래서 칸트는 일단 초월철학이 "자연과 자유"를 대상으로 하는 "이념들의 초월철학과 실천적 이성의 초월철학으로 [나뉜다]"(OP, XXI28)라고 말한다. 이러한 기도는 피히테의 지식론의 체계나 셸링의 초월철학의 체계와 궤를 함께하는 것이다. 그리고 그것은 '나'의 토대 위에 땅의 나라와 하늘의 나라 모두를 건립하는 공사이다. 다만 이 공사를 맡아 하는 형이상학자라는 "작업자는 자기의 대상을 허공에서 눈앞에 떠다니는 채로 간직해야만 하고, 그것을 한낱 부분적으로뿐만 아니라 항상 동시에 (순수 이성의) 체계 전체 안에서 현시되도록 해야 하며 검사해야만"(SF, A200=VII113) 하기 때문에, 그 작업 수행이 만만치 않음을 토로한다.

2장

인간의

세계 규정

1

자기의식의
초월적 관념성

1) 자기의식(통각)의 정립과 전개

자기의식(통각)은 자기설정 → 자기직관 → 자기정립의 3계기에서 자신을 펼쳐나간다. 이것에 논리학 → 형이상학 → 초월철학의 성립 전개가 대응한다.(칸트에서 용어 지칭의 외연이 일정하지 않고, 문맥에 따라서 좀 다르게 표현되어 있기는 하지만, 대의상 이렇게 보는 데 무리가 없다. 칸트 '초월적 감성학[공간·시간 이론]'에는 논리학이 소속할 수 없으니, 공간·시간의 "형이상학적 해설" → "초월[철학]적 해설"만이 있다고 할 것이다.) 칸트에서 이러한 '논리학[형식 논리학]' - '형이상학' - '초월철학[≒초월 논리학]'의 구분과 관계를 『순수이성비판』이 서술하는 "순수 지성개념들"을 주제로 놓고 말하자면, 판단[판단에 있어 지성의 논리적 기능]들의 표[범주 표 발견의 실마리](KrV, §9)는 논리학에, 범주 표의 발견[범주들의 '형이상학적 연역']과 범주들에 대한 주석(KrV, §§10 12)은 형이상학에, 범주들의 초월적 연역론(KrV, §§13ff.) · 도식론 · 원칙론은 초월철학에 속한다.(『순수이성비판』[B판]에는 §13과 §15 사이 — 조항 표시가 누락되어 있지만 추정컨대 §14에 — "범주의 초월적 연역으로의 여행"이라는 중간 제목이 있다.)

(1) 자기설정(논리학)

관념론의 세상은 '나'의 의식에서 열린다.(OP, XXII89 참조) '나'의 최초의 의식은 '나는 있다(Ich bin: ego sum)'라는 "동사/말/언표(Verbum)"(OP, XXII413)이다. 그것은 얼핏 신의 나라의 개시를 "태초에 말씀이 있었다(In principio erat Verbum: Im Anfang war das Wort)"[1]라고 기술한 것과 대비할 수 있다. 다만 신의 나라에서의 그 '말씀'이 "나는 있는 자이다(ego sum qui sum: Ich bin der 〉Ich-bin-da〈)"[2]라는 지고(至高)의 실체, 그 자체로 현존하는 자에 귀착하는 데 반해, 관념론에서의 '나'의 의식, 곧 자기의식(Selbstbewußtsein: conscientia sui ipsius)은 '나'라는 실체, 하나의 실존하는 존재자의 지칭이 아니라, '나이다'라는 한갓된 설정(Position)이다. 자기의식은 "명사(Nomen)" 곧 하나의 실체가 아니라 "동사(Verbum)" 곧 작용/능동이다.(OP, XXII413 참조)

'나 자신의 의식(나는 존재한다: sum)'은 순전히 "논리적인 것(나는 사고[의식]한다: cogito)"으로, 말하자면 '나는 사고[의식]하면서 존재한다(sum cogitans)'라는 '나' 자신에 대한 분석적 작용 내지 활동이

고, 그런 한에서 "논리학에 속한다."(OP, XXII58)

이 자기의식은 아직 '나임/있음'에 대한 아무런 실재적 술어 규정이 없는 한낱 "자기 자신을 설정[定位/위치 지음]"(OP, XXII27)함이다. ─ "'이다/있다(Sein)'는 분명히 실재적 술어가 아니다. 다시 말해, 사물의 개념에다 보탤 수 있는 어떤 것의 개념이 아니다. 그 것은 한낱 사물 또는 어떤 규정들 그 자체의 설정(Position)이다. 논리적 사용에서 그것은 단지 판단의 연결어[繫辭]일 따름이다." (KrV, A598=B626)

(2) 자기직관(형이상학)

나 자신의 의식, '나는 나이다'라는 통각(apperceptio)은 "대 상에 대한 규정이 없는 한낱 논리적인 것(단순 포착: apprehensio simplex)"(OP, XXII89)이지만, 그럼에도 자기 자신을 객관으로 만 드는, 자신을 객관으로 삼는(객관화하는) 나의 작용을 함유한다. 이 "자기 자신의 직관의 의식"은 선험적인 '나'에 대한 의식이라는 점 에서 "형이상학적"이고, 어떠한 객관적인 근거도 없는 자기 연원 적이라는 점에서는 "주관적"이다.(OP, XXII66 참조)

"자신을 객관으로 구성하고, 한낱 생각할 수 있는 것(cogitabile) 일 뿐만 아니라 실존하는, 나의 표상 바깥에 주어져 있는 하나의 존재자(dabile)가 있다. 그것은 스스로 자신을 선험적으로 대상으 로 만들며, […] 주관이자 동시에 무매개적으로 자기 자신의 객관 으로서의 그것의 표상, 다시 말해 직관이다."(OP, XXII107) 이러한 자기직관은 '나'의 선험적 발견으로, 직관된 '나'란 이를테면 순수 사고, 순전한 의식이다.

(3) 자기정립(초월철학)

이제 순전한 사고(cogitabile)인 나는 "스스로 자신을 주어진 것 (dabile)으로 정립"(OP, XXII11)한다. '나'는 자신을 "하나의 대상 으로 구성하는 작용/활동"(OP, XXII71)으로서 스스로 "선험적으 로 자기정립"(OP, XXII71)을 한다. 이렇게 스스로 자기를 정립하는 '나'는 이를테면 '절대적 자아'라 일컬을 수 있겠고, 이러한 자아의 '실행(Tathandlung)'에 관해서 사람들은 앞서 보았듯이 이미 피히 테에서 더 상세한 서술을 읽을 수 있었다.[3] 그러나 칸트에서의 '나' 의 중요한 의의는 그 지향점에 있다.

칸트에서 자기정립은 "나 자신의[에 대한] 직관(형이상학적)을 선 험적 종합 명제들을 통해"(OP, XXII67)서 스스로 자신을 '나'로 세워 놓는 행위활동이다. 이로써 "나는 나 자신에게 지성의 한 대상"(OP, XXII119)이 된다. 여기서 지성 내지 이성은 개념에 의해 나를 객관 화한다. 이제 이성으로서의 나는 "스스로 놓은 어떤 것(所與)[…]을 가지고서 안에서 밖으로 나아간다(von innen hinausgehen)."(OP, XXII73) 자기의식(통각)이 바야흐로 초월한다(transzendieren). 칸트 가 말하는 초월은 '인간의 의식 너머'도 아니고, 저 너머 "바깥에서 안으로(von aussen hinein)" 들어오는 것도 아니며, "안에서 넘어 나 와(von Innen hinaus)"(OP, XXII388) 바깥의 사물 곧 객관의 본질과 존재양태를 규정하는 '나'의 작용이다. 주관의 자발성이 객관의 가능성의 원리가 됨을 말한다. 그리고 이 국면에서 형이상학은 초월철학으로 이월(移越)한다. (이 계기에서 칸트 초월철학에서의 '초월'의 의미가 선명하게 드러난다.)

초월철학은, 그것이 "형이상학에서 출발하는 한에서 형이상학에 속하기는[형이상학을 필요로 하기는] 하지만 형이상학의 일부는 아니고, 하나의 독자적인 학문이다."(OP, XXII87) — 공간과 시간이 주관적이고 선험적인 표상들임을 밝혀내는, 공간과 시간 표상에 대한 "형이상학적 해설"(KrV, A22=B37이하·A30=B46이하 참조)과 "선험적인 범주들 일반의 근원"을 밝혀내는 "형이상학적 연역"(KrV, B159 참조)이 형이상학의 일이라면, 주관적이고 선험적인 공간과 시간 표상들을 "그로부터 다른 선험적 종합 인식의 가능성이 통찰될 수 있는 원리로 설명"(KrV, B40)하는 "초월적 해설"(KrV, B40이하·B48이하 참조)이나 저 "범주[순수 지성개념]들이 직관 일반의 대상에 대한 선험적 인식으로 가능함"(KrV, B159)을, 그리하여 경험의 가능성의 원리가 됨을 해명하는 "초월적 연역"(KrV, B159·A84=B116 등등 참조)은 초월철학의 과제이다.

2) 세계 정초 이론으로서의 '초월적 관념론'

(1) 의식의 초월성

관념론은 존재자들이 '나'의 기반 위에 있다는 이념이고, 칸트 비판철학에서의 초월적 관념론은 형식적 관념론으로서 나에 의해 구성된 "형식이 존재자의 본질/존재[임/있음]를 부여[규정]한다"라는 생각이다. 그리고 그 형식은 다른 것이 아니라 '나', 주관, 의식의 초월작용, 다시 말해 내가 안에서 밖으로 나가 존재자, 대상을 규정하는 행위활동이다. 그러니까 그 형식은 의식의 초월성이고, 그것이 오로지 주관에서 비롯한 것인 한에서 순전히 주관적인, 관념적인 것이다. 그렇다고 그 형식이 절대적인 것은 아니고, 그 형식별로 일정한 조건 아래에서만 타당하다. 이러한 맥락에서의 '초월적 관념론'은 하나의 비판이론이라 하겠다.

이제 형식 부여작용을 하는 '나'는 나에 대한 의식, 자기의식(통각)에서 출발하고, 그래서 칸트가 숙고한 일차적 사안은 자기의식의 초월적 관념성 해명이다. 그런데 "세계는 순전히 내 안에 있다"(OP, XXII97)라는 『유작』에서의 '초월적 관념론'은 '나'라는 주관(통각)의 초월적 관념성에 기초하되, 자연 세계와 윤리 세계를 넘어 절대자에게까지 이르려고 한다. 그것은 당초에 이론적 지식의 정초 원리로서의 초월철학을 당위적 행위의 정초 원리로까지, 마침내는 이 두 원리의 통일 원리로까지 확장할 것을 기도한 것이라 하겠다. 이것은 '초월적 관념론'을 자연과 인간의 세계 일반을 정초하는 이론으로 확장하는 것이겠다.

(2) 초월적 의식의 초월작용의 두 갈래

무릇 초월철학은 "개념들에 의한 선험적 종합 인식의 한 체계에 대한 학문"(OP, XXII80)이다. 그러니까 형이상학에서 초월철학으로의 이행(Übergang, transitus)이란 선험적 종합 명제들이 형이상학적 기초원리들로 실제로 있는바, 이것들이 의식(이성)의 초월작용을 통해 대상의 가능성의 원리가 됨을 말한다. 그런데 의식(이성)의 초월작용은 존재(Sein)와 당위(Sollen), 두 방향으로 나아가고, 그리하여 자연과 윤리라는 두 대상에 상관한다. 그 근저에는 선험적 종합 명제들인 직관의 공리들, 경험의 예취들 등등과 같은 자연 형이상학의 기초원리들과 정언명령이라는 윤리 형이상학의 기초원리가 있다. 그래서 초월철학은 한편으로는 물리학(자연학)으로, 또 한편으로는 윤리신학/도덕신학(이성종교)으로 이행한다.

세계 정초 이론으로서의 '초월적 관념론'은 이러한 초월적 의식의 두 갈래의 '이행'을 내용으로 갖는다.

사변 이성[지성]에서 나온 선험적 종합 명제인 직관의 공리들 등등은 물리학으로의 추세를 갖고, 도덕적 실천 이성에서 나온 선험적 종합 명제인 정언명령은 윤리신학으로의 추세를 보인다. 그런데 물리학은 자연의 경험체계이고, 윤리신학에 의거한 종교는 윤리의 본부인 순수한 실천 이성의 지시명령들을 곧 신의 명령으로 받아들임이다.

한 갈래의 길은 칸트 [유작]에서 여러 방식으로 빈번하게(OP, XXII356 359 · 363 364 · 549 550 등등) 거론되는 '자연과학의 형이상학적 기초원리들에서 물리학으로의 이행'으로, 그것은 자연 "형이상학에서 초월철학으로 그리고 마침내 이로부터 물리학으로의 진보"(OP, XXII97)이다. 또 간간이 언급되는 "형이상학에서 초월철학으로의 이행"(OP, XXII129)의 또 다른 갈래 길은 "초월철학에서 보편적 목적론으로의, 다시 말해 선험적 순수 인식의 체계에서의 인간 이성의 궁극목적에 대한 이론으로의 이월"(OP, XXII64)이다. 여기서 목적론은 다시금 윤리신학으로의 추세를 갖는다.

이 두 갈래의 '이월' 내지 '이행'은 각기 고유의 영토, 즉 물체들의 나라인 자연 세계와 목적들의 나라인 윤리 세계의 건립을 위한 다리거니와, 이제 칸트의 통일의 이념은 두 나라의 통합 지점을 발견한다. 그 지점은 논리적 사념을 통해 찾아낸 것이 아니라, 사실로 주어진 것이다. 자연 세계에 유기체가 실존한다는 사실 말이다. 유기적 자연물체는 외적으로는 공간상에서 운동하고 있지만(물질이지만) 내적으로는 하나의 전체로서 하나의 목적을 위하여 통합된 힘들의 체계, 곧 "하나의 자연적 기계"(OP, XXII547)로 간주되는 것이다.

얼핏 3비판서의 길을 벗어난 듯이 보이는 칸트의 이러한 시론들은 실상 그가 3비판서에서 걸었고, 걷고자 했던 그 길들의 연장선상에 있다. 한 갈래 길이 『순수이성비판』의 연장선상에 있다면,

또 다른 하나의 갈래 길은 『실천이성비판』의 연장선상에서 볼 수 있고, 통일 지점은 『판단력비판』의 목적론적 판단력이 성찰한 자연 판정의 근거라 할 것이다.[4]

그리고 이 목적론은 신학에서 완성될 것이다. ― '나'의 두 입법적 표상능력을 실천 이성과 이론이성, 이 두 가지로 나누어 보는 칸트에서는 "신과 세계가 현존재 전부를 함유한다."(OP, XXII124) 그런데 실천 이성이 "이론이성과의 결합에서 우위"(KpV, A215=V119)에 있는 만큼 "신과 세계는 서로 병렬해 있는 존재자들이 아니고, 후자가 전자에 종속해 있는 존재자이다."(OP, XXII117) ― 세계 정초 이론으로서 이러한 초월적 관념론 체계의 정점에는 신이 있다. 그런데 (시인이 말하듯이) "우리 안에 신이 있다(est deus in nobis)."[5](OP, XXII130 참조) 바꿔 말해 '나'는 '나'의 중심에서 신을 본다. 세계의 근원인 신이 내 안에 있다.

경험의 통일성과
'하나의' 세계

1) 자연 형이상학적 기초원리들

(1) 선험적 종합 명제[인식/판단]들의 가능성과 타당한 범위

형이상학이 한낱 개념 풀이가 아니라 하나의 학문이라면, 선험적이고 종합적인 지식들의 체계이지 않을 수 없다. 왜냐하면 형이상학은 그 성격상 감각경험이 미칠 수 없는 대상을 다루는 것이고, 따라서 그에 대한 인식은 결코 경험적일 수가 없고, 한갓된 개념 풀이를 넘어 인식을 실질적으로 확장해나가야 하기 때문이다. 그러니까 형이상학의 내용을 이루는 것은 선험적 종합적 인식이다. 그래서 선험적 종합 인식의 체계로서의 형이상학을 세우기 위한 제일의 과제는 "선험적 종합 판단들의 가능성 및 그것들의 타당성의 조건들과 범위"(KrV, A154=B193)를 규정하는 일이다.

그러나 분석판단이 선험적임과 종합판단이 경험적임은 어렵지 않게 납득이 되지만, 어떤 판단이 종합적이면서 선험적임을 해명하는 데는 그 이질적 결합으로 인해 적지 않은 난관이 있다. 그래서 칸트는 이 과제의 어려움과 중요함을 강조하여, 이 물음을 "형이상학자들의 십자가(crux metaphysicorum)"(Prol, A100=IV312) 라고도, "철학자들의 십자가(crux philosophorum)"(V-Met/Dohna, XXVIII651)라고도, "형이상학에서 제일의 중추적 물음(Kardinal Frage)"(V-Met/Mron, XXIX794)이라고도 일컬은 바 있다. 이제 칸트는 난제 해결을 위해, 종합 인식이 직관과 개념의 결합으로써 성립하는 것인 만큼, 선험적 직관 및 선험적 개념의 가능성과 이 양자의 결합 가능성을 구명하는 일에 나선다.

수학과 순수 자연과학이 함유하는 선험적 종합 판단들의 사례에서 알 수 있듯이, 선험적 종합 인식은 "직관에 의한 (예컨대 수학적 구성에 의한) 선험적 종합 인식"(OP, XXII22)과 개념에 의한 선험적 종합 인식으로 나누어볼 수 있다. 그 가운데 개념들의 구성에 의한 "선험적 종합 판단은 오직 선험적 순수 직관들, 공간과 시간에서 가능"(OP, XXII105)하고, 개념들에 의한 선험적 종합 판단들은 "직관의 공리들 — 지각의 예취들, 경험의 유추들, 그리고 경험적 사고 일반의 통합을 통해서, 다시 말해 선험적으로 기초에 놓여 있는 판단력의 도식기능을 통해서 가능하다."(OP, XXII495) 그리고 어떠한 경험도 공간·시간의 순수 직관의 지평 위에서만 펼칠 수 있는 한에서, 개념에 의한 어떠한 선험적 종합 판단들이라도 "오직 감관의 대상들이 사물들 자체로서가 아니라 단지 현상들로 표상되는 한에서 가능하다."(OP, XXII419) 순수 지성개념들의 감성화(도식)를 통해 생긴 선험적 종합 원칙들이 경험을 가능하게 하지만, 그렇기에 그러한 원칙으로서의 선험적 종합 인식들은 모두 경험된 것, 다시 말해 현상에만 타당하다. 『순수이성비판』의 "순수 지성의 모든 종합적 원칙들의 체계적 표상"(KrV, A158/B197 A235/B294)은 이러한 선험적 종합 명제들의 가능성과 그것들의 타당한 범위를 밝히고 있다.

(2) '하나의' 경험, '하나의' 세계

어떤 명제가 본래적으로 선험적 종합의 표상 방식인 공간과 시간 표상만을 포함하고 있다면, 그것은 수학적 인식에 불과하다. 초월철학은 철학으로서 당연히 '개념들에 의한' — 물론 공간 및 시간 표상을 기반으로 두고 있는 — 선험적 종합 명제들을 갖는데, 그것들이 자연과학적 인식, 곧 경험인식을 가능하게 하고, 따라서 경험인식의 체계인 물리학을 가능하게 하는 것이다. '자연 형이상학적 기초원리들에서 물리학으로의 이행'은 바로 이 과정을 주제로 갖는바, '자연 형이상학'도 아니고, '물리학'도 아닌 독자적인 '영역'이라는 것이 칸트의 생각이다.

감성세계, 곧 자연에 대한 인식의 기초에는 감관대상에 대한 포착, 즉 지각이 있다. 지각은 공간 및 시간상에서 생기는 감관표상을 질료로 갖는 "의식적인 경험적 표상"(OP, XXII459 460 참조)이다. "물질의 운동력들이 의식적인 경험적 표상들을 유발하여 감관들이 촉발된 그 작용결과들"(OP, XXII400)은 "감관표상의 경험적 의식의 설정[定位]"(OP, XXII476)이다. 지각이 대상에 대한 감성적 포착인 한에서 하나의 경험적 인식이기는 하지만, "경험적 인식이 아직 경험은 아니다."(OP, XXII21) 경험(Erfahrung) 내지 경험인식(Erfahrungserkenntnis)이 경험적 인식(empirische Erkenntnis)들의 "하나의 주관적 체계"(OP, XXII461)를 일컫는 한에서 말이다.

경험이란 "절대적 통일성 안에 있는 모든 가능한 지각들의 총괄"(OP, XXII8)이다. 경험은 1)무엇인가의 운동력들의 주관의 촉발과 그것에 대한 직관, 2)무엇인가에 대한 의식적인 경험적 표상 즉 지각, 3)하나의 체계 안에서의 지각들의 전반적 규정을 그 내용으로 갖는다.(OP, XXII93 참조) 그러니까 지각들의 전반적 규정을 위한 "법칙들이 없으면 경험이 생길 수 없다."(OP, XXII36)

"경험의 가능성을 위한" 이러한 법칙들이 『순수이성비판』에서 논구된, 현상의 형식[적 요소]인 양, 질, 관계, 양태의 범주 순서에 따른, 직관의 공리들, 지각의 예취[豫取]들, 경험의 유추들, 경험적 사고 일반의 요청들(KrV, A161=B200 A253=B287 참조)과 같은 순수 지성의 "모든 종합 판단들의 최상 원칙"(KrV, A154=B193)들이다. 지성은 경험을 위해 "스스로 철학적으로는 개념들에 의해, 수학적으로는 개념들의 구성(Konstruktion)에 의해 자신을 구성한다(konstituieren)."(OP, XXII12) ── 경험은 지성의 자기 구성에 의해 생긴, 그러니까 선험적이고 주관적인 규칙들에 따라 지각들을 체계적으로 편성한다.(OP, XXII366 참조) "경험은 지각들의 한낱 자연적인 집합이 아니고 인공적인 집합이다. — 경험은 감관들을 통해 주어져 있지 않고, 감성적 인식을 위해 만들어진다."(OP, XXII498)

그런데 "경험은 하나의 감관객관의 현실성에 대한 의식의 절대적 통일로"서, 그러한 한에서 "하나의 경험만이 있다."(OP, XXII280) "오직 '하나의' 경험이 있다."(OP, XXII463) '절대적 통일'이라는 것이 있다면 오직 하나가 있을 뿐이니 말이다.

"순수 직관들이 공간과 시간이다. 감관대상에 대한 의식적인 경험적 표상이 지각이다. 한 체계 안에서 결합된 모든 가능한 지각들의 전체라는 이념이 경험이다. — 그러므로 '경험들'을 이야기하는 것은 자기 모순적인 것이다. 경험은 주관적인 절대적 통일성[하나]이다."(OP, XXII92)

마찬가지로 세계가 "모든 감성존재자의 총체"(OP, XXII49)인 한에서 오직 "'하나의' 세계가 있다."(OP, XXII59) '존재자 전부', '전체'란 오직 하나일 수밖에 없기 때문이다. '세계의 복수성/복수의 세계(pluralitas mundorum)'란 "그 자신 안에서 모순적이다."(OP, XXII125) — '하나의' 자연 세계에 대한 인식이 체계적이라면 그 역시 '하나'가 있을 뿐이다. '하나의' 경험이 있고, 그리하여 하나의 경험과학, 하나의 물리학[자연학]만이 가능하다.(OP, XXII298 참조)

2) 물리학으로의 이행과 '물리학'의 범위

(1) 물리학, 그리고 물리학으로의 이행

"물리학은 현상들로서의 지각들의 주관적인 것을 지성을 통해 객관적인 것으로 표상하는 원리이다."(OP, XXII464) 지각들이 주관에 미친 물질의 운동력들의 작용결과들인 한에서 물리학은 또한 "물질의 운동력들의 모든 경험적 인식의 하나의 체계"(OP, XXII310)이다. 물리학은 곧 "주관을 촉발하는 물질의 운동력들인 지각들의 경험적 인식의 총괄(complexus)에 대한 학문(교설적 체계: systema doctrinale)"(OP, XXII359)이다. 그러나 '경험적 인식의 체계'의 그 '체계'가 지성의 법칙을 따른 것인 한에서, 물리학은 경험적이지 않고, 이성적이다. 그래서 칸트는 물리학이 수학, 형이상학과 더불어 하나의 이성인식이라고 말한다. ─ "이성인식은 수학, 물리학 그리고 형이상학이다."(OP, XXII481)

자연 형이상학적 기초원리들에서 물리학으로의 이행을 거쳐 정초되는 '물리학'은 이성인식이다. "자연과학(Naturwissenschaft)"은 곧 "자연철학(philosophia naturalis)"이다.(OP, XXII149 참조) ─ 공간상에서 운동할 수 있는 것으로서의 "물질의 운동력들의 체계인 하나의 물리학의 가능성의 선험적 원리들이 물리학으로의 이행을 결정한다."(OP, XXII149) 형이상학이 물리학으로의 추세를 갖고 있다고 함은 이성이 "그 안에 하나의 자연과학(自然哲學)에서 이 법칙들의 경험체계를 추구하는 하나의 규정근거를 갖고 있음"을 말한다.(OP, XXII149 참조) "그런데 이러한 추구 작업 또한 선험적 원리들에 따라서만 일어날 수 있다. 무릇 마찬가지로 선험적 원리들 위에서만 기초 지을 수 있는 하나의 체계의 형식적 조건들 없이는 사람들은 그로부터 지각들의 하나의 전체로서의 물리학이 생길 수 있는 자연연구를 어떤 원리들에 따라서 수행해야 하는지를 알지 못할 터이니 말이다. — 그러므로 순전히 자연 형이상학에서 물리학으로의 이행을 위한 선험적 원리들이 있어야 한다."(OP, XXII149)

그렇기에 한낱 자연지식의 집합체가 아니라 하나의 체계적인 학문이기 위해서 지성의 선험적 원리들에 따라야 하는 "물리학은 물질의 운동력들의 체계에 대한 경험이론이되, 경험으로부터 [나온] 것이 아니다."(OP, XXII400) "물리학은 한낱 경험적인 학문이 아니며, 물리학에서 수학이 철학적으로 이용되기는 하지만 수학적인 학문이 아니다."(OP, XXII488) "경험의 대상들의 인식의 가능성의 원리들의 학문"(OP, XXII455)으로서 "물리학은 철학에 속한다."(OP, XXII488)

(2) 칸트의 '물리학' 개념

물리학이 순전한 자연과학인지 철학의 일부인지와도 상관이 될 것이지만, 칸트의 '물리학(Physik)' 개념은 적어도 두 개념의 문제를 포함하고 있다. — 물질은 "공간상에서 운동할 수 있는 것"(OP, XXII149 · 513)이고, "공간상에서 운동할 수 있는 것의 운동력들은 공간상에 외적으로 그리고 시간상에 내적으로 현존하는 물질[질료]적인 것이다."(OP, XXII437) 이러한 관점에서 칸트는 물리학을 "외적 감관객관으로서의 물질의 운동력들의 전부에 대한 교설체계"(OP, XXII306)라고 정의하기도 한다. 이 지점에서 발생하는 하나의 문제는 1)"물질의 운동력들을 최초로, 그것도 그 전체를, 운동하게 하는 것이 무엇이냐?"(OP, XXII200)이고, 또 하나의 문제는 2)"유기체(생명력)"와 "의지력(자유법칙)"을 자연의 운동력의 한 가지로 볼 수 있느냐(OP, XXII299 참조)이다. 그런데 칸트는 1)에 대해서는 '열소(에테르)'를 지칭하면서 그것의 실존을 받아들이고, 2)와 관련해서는 생명력과 의지력이 자연의 운동력들임은 더 말할 것도 없으며, 자연의 "운동력들에는 인간의 지성도 속한다. 마찬가지로 쾌·불쾌와 욕구도"(OP, XXII510)라고 말하고 있다.

'열소(에테르)' 개념의 문제

최초로 운동을 개시하고 연속적으로 계속하면서 모든 운동력들(vires moventes)을 작동하도록 하는 [발]동력(vires motrices)은 "제일 운동자(primus motor)"를 지칭하는 것으로서, 이러한 개념은 "물리학에는 초험적이다. 다시 말해 하나의 순전한 이념[관념]이자 한계개념"(OP, XXII281/282)이라는 것을 칸트도 인정한다. 흡사 '사물 자체'가 하나의 한계개념이듯이 말이다.(KrV, B310이하 참조) 그럼에도 칸트는 이 개념을 "이성의 하나의 요청"(OP, XXII282)으로 납득하면서, 더 나아가 "현상 일반에서의 대상들에 대한 선험적 개념들에 따라 이 세계[우주]소재[에테르]의 인정이 비로소 물리학을 가능하게 한다"(OP, XXII476)라고까지 말한다. 왜냐하면, 그는 "하나의 연속체(continuum)로서의 이 운동[하게] 하는 물질을 상정하지 않으면, 경험은 자연 안에 하나의 비약, 하나의 간극을 허용하지 않을 수 없다"(OP, XXII457)라고 보기 때문이다. 그래서 "하나의 시원적으로-운동하면서 한계 없이 공간을 실체에서[실체적으로] 가득 채우는 원소[소재], 다시 말해 시간상에도 공간상에도 어떠한 공허를 남겨두지 않는 그러한 원소[소재]가 경험의 가능성의 원리로 [상정될] 수"(OP, XXII457)밖에 없다는 것이다.

이제 열소(에테르)는 "직접적으로 그리고 시원적으로 운동하는 원소[소재]"(OP, XXII481)이고, "보편적으로 운동하는 원소(시원적 운동체: primitive movens)"(OP, XXII455)이며, 보편적으로, 다시 말해 개시하지도 않고 중단하지도 않으며, 모든 것에 침투하는, "모든 것을 내적으로 움직이는 힘들, 가설적이지 않은 하나의 원소[소재]"(OP, XXII459)로 자리매김한다.

"열소란 모든 것에 퍼져 있고, 모든 것에 침투하며, 그것의 모든 부분들에서 동형적[동질적]으로 운동하고, 이 내적 운동(촉진/시발)에서 고정불변성을 유지하는 물질이다. 이 물질이 요소 원소로서 세계공간[우주]을 차지(占有)하고, 동시에 채우는(充滿하게 하는), 절대적인, 독자적으로 존립하는 하나의 전체를 형성한다. 그리고 이것의 부분들이 자기들의 자리에서 (따라서 이동하지 않고, [그러나] 진동하면서, 전진하지는 않은 채) 서로 연속해서 그리고 다른 물체들을 부단히 촉진하여 지속적인 운동 중에서

그 체계를 유지하고, 운동력들을 외적 감관객관으로서 함유한다."(OP, XXII609/610)

"열소(그럼에도 열이라 일컬어지는 느낌과는 무관하게)라는 명칭을 가진 이 소재/원소는 독자적으로 존립하고 내적으로 자기의 운동력들을 통해 연속적으로 촉진[시발]하는 하나의 전체를 형성한다. 이것은 어떤 현상체들을 적절하게 설명할 수 있기 위한 가설적인 것이 아니고, 하나의 선험적으로 입증될 수 있는 소재/원소이다."(OP, XXII612)

'유기체' 개념의 문제

칸트는 "물리학에는 유기화된 물체들의 개념과 건강 및 질병과 같은 이것들과의 주관적 관계들도 속한다"(OP, XXII466)라고 한다.

그런데 칸트의 개념 체계에서 "생명 있는 물질은 없다."(OP, XXII411) "생명 있는 물질은 모순적이다."(OP, XXII421) "살아 있는 물질이란 형용모순(contradictio in adjecto)이다. 지휘하는 원리는 비물질적이다."(OP, XXII481) "유기[적] 물질이라는 개념은 그 자신 안에 하나의 모순을 함유한다."(OP, XXII283) — 기본적으로 이러한 것이 칸트의 '물질' 개념이다.

무릇 "유기적 존재자(한낱 물질이 아니라 물체)들은 그 안에 생명(비물질적 원리, 내적 목적인)이 있는 존재자이다."(OP, XXII99) "유기적 물체[유기체]는 그것의 개념이 한낱 부분들에서 전체로뿐만 아니라 또한 교호적으로 전체에서 부분들로도 똑같은 결과를 보이는 그러한 물체"(OP, XXII506)로서 "그것들의 내적 형식들이 자신을 향해 있는 목적들을 함유하는 그런 물체들이라고 정의된다."(OP, XXII510) 그 때문에 이러한 "유기적 물체[유기체]의 가능성은 증명될 수도 없고, 요청될 수도 없다."(OP, XXII481)

그러나 칸트가 볼 때 유기체가 자연물체들 안에 실존한다는 것은 "하나의 사실"(OP, XXII481)이다. 개념상에서의 가능성 논의는 차치하고, 우리는 "(생명원리를 함유하는) 유기적 물체[유기체]들"을 "이미 경험"(OP, XXII481)하고 있다. 이러한 경험을 근거로 해서 칸트는, 무릇 경험이 없었더라면 유기체라는 순전한 이념마저도 공허한 개념(사례 없는)이었을 것이라고 말한다.(OP, XXII481 · 499 참조) 그러니까 이제 논의는 '유기체가 실제로 있다'라는 경험을 바탕으로 진행해야 한다는 것이다.

그래서 칸트는 『유작』에서는 유기체의 현존을 '사실'로 놓고서 그의 세계 유기체론을 전개한다. 그것은 『판단력비판』에서의 형식적 목적론을 훨씬 뛰어넘는 것이다. 이제 칸트는 "자연적인 유기적 물체가 가능하기 위해서는, 이 물체의 원리가 한낱 주관적으로가 아니라, 그 물체 자신 안에서 객관적으로 곧 하나의 목적이 내적 규정근거로서 고찰되어야만 하기 때문에, 능동적 원리의 통일[하나임]이 필요하지 않을 수 없다"(OP, XXII295)라고 보고 있다.

"유기적 물체[유기체]는 그 자신 안에서의 목적들을 통해 가능"(OP, XXII59)한 것으로 그러한 것들은 그 "기초에 하나의 비물질적 원리"(OP, XXII56)를 갖는데, 그 "비물질적 운동 원리는 그것의 영혼이다."(OP, XXII97) "살아 있는 물체적 존재자들(동물들 및 인간)"(OP, XXII283)은 "오직 목적들의 원리에 따라서 가능한 것으로 생각될 수 있는 물체들"로서 "유기적"인 "동물적으로[욕구 있는] 생명 있는 것들"을 위해서는 "운동력들의 분할 불가능한 통일성(영혼)"이 요구된다.(OP, XXII373 · 510 참조) — 온 세계에 퍼져 있는 "유기화된 물체들은 하나의 세계영혼(anima mundi)을 현시한다."(OP, XXII504)

낱낱의 유기체를 넘어서, 세계를 하나의 "유기적 전체"(OP, XXII59)로 볼 수 있다. 천체[우주]가 하나의 유기조직체이다.(OP, XXII504 참조) — "모든 것[만물]은 세계전체[우주] 안에서 유기적이고 세계전체[우주]를 위해 있다."(OP, XXII506) "여기서 하나의 유기적 전체는 타자를 위해 있고(식물은 동물을 위해서 등등), 예컨대 달은 지구를 위해 현존하고, 모든 동인적 연결(nexus effectivus)은 동시에 목적적 연결(nexus finalis)이다."(OP, XXII301) 작용인들의 연결(nuxus causarum efficientium) 안에 목적인들의 연결(nuxus causarum finalium)이 포함되어 있는 것이다.(OP, XXII288 참조)

"하나의 유기적 물체의 가능성은, 다시 말해 각각의 부분이 다른 부분을 위해서 현존하거나, 그 부분이 그 부분들의 가능성과 내적 관계들의 형식이 오직 개념에서 생겨나오는, 그러므로 오직 목적들을 통해 가능한 그러한 성질을 가지고 있는 그러한 것의 가능성은, 목적들은 간접적으로든 직접적으로든 이 실체를 형성하는 하나의 비물질적 원리를 전제하므로, 종[種]들과 개체들의 지속의 하나의 목적론적 원리를 낳거니와, 이 원리는 그 종들에서 완전 지배적이고, 만고 불변적인 것으로 생각될 수 있다."(OP, XXII501)

유기체 안의 비물질적 원리가 반드시 "정신(mens)일 필요는 없다"(OP, XXII50)라고 하지만, 어쨌거나 물질의 여느 물체들과는 다른 방식으로 운동하는 유기 물체들을 포함하는 '물리학'은 무엇을 지칭하는 것일까? 칸트는 "물리학의 객관, 즉 물질의 운동력들의 전부는 오직 하나의 체계(자연) 안에 주어진 것으로 표상되어야만 하고, 따라서 운동력은 어느 것이나 하나의 체계 안에서 다른 모든 운동력과 관련하여 표상되어야"(OP, XXII306) 한다고도 말하고 있으니 말이다. — 칸트의 '물리학(Physik)'은 단지 "물체론(Körperlehre)"이 아니라, "영혼론(Seelenlehre)"까지를 망라하는 어떤 "자연학(Physiologie)"(KrV, A846=B874 참조)이라 할 것이다.(OP, XXI166 · 286 참조)

그런데 칸트는 유기체의 생명력을 운동력에 포함시키는 것을 넘어 "도덕적 실천 이성" 또한 "자연의 운동력들의 하나"(OP, XXII105)라고 본다. 이것은 자연이 또 다른 면에서 한낱 기계적 인과성을 가질 뿐만 아니라 자유에 의한 인과성을 가짐을 함의한다. 도덕적 실천 이성은 그의 자율로서 도덕법칙을 세우고, 그에 따라서 자연에서 행위하는데, 자연에서의 행위는 물리적 운동으로 나타나기 때문이다. 또한 정언명령으로서의 도덕법칙이 인간 안의 신성(神性)의 표출이라면, 이것은 "순수 도덕적 원리들에 따라서 세계에서 작용하는 하나의 원인(세계 밖의 존재자: ens extramundanum)"이 "감관대상들의 전부" 곧 자연 세계를 "자기의 권세 안에 포섭"(OP, XXII131)하고 있음을 함축한다. 이 국면에서 칸트의 '물리학'은 이제 자연지식학(Naturkunde)을 뒤로하고, 물리신학, 윤리신학을 벗어나 초월적 신학으로 향해 있다고 보겠다.

3

윤리 형이상학

1) 윤리 형이상학적 기초원리들

(1) 정언명령

"인간의 정신에는 실로 도덕적-실천적 이성의 원리가 있다." (OP, XXII121) 『윤리형이상학 정초』의 "대중적 윤리 세계지혜[윤리학]에서 윤리 형이상학으로의 이행"(GMS, B25=IV406)에서 이미 밝혀진 "네가 너 자신의 인격에서나 다른 모든 사람의 인격에서 인간(성)을 항상 동시에 목적으로 대하고, 결코 한낱 수단으로 대하지 않도록, 그렇게 행위하라"(GMS, B66/67=IV429)와 같은 인간 존엄성 명령은 나의 실천 행위를 위한 "나 자신의 이성의 지시명령(Gebot)"(OP, XXII51)이다. 인간은 이 명령을 존중하고 그것에 무조건적으로 복종하지 않을 수 없음을 직관적으로 안다. 인간으로서의 자기 자신에게 엄격하게 의무를 부과하는 이 "이성의 지시명령(dictamen rationis)"(OP, XXII50)은 무조건적인 준수를 강제한다는 점에서 하나의 정언적(kategorisch) 명령이다. 이러한 정언명령은 어떤 감각경험에서 도출되지도 않고, '명령'이라는 개념에서도 분석적으로 얻을 수 없는 것, 그러니까 하나의 선험적 종합 명제이다.

> "이 정언적 당위는 선험적 종합 명제를 표상하는 것인바, 왜 그런가 하면, 감성적 욕구들에 의해 촉발되는 나의 의지 위에 동일하지만 오성세계에 속하는, 순수한, 그것 자체로 실천적인 의지의 이념이 덧붙여지고, 이 의지는 저 의지가 이성에 따르는 최상의 조건을 함유하고 있기 때문이다. 이런 사정은, 감성 세계에 대한 직관들에, 그것 자체로는 법칙적 형식 일반 외에는 아무것도 의미하지 않는, 지성의 개념들이 덧붙여지고, 그럼으로써 그것에 자연에 대한 모든 인식들이 의거하는 선험적 종합 명제들을 가능하게 하는 것과 대체로 같다."(GMS, B111이하= IV454)

나는 내 안에서 이러한 선험적 종합 명제를 실천적 주체로서의 나를 위한 행위 법칙으로 직관한다. 바로 '나' 안에 출처를 갖는, 그러니까 주관적이고 따라서 선험적인 이것이 내가 마땅히 준수해야 할 당위 규정 체계, 곧 윤리학의 형이상학적 기초원리이다.

그런데 무조건적인 의무 규정이란 어떠한 조건에서도 그것을 준수할 수 있는 능력, 곧 자유의 힘을 전제한다. 그런 한에서 정언명령은 "자유 개념을 정초한다."(OP, XXII60) 정언명령은 그 명령을 무조건적으로 이행할 의무를 갖는 인간의 자유 능력을 전제할 뿐만 아니라, 또한 모든 것을 할 수 있고, 모든 것 위에서 지시명령하는 하나의 "명령자(imperans)라는 이념"을 함유한다.(OP, XXII120 참조) 그래서 칸트는 "정언명령에서의 도덕적–실천적 이성의 이념은 신의 이상이다"(OP, XXII54)라고 말한다. 여기서 "순수 개념들에 의한 (선험적) 종합 인식의 최고 단계"인 초월철학 앞에 두 가지 과제가 놓인다. 즉 "1. 신은 무엇인가? 2. 하나의 신이 존재하는가?"(OP, XXII63)

신이 '무엇'인지를 개념들만으로 설명할 수 있는 한에서 첫째 과제는 형이상학적으로도 해결할 수 있다. 그러나 과연 하나의 신이 있는지는 개념의 분석만으로는 해결할 수 없는 초월철학적 과제로서, 이에서 형이상학에서 초월철학으로의 이행은 불가결하다.(OP, XXII129 참조)

(2) 신의 개념

신은 개념상으로 "최고 존재자(ens summum)이고 최고 지성(summa intelligentia)이며 최고의 선(summum bonum)"(OP, XXII117)이다. 신이 어떤 결함을 갖거나 무엇에 의해 제한을 받는다는 것은 그의 개념과 상충하므로, 신은 "완전 충족자(omnisufficiens)"이고, 바로 그렇기에 "오직 하나일 수 있는 것"이다. 신이 있다면 "유

일한 신"이 있는 것이다.(OP, XXII127 참조) 그러니까 '신들이 있다'
라고 함은 진정한 의미에서 신은 없다는 말이다. '서로 제한하는
신들'이란 형용모순이니 말이다.

그런데 '하나의 신이 있다'라는 명제는, "하나의 포착할 수 있는
존재자로서 또는 현상들을 설명하기 위해 하나의 가설적 사물로
상정된 열소와 같은, 한 실체의 현존에 대한 믿음을 의미하지 않
는다. 무릇 신은 하나의 감관대상이 아니"기 때문이다.(OP, XXII108
참조) 그러므로 "자기 자신을 행위들의 원리로 정립하는 순수 실
천 이성이 요청"(OP, XXII108 참조)하는 신의 현존은 감관대상을 다
루는 자연과학의 방식과는 다르게 입증될 수밖에 없다.

(3) 신의 현존

"비록 객관적으로 주어지지는 않지만, 주관적으로 인간의 실천
이성 안에서 하나의 신이 필연적으로 생각된다."(OP, XXII122) 인
간은 자신의 이성 안에 있는 정언명령을 "모든 것에 대해 거역할
수 없는 권력을 갖는 하나의 존재자에서 나오는 것"으로 여길 수
밖에 없기 때문이다.(OP, XXII51 참조) 그래서 모든 인간의 의무를
지정하는 정언명령들을 인간은 "신적인 지시명령[계명]들로 인식
한다."(OP, XXII122) "사람들은 인간에게서 의무 개념 일반에 관한
이성의 구술, 즉 자기의 의무들을 신적 지시명령[계명]으로 (똑같지
는 않지만, 흡사하게) 인식함을 쉽게 말할 수 있다. 왜냐하면, 저 명령
은 지배적이고 절대적으로 지시명령하는 것, 그러니까 지배자에

게 마땅히 돌아가야 할 것, 그러니까 하나의 인격에 귀속하는 것으로 표상되기 때문이다."(OP, XXII130)

'모든 인간의 의무들을 신적 지시명령들로 인식하고 준수한다'라는 원리가 "종교"(RGV, B229=VI153; KpV, A233 = V129; KU, B477 = V481; OP, XXII111)이다. 이 종교는 정언명령이 전제한 "인간의 의지의 자유를 증명"하며, "(절대적인 해야 함[당위]은) 동시에 실천적인 순수한 이성원리들과 관련하여 '하나의' 신으로서의 신의 현존에 대한 증명이다."(OP, XXII111) 요컨대 "하나의 신이 있다. 무릇 하나의 [보편적인] 정언명령이 있으니 말이다."(OP, XXII106) — 이것은 하나의 "신의 실존의 간접적 증명"(OP, XXII60)이다. —『순수이성비판』을 통해 종래 이론이성에 의한 이성적 형이상학의 울타리 안에서 시도되었던 유력한 신의 현존 증명을 모두 폐기한 칸트는 그럼에도 순수한 실천 이성에 의지해서 신 앞에 이른다.

이제 신은 도덕적–실천적 정언명령에 의거해서 새롭게 정의된다: "자유에 법칙을 수립하는 이성은 최고 이성이고, 정언명령을 통해 오로지 그의 발언만으로 모든 이성적 존재자에 대해 정당성을 갖는 이는 신이다."(OP, XXII109) "정언명령을 통해 모든 이성적[이성을 가진] 세계존재자들을 도덕적 관계들의 통일성 안에 놓는 최고 존재자는 곧 신"(OP, XXII113)이다. "도덕적–실천적 이성의 의무법칙들(정언명령)에 따라 모든 이성적 존재자들에 대해 지시명령할 능력이 있고 권리가 있는 하나의 존재자가 신"(OP, XXII116)이다.

2) 윤리신학으로의 이행

(1) 윤리신학

정언명령은 순수한 실천 이성의 보편적인 도덕적 지시명령이고, 따라서 그것의 준수는 모든 이성적 존재자에게 의무이다. 이 의무 수행을 통해 모든 이성적 세계존재자는 통합되고, 의무 수행이 자연 안에서 일어나는 사건인 한에서 정언명령은 자연사물들에도 영향을 미친다.

"세계전체에서의 작용인들에는 법의무들의 정언명령에, 즉 무조건적인 당위에 따르는 도덕적-실천적 이성도 속한다."(OP, XXII114) 그러니까 "도덕적 실천 이성은 자연의 운동력들의 하나이다."(OP, XXII105) "도덕적-실천적 이성의 이념들은 인간의 자연[본성]에 대한 운동력[움직이는 힘]들을 갖는다."(OP, XXII59)

이로부터 칸트의 사유는 "(공간 및 시간상에) 만물을 포괄하는 하나의 자연이 있다. 이 안에서 이성은 모든 자연적[물리적] 관계들을 하나[통일성]로 총괄한다. — 자유를 가지고서 보편적으로 지배하는 하나의 작용인이 이성존재자들 안에 있고, 이들과 함께 이들 모두를 연결하는 정언명령이 있으며, 이 정언명령과 함께 모든 것을 포섭하면서 도덕적으로 지시명령하는 하나의 근원존재자 — '하나의' 신이 있다"(OP, XXII104)라는 데까지 이른다. "정언명령에서의 법원리는 우주만물을 필연적으로 하나의 절대적 통일로 만든다"(OP, XXII109)라는 것이다. 이제 "신은 도덕적-실천적 관계에서

(다시 말해, 정언명령에 따라) 무조건적으로 지시명령하는, 자연에 대해 전권을 행사하는 유일한 존재자이다."(OP, XXII61) 칸트의 사유는 이제 "초월철학(Transzendental-Philosophie)"에 머물지 않고 "초험철학(transzendente Philosophie)"(OP, XXII109)으로 넘어간다.

> "이성 법칙들의 아래에서 자연과 자유에 대해 무제한의 권세를 갖는 존재자는 신이다. 그러므로 신은 그 개념상 자연존재자일 뿐만 아니라 하나의 도덕적 존재자이다. 전자의 질에서만 볼 때 그는 세계창조주(세계제조자)이며 전능하다. 후자의 질에서는 신성하고(敬拜할 수 있고), 모든 인간의 의무들은 동시에 그의 지시명령[계명]들이다. 신은 最高 存在者, 最高 知性, 最高 善이다."(OP, XXII116/117)

정언명령의 수행을 자기의 책무로 삼음으로써 자연 중에서 자유를 시행하는 인간은 "자연의 최종 목적"(KU, B390=V431)이 된다. 이러한 목적론적 체계를 기반으로 칸트 윤리 형이상학은 윤리신학으로 이행하여 전능하고, 전지하며, 완전하게 선한 신에 이르러 완결된다. 목적론의 종착점은 신학이다.

(2) 초월적 신학

칸트는 마침내 "초월철학의 최고 견지[見地]는 초월적 신학"(OP, XXII63)이라고 말한다. 그는 『순수이성비판』에서도 '초월적 신학'

이란 "전체 자연과 자연 위에 있는 존재자와의 연관에 대한 자연학"(KrV, A846=B874), 곧 '초험적 자연학(transzendente Physiologie)'이라고 규정한 바 있다. 칸트의 사유는 내면적으로는 "초월철학에 따라서가 아니라 초험철학(transzendente Philosophie)에 따라서"(OP, XXII109) 진행된 것으로 보인다.

무릇 신은 "원본 존재자(ens originarium), 최고 실재 존재자(ens realissimum), 존재자 중 존재자(ens entium)"로서 "세계원인"일 뿐만이 아니고, "최고 예지자(summa intelligentia)"로서 "세계창시자"이다. 자연 세계의 창시자로서 최고 예지자는 "모든 자연적 질서와 완전성의 원리"이고, 도덕 세계의 창시자는 "모든 도덕적 질서와 완전성의 원리"이다.(KrV, A631=B659~A633=B661 참조)

> "그에 대해서 자주 그리고 계속해서 숙고하면 할수록, 점점 더 새롭고 점점 더 큰 경탄과 외경으로 마음을 채우는 두 가지 것이 있다. 그것은 내 위의 별이 빛나는 하늘과 내 안의 도덕법칙이다."(KpV, A288=V161)

이렇게 존재하는 자연의 세계와 당위적인 윤리의 세계를 규정하는 서로 다른 법칙을 생각하던 비판철학자 칸트는 윤리 형이상학자 칸트로 이월하면서 세계가 하나의 원리에 의해 규정되고 있음을 통찰한다. 누군가는 그것이 '통찰'이 아니고, 동경이나 희망이라고 말할 것이지만 말이다.

3장

인간의

세계 실현

1

도덕철학의 문제와
칸트의 이상주의

1) 도덕철학의 근본 문제

윤리(倫理, Sitten) 또는 도덕(道德, Moral)이란 '사람이 사람답게
사는 이치', 또는 '사람이 사회생활을 하는 데서 마땅히 행해야 할
도리'라고 우선 규정할 수 있다. 이때 사회생활이란 동등한 사람
들의 더불어 삶을 뜻하므로, '똑같은 존엄성을 갖는 사람들이 함
께 사는 곳에서의 인간의 인간에 대한 도리'가 윤리 도덕이다. 그
리고 이때 그 도리를 '도리(道理)'이게끔 해주는 것을 선(善)이라
할 수 있으니, 윤리 도덕은 곧 선의 표현이다. 그러므로 이제 윤리
도덕이라는 사람 사는 이치를 탐구하려는 도덕철학의 근본 문제
는, 과연 윤리 도덕의 근원은 무엇인가 하는 것이고, 그것은 다름
아니라 선이란 무엇이고, 혹은 선이란 무엇을 뜻하며, 그것은 어

디에서 유래하는가 하는 것이다.

선(善, Gut)이란 무엇인가?

어떤 사람은 선이란 "단순하고 정의할 수 없는 성질"[1]의 것이며, '선'과 '선한 것'은 구별되어야 한다고 일리 있는 주장을 한다. 이 말은 '선한 것'의 예는 들 수 있으나, 선은 단순한 관념이므로 그것에 대한 정의가 불가능하다는 뜻이겠는데, 하지만 우리가 '선한 것'을 이야기할 수 있으려면, 최소한 '선'의 의미는 이해하고 있어야 할 것이고 어떤 식으로든 선을 규정할 수 있어야만 할 것이다.

선이란 무엇을 의미하는가?

'선'이라는 말은 일상적 사용에서뿐만 아니라, 이에 관련한 문제들을 학문적으로 추궁하는 철학이나 사회학에서도 매우 다의적이다.[2] 더구나 이 말이 사용된 역사를 살펴본다거나, 이 말에 상응하는 여러 말들을 비교해본다면, 우리는 선의 어의(語義)와 용례에 관하여 한 권의 사전을 만들 수도 있을 것이다.[3] 그래서 우리가 먼저 해야 할 것은, 어떤 문맥에서 선을 문제 삼을 것인가를 확정하는 일이다.

우리의 논의 주제는 도덕 내용을 규정해주는 가치로서 '선'이다. 그러니까 여기서 선이란 사람들이 보통 인간의 세 가닥의 마음씀의 방식으로 지(知)·정(情)·의(意)를 말하면서 그에 대응하는 최고의 가치를 진(眞)·선(善)·미(美)로 말할 때의 그 선을 지칭한다. 진리가 인식의 참가치라면, 선은 실천 행위의 참가치이다. 인식을 참인식이게 해주는 진리를 우리는 논리적 사고나 파악하고자 한 사태를 제대로 드러내는 알맞은 언표(言表)에서 볼 수 있다.

그래서 우리는 인식을, 그것을 구성하는 사고의 형식성만으로도 그것의 유무의미함과 진위를 판별할 수 있는 '형식적 인식'과, 사고의 형식성에 알맞음과 동시에 실재와의 부합 여부를 살핀 연후에야 진위를 가릴 수 있는 '실질적 인식'으로 나누어짐을 염두에 두어, ①진리는 정합적인 사고에만 있을 수 있다, ②진리는 인식과 실재와의 합치에 있다고 진리를 규정한다.[4] 이런 규정으로써 진리의 의미를 어느 정도 드러낼 수 있다면, 선의 의미에 관해서도 비슷한 수준의 규정은 가능하지 않을까?

대상을 지향하는 경우에도 인식은 대상을 단지 표상할 뿐 그 인식 작용 자체가 대상에 어떠한 변화를 초래하지는 않는다. 반면에 행위는 대상[객관]에 관계할 때 어떤 방식으로든 그것에 영향을 미친다. 또한 내용을 가진 인식은 반드시 존재하는 어떤 것을 있는 그대로 파악하려고 꾀하는 반면에, 행위는 현존하는 것을 극복하거나 아직 현존하지 않는 것을 현존하도록 하려는 노고이다. 그래서 우리는 인식이나 행위나 모두 우리 인간 의식의 활동이지만, 앞의 것을 좁은 의미에서의 의식(意識) 작용, 뒤의 것을 의지(意志) 작용이라고 구별할 수도 있다.

무엇을 아는 것과 무엇을 행하는 것은 다르다. 무엇인가의 행함에는 대개의 경우 앎이 바탕을 이루고 있지만, 반드시 그러한 것도 아니고, 앎 그것이 바로 행함은 아니기 때문이다.[5] 있던 것을 있던 것 그대로, 있는 것을 있는 바 그대로, 있을 것을 있을 것 그대로, 그것이 무엇인지 그리고 그것이 어떻게 있는지를 관조하는 인식과는 달리 현재 있지 않은 것을 있도록 하는 행위는 의지적으로 무엇인가의 변화를 지향하는 것이며, 그렇기에 그것은 실행(實行) 내지는 실천(實踐)이다. 이런 실천적 행위로서 대표적인 것이 노동(勞動) 행위와 도덕 행위이다.

노동 행위나 도덕 행위나 우리 인간의 실천적 행위로서 무엇인가의 실현[현실화]을 지향한다는 점에서는 같다. 그러나 앞의 것이 사물과 관계하면서 대상이 되는 사물 내지 물품(物品)의 가치(價值, 品格)를 높이려 하는 것이라면, 뒤의 것은 사람과 관계하면서 행위하는 사람 자신의 인품(人品)의 가치[人格]를 높이려는 것이라고 구분해볼 수 있다.

도덕 행위는 사람과 사람 사이에서 일어나는 실천 행위이다. 물론 사람과 사람 사이의 실천 행위 중에는 교육 행위 같은 것도 있으니까 인간 간의 실천 행위가 모두 도덕 행위는 아니다. 도덕 행위는 인간 사이의 실천 행위 가운데서도 선이라는 가치를 실현하려는 것이다. 그러니까, 도덕이 사람과 사람이 함께 어울려 사는 사회에서 사람의 행위를 사람답게 해주는 원리라고 한다면, 도덕이 도덕이게 해주는 것이 선이다. 그래서 우리는, 진리가 인식 작용에서 드러나듯이, 선은 도덕 행위에서 드러난다고 말할 수 있다. 선은 인간의 인간에 대한 인간다운 행위 중에 있다. 그리고 우리는 선을 담지하고 있는 행위를 윤리적 또는 도덕적 행위라 일컫는다.

2) 도덕의 원천에 대한 반성

(1) 인간의 자연본성에 관한 가능한 논의

선의 개념은 어디에서 유래하며, 어떻게 해서 우리 인간은 도덕적으로 행위할 수 있는가?

도덕적인 행위 즉 선을 지향하는 행위의 예로서 우리는 이웃사랑[仁愛]이라든지 의(義)로운 행위를 들 수 있다. 사람들 모두가 그렇지는 않다고 하더라도, 세상에는 이웃을 널리 사랑하는 사람이 있고, 남을 속여 이익을 얻는 편보다는 손해를 보더라도 정직하게 사는 편을 택하는 사람이 있다. 그리고 이러한 사람은 많은 사람에게서 도덕적으로 훌륭하다고 존경받고 칭송받는다. 이러한 사실은 우리 인간이 누구나 그리고 항상 그러한 것은 아니지만 어쨌든 도덕적 행위를 하고 있다는 충분한 증좌가 된다. 인간의 이러한 행위는 무엇에서 비롯할까? 인간의 도덕 행위를 가능하게 하는 것은 무엇일까?

먼저 생각해볼 만한 것은, 인간이 자연본성상 과연 도덕 행위를 할 수 있는가 하는 점이다.

많은 사람이 사실 인간의 도덕 행위의 가능 근거를 인간의 자연본성과 관련지어 탐색해왔다. 이제까지 윤리 사상사에 등장한 사례로 볼 때도 그렇고 논리적으로 가능한 경우의 수로 볼 때도 인간 본성의 선·악에 관한 견해는 대개 네 가지로 나뉜다. 즉 어떤 사람은 인간의 본성이 ①선하다[性善] 하고, 어떤 사람은 ②악하다[性惡] 변론하고, 또 어떤 사람은 ③선하지도 악하지도 않다[性無善無不善]고 파악하고, 어떤 사람은 ④선하기도 하고 악하기도 하다[性善性惡]고 본다.[6] 그러나 첫째 파악처럼 만약 우리 인간의 자연본성이 선하기만 하다면, 그리고 — '본성'이란 문자 그대로 사물이 가진 본래의 성질이니까 — 우리 인간이 자연스럽게[저절로] 본성에 따라서만 행위하는 존재자라고 한다면, 우리는 본성에 따라 선만을 행할 터이고, 따라서 도무지 악행은 할 수 없을 터이다. 사정이 진실로 이러하다면, 도덕이니 윤리니 하는 따위는 문젯거리가 될 일이 없을 것이다. 우리 모두 자연스럽게 윤리에 알맞게 행위할 것이니 말이다.

그런데도 현실적으로 우리에게 윤리 문제가 제기된다면, 그것은 우리 인간이 반드시 도덕적으로만 행위하는 것이 아님을 함의하고, 이때 우리가 부딪치는 문제는 인간은 본성상 선한데 도대체 선하지 못한 행실은 어디에서 기인하는가 하는 물음을 해결하는 일이다.

이와는 달리 만약 둘째 파악처럼 인간이 본성적으로 악하다 하면, 스스로 악함을 어떻게 깨우쳤으며, 즉 본성과 상반되는 선의 개념을 어디서 얻어 가졌으며, 본성상 악하니 인간은 결코 악에서 벗어날 수가 없는가 하는 문제가 뒤따른다. 그리고 만약 우리 인간이 본성상 결코 악에서 벗어날 수 없다면, 선의 개념이 우리 인간에게 어떤 의미를 갖는가도 문젯거리가 될 것이다.

셋째 견해처럼 만약 인간이 자연본성(nature)에서는 선하지도 악하지도 않다면, 그것은 우리가 현실에서 보는 선과 악은 모두

생활환경(nurture)에서 비롯한다는 것을 뜻할 것이고, 그렇다면 이 때 선·악의 형성 조건은 무엇이고, 그것이 과연 보편성을 가지는 가를 물어야 할 것이다.

만약 넷째 견해대로 인간의 본성이 선하기도 하고 악하기도 하다면, 그리고 인간의 본성이 인간의 행위를 규정하는 것이라면, 이것은 우리 인간은 어떤 부분에서는 선하게 행할 수밖에 없고, 어떤 부분에서는 악하게 행위할 수밖에는 없다는 것을 뜻할 것이다. 그렇다면, 인간이 그 본래 선한 부분에서는 결코 타락할 수 없고, 그 악한 부분에서는 결코 개과천선할 수 없는 것인가, 그리고 이 두 부분은 어떤 것이며, 그 양자 사이에는 어떤 관계가 있는가 따위의 물음이 제기될 것이다.

이제, 적당한 이유를 끌어대 이 네 가지 견해 중에 어느 하나를 취하고 그 견해에 포함되는 문제점들을 해명하기에 앞서 우리가 해야 할 것은, 과연 우리는 '인간이 본성상 선한가 또는 악한가?' 라는 물음에 대해서 명확한 답을 할 수 있는가를 생각해보는 일이다.

우리에게 우리 자신의 자연본성을 직접적으로 인식할 수 있는 방도가 있는가? 유감스럽게도 없다. 인간에게 자연본성이라는 것이 있는가, 자연본성이 있다고 하더라도 그것이 선의 질(質)을 가지고 있는가, 악의 질을 가지고 있는가를 우리는 결코 직관적으로 알 수가 없다. 기껏해야 우리는 인간의 여러 행태를 자료 삼아, 이러한 행태들이 나타나는 것으로 볼 때, 이러저러한 본성을 인간은 가지고 있음에 틀림없다고 추정할 수 있을 뿐이다. 그러므로 이러한 추정은 인간의 행태들을 자료로 한 인간 본성에 관한 해석이다. 그리고 인간이라는 종(種)의 본성을 동서고금에 나타나는 사람들의 행적을 토대로 해석할 때, 그것은 인간의 '본성'이라는 것이 불변적임을 암암리에 전제하는 것이며, 한 인간의 본성을 그 사람의 이제까지의 행동을 바탕으로 판정한다면, 그 역시 개개인의 '본성'이라는 것이 불변적이라고 인정하는 셈이 된다. 그러니까 인간의 본성에 관한 견해는 이런 정도의 추정으로 납득해야 하고 이런 전제가 마땅치 않으면, 본성이라는 것이 대체적인 인간의 기질 내지는 경향성을 지칭하는 것으로 이해해야 할 것이다.

그렇다면 도덕은 인간의 본성 내지 인간의 실천적 행위의 대체적인 양상에 대하여 어떤 성격 또는 관계를 갖는가?

도덕은 인간의 실천적 행위의 경향에 대해 일반적으로 당위의 규범으로 나타난다. 도덕은 인간에게 '모름지기 이러저러하게 행위하라!'라고 명령하는 것이고, 이 명령의 내용이 선의 표본이며, 그것은 선한 것이기에, 바로 그것의 준수가 인간의 인간으로서의 의무임을 일깨워준다.

도덕규범이 인간에게 명령으로서 주어지는 당위적인 것이라는 점은, 어떤 의미에서든, 성향에 따르는 인간의 모든 행위가 도덕적이지는 않다는 것을 함축한다. 말하자면, 도덕규범은 어떤 행위는 금지하고 어떤 행위는 강제로 부과하는 것이다. 이렇듯 도덕규범이 당위적임은 인간의 자연스러운 성향이 선을 향해 있지 않거나, 단지 부분적으로만 선한 요소를 가지고 있음을 함축한다. 그러므로 이제 도덕의 원천에 관한 물음이 묻는 것은, 인간에게 선의 표본이 되는 도덕적 명령이 어떻게 주어지고, 인간이 그것을 어떻게 수용할 수 있으며, 어떤 힘에 의해서 그것을 수행할 수 있는가이다.

(2) 도덕의 원천에 관한 세 견해: 자연주의·초자연주의·이상주의

인간의 본성이 오로지 선할 경우에는 인간이 천성적 기질대로만 행위한다면, 인간의 모든 행위는 선할 것이다. 그럼에도 우리가 인간에게서 악행을 본다면, 그것은 인간의 본성적 기질을 능가하는 어떤 외적 힘에 의해서 인간이 유혹되거나 압박받음으로써 저질러진 것일 터이다. 인간에게 악행을 유발하는 그런 외적 힘은 무엇일까? 물이 위에서 아래로 흐르듯 선행으로 향해 있는 인간 본성의 흐름을 역류시키는 저수 둑[7]은 무엇일까? 그것을 사회 제도나 구조 혹은 사회 환경이라고 말할 수는 없을 것이다. 이것들은, 적어도 부분적으로는, 사람들 자신에 의해서 형성되었다고 보아야 하기 때문이다. 그렇다면, 그것은 자연 환경일까, 혹은 초자연적인 어떤 것, 가령 악마일까?

인간의 본성이 온전히 선하다 할 경우 그것으로써 선의 원천은 바로 제시되지만, 반면에 악의 원천을 해명해야 하는 어려움을 떠맡아야 하므로, 많은 사람은 인간이 선한 기질과 아울러 악으로의 경향성도 가지고 있다고 해석하는 편을 택한다. 무엇보다도 유교의 도덕관을 그 예로 들 수 있을 것이다.

유학자들은, 수신(修身)의 요체가 "하늘로부터 얻어 가진 자신의 마음 안에 있는 광명정대(光明正大)함을 깨우치는 일[明明德]"[8]이라 하고, "하늘이 정해준 바[天命]인 본성에 충실히 따름[率性]이 인간이 따라야 할 마땅한 도리"[9]라고 한다. 그러면서도 어떤 이는 비록 인간이 인의(仁義)와 예(禮)를 아는 선한 본성을 가지고 있음을 강조하긴 하지만, 인간 자신 안에 또한 악에 빠지기 쉬운 성향을 지닌 "소체(小體)"를 인정하여 저 "대체(大體)"와 구별한다.[10]

반면에 어떤 이는 인간도 동물의 한 가지로서 여타의 동물이나 다름없이 "좋은 색깔, 좋은 소리, 좋은 맛, 그리고 이익을 좇음"에서 싸움에 이르니 그 본성은 악하고, 선한 부분이란 꾸밈[僞]이라 주장하면서도,[11] "그렇다면 예와 의[禮義]가 악에서 생겼는가"라는 질문에 대해서는 "예의란 성인(聖人)의 꾸밈에서 나온 것이지 사람[人]의 본성에서 나온 것이 아니다"[12]라고 답한다. "예"란 "일신을 바로잡는 척도"[13]이자 "절제의 표준"[14]으로서, "군자(君子)"가 바로 그 "모범을 보인다"[15]라는 것이다. 이런 설명은 보통 사람들이 지켜야 할 윤리 도덕의 근원이 성인이나 군자와 같은 탁월한 사람으로부터 비롯한다는 것인데, 그러나 이 설명에 대해서도 우리는, '성인'이나 '군자'도 사람이니, 이들의 마음씨나 행실의 도덕성은 어디에서 유래하는가 하고 다시 물을 수 있다. 그것을 자연[天地](스러운 마음씨)에 돌린다[16]면, 이 역시 인간의 본성에 부분적으로나마 선함이 있다는 생각과 다르지 않다.

신유가 학자들의 사단(四端) 칠정(七情)에 관한 상당히 치밀한 논변에서도 그 결론이, 선한 마음씨는 '리(理)'에서, 악한 마음씨는 '기(氣)'에서 나온다[理氣互發說]가 되든, 으레 '기'에는 '리'가 담겨 있기[氣包理] 마련이니 선하든 악하든 모든 마음씨는 '기'로부터 나온다[氣發理乘說]가 되든, '리'니 '기'니 하는 두 가지 모두가 사람의 구성 원리이므로, 결국 인간 자신에게서 선·악의 인자(因子)를 함께 본다는 점에서는 차이가 없다. 사람이 능히 천지 자연의 조화로운 질서를 깨닫고 그에 따라 행위할 수 있는 충분한 사람다운 소질[道心]을 가지고 있으면서도, 눈앞의 것에 대한 욕구에 사로잡혀 자연의 이치를 벗어나 행위할 수 있는 소질[人心]도 또한 가지고 있다[17]는 말 역시 마찬가지의 뜻이다.

이런 유가의 여러 방식의 설명은, 자연의 이치[天地之道]와 인간의 도리를 한가지로 보면서도, 선과 악의 근원이 모두 인간의 자연본성에 있다 — 이를 나누어, 선은 인간으로서의 인간의 본성에서, 악은 동물로서의 인간의 본성에서 유래한다고 말해도 결론은 마찬가지이므로 — 는 것을 말한다. 그러므로 유교는 윤리 도덕의 원천 문제와 관련해서 자연주의(自然主義)적 견해를 취하고 있다고 볼 수 있다.

그러나 이 같은 자연주의적 이설은, 그 취지로 볼 때, 사람은 짐승처럼 망동(妄動)해서는 안 되고, 사람답게 행위해야 한다는 것을 역설하고는 있으나,[18] 자연물 가운데 하나인 인간이 어떻게 해서 자연의 법도[天理]를 일탈할 수 있는가, 즉 자연으로부터 인간으로 태어난 자가 어떻게 인간에 머무르지 않고 짐승으로, 때로는 짐승보다도 못한 것으로 추락할 수 있는가, 바꿔 표현하면, 역시 자연적 품성 가운데 하나인 인욕(人欲)이 어떻게 자연의 대도(大道)를 파기할 수 있는가를 분명하게 해명하고 있지 않다.

그것이 의지력의 부족에 기인하든, 악마의 유혹에 넘어가는 데에서 말미암든, 혹은 자신의 본성을 스스로 깨우치지 못하는 지력(知力)의 결핍에서 비롯하든, 인간이 선행으로 나아가지 못하고, 오히려 빈번히 혹은 번번이 악한 행위를 한다면, 어쨌든 인간은 악으로의 성향 내지는 기질을, 적어도 부분적으로나마, 가진 것으로 해석할 수 있다. 이런 전제에서 도덕의 원천을 반성할 때, 우리가 생각해볼 수 있는 것은, 초자연적인 존재자, 즉 인간의 성향을 제압하는 어떤 자에 의한 도덕률의 제시이다. 그런 예로서 우리는 기독교의 도덕관을 들 수 있을 것이다.

기독교에서 도덕은 율법(律法) 가운데 하나이다. 그것은 예외 없이 지켜야 할 초자연적인 위격(位格)으로부터의 지시 사항으로, 원죄(原罪)에 빠져 있는, 즉 본성상 악[根本惡]에 물들어 있는 인간에게 계명(戒命)으로 나타난다.

> "너희는 부모를 공경하여라. […] 살인하지 못한다. 도둑질하지 못한다. 이웃에게 불리한 거짓 증언을 못한다. 네 이웃의 집을 탐내지 못한다."[19]

이것은 신의 명령으로서 사람들이 마땅히 지켜야 할 도리이다. 그러나 기질상 악에 빠지기 쉬운 인간이 순순히 이 명령을 따를 리 없으므로, 신은 초자연적 힘[奇蹟]을 가끔 내보임[啓示]으로써 자신의 위력과 권능을 사람으로 하여금 받아들이지 않을 수 없게 한 연후에, 자신의 명령을 제대로 지키지 않은 자에게는 그 죗값을 "후손 삼대에까지" 치르도록 할 것임을 경고하고, 제대로 지킨 자에게는 "그 후손 수천 대에 이르기까지" 은혜를 내릴 것을 약속한다.[20]

이 같은 초자연주의적 윤리 교설이 설파하는바, 신의 음성을 통해 나온 도덕법칙은 반드시 지켜져야 하는 것이지만, 어떤 사람이 그것을 준수할 때 그 이유가 그 도덕법칙 자체의 권위 때문이 아니고 자신의 행위 다음에 뒤따라올 상벌 때문일 수 있으므로, 이렇게 되면 도덕은 그 자체가 가치 있는 것이 아니라 단지 상을 받기 위한 수단으로서 가치가 있는 것이 된다. 이 경우에는, 만약 누군가가 신의 위력은커녕 신이라는 초자연적 위격 자체를 납득하지 않고 따라서 그의 경고에도 전혀 "두려워 떨지"[21] 않을 뿐만 아니라, 그 약속에도 아무런 기대를 걸지 않을 때, 그가 제시한 도덕은 인간으로서의 인간의 율법으로서는 아무런 기능을 할 수 없을 것이다.

바로 이 때문에, 이와는 달리, 칸트 비판철학의 도덕관은 도덕의 원천을 인간의 이성 자체, 인간의 이상적인 인간의 모습에서 찾는다. 칸트는, 기독교적인 도덕관에서 드러나는 바와 마찬가지로, 인간이 "자연본성적으로 악하다"(RGV, B26=IV32)라고 보면서도, 인간 자신이 동시에 자연적 존재자로서 자신을 넘어설 수 있는 예지(叡智)적 힘, 즉 자유(自由)를 가지고 있고 이 힘으로 자신이 처해 있는 존재의 세계를 지양하고, 더 선한, 더 올바른 세계, 곧 현재하지는 않지만, 마땅히 현재해야만 할 당위의 세계를 이상(理想, 理念)으로 그리며, 이로부터 도덕법칙이 나온다는 주장을 편다.

칸트에 의하면 도덕법칙은 바깥에서 온 강제 규정, 곧 타율(他律)이 아니고, 자치의 법규인 "자율(自律)"(KpV, A58=V33)이다. 도덕은 "그 자신을 위해서 […] 결코 종교를 필요로 하지 않으며, 오히려 순수 실천 이성의 힘에 의해[덕분에] 그 자신만으로도 충분한 것이다."(RGV, BIII=VI3) 도덕의 법칙은 인간이 자신에게 부과하고, 인간이 인간이기 위해서 그것에 스스로 복종해야만 하는 법칙이다. 인간이 악으로 나갈 수도 있는 자연적 경향성을 제압하고 스스로를 "도덕법칙들 아래에" 세워야 하는 것은, 그렇게 함으로써만 인격적 존재자가 될 수 있기 때문이다.(KU, B421=V448 참조)

인간은 자연 가운데서 태어나서 자연 안에서 살고 있는 자연물 중의 하나로서 자연법칙의 지배 아래에 있으면서도, 다른 한편으로 여타의 자연 사물과는 다른 '인격'으로서의 존엄성을 가져야 한다는 이상을 가지고 있다. 이 이상이 바로 도덕의 원천이다. 인간은 도덕적으로 행위함으로써 인격적일 수 있으며, 인간이 인격적일 때 그는 이런저런 쓸모에 따라 값이 매겨지는 '물건', 즉 무엇을 위한 수단이 아니라 그 자체로서 가치를 갖는, 즉 존엄성을 갖는 '목적'으로 생각될 수 있다.(GMS, B64=IV428 참조) 그러니까 칸트에 따르면, 다름 아닌 인간의 존엄성에 대한 인간 자신의 이념이 도덕의 원천인 셈이다.

이상에서 살펴본 도덕의 원천에 관한 유교적인, 기독교적인, 그리고 칸트 비판철학의 견해를 우리는 각각 자연주의적, 초자연주의적, 이상주의적이라고 부를 수 있고, 그것은 도덕의 원천에 관한 가능한 반성들을 대표한다고 볼 수 있다. 그런데 이 세 견해는 모두 도덕 가치의 표준이 사람들의 처해 있는 상황에 따른 상대적인 것으로 보지 않고, 절대적임을 말하고 있다.

절대적 도덕 가치 이론에 반대해서 상대성을 주장하는 사람들도 많다. 사회학적 윤리 현상론자들 내지는 경험주의적 윤리 이론가들 대부분이 그런 경향을 보인다. 일상생활에서의 개개 윤리 규범들 — 도덕법칙이라기보다는 예의범절에 속하는 것이지만 — 가운데 다수는, '윤리'와 '도덕'에 대응하는 서양어의 어원이 증거해주듯, 관습[慣習, ethos, mos]이 정식화한 것이고, 관습이란 시대에 따라 지역에 따라 다소간 차이가 있어 보이므로, 윤리 상대론이 그럴듯하게 받아들여지기도 한다. 그러나 우리가 철학적 도덕 이론에서 문제 삼는 것은 개개의 윤리 세칙들이나 도덕적 행위의 실례가 아니라, 윤리 도덕의 원칙이다. 그것은 철학적 인식론이 문제 삼는 것이 무수한 개개의 경험 법칙이나 경험적 인식의 사례들이 아니라, 그런 인식들을 가능하게 하는 원칙인 것과 같다.

도덕의 원칙만을 문제 삼을 때, 일견 도덕 상대론처럼 보이는 보통 '자연주의 윤리설'이라 일컬어지는[22] 경험주의적인 도덕 이론에 따르더라도 도덕의 기본율이 상대적이라는 결론이 반드시 나오는 것은 아니다. 대표적인 경험주의자 한 사람의 주장을 예로 들어 검토해보자. 그는 우리의 도덕적인 분별은 경험적으로 형성되는 사회적 "공감(共感)"[23]인 "도덕감(道德感)으로부터 나온다"[24]라고 파악한다. 일견 이런 생각은 '공감'의 폭의 정도에 따라서 도덕적 평가는 상대적일 수도 있음을 함축한다. 우리의 일상생활에서 도덕적 시인(是認)이나 비난이 개인에게 혹은 사회적으로 유용한 것에 대한 호감[快感]과 그렇지 않은 것에 대한 거부감[不快感]에서 일어나는 경우를 우리는 얼마든지 예로 들 수 있기 때문이다. 그러나 유용성 즉 '욕구 충족' 여부에 따른 쾌·불쾌의 감정이 바로 도덕 원리가 된다고 보기는 어렵다. 어떤 개인에게 혹은 보다 많은 사람의 감성적 욕구를 충족시키고 따라서 더 큰 유용성이 인정되는 행위가 반드시 더욱더 도덕적이라고 우리는 평가하지 않으니 말이다. 이런 지적에 대해서 '유용성'이란 일정한 개개인들에게 이익되는 것이 아니라 인류 전체에게 이익되는 것을 뜻한다고 말한다면 — 그런 것이 도대체 무엇인지가 문제지만 — 그때는 '도덕감'이라는 것이 사회적으로 형성되는 경험적 정서라고 파악해야만 할 이유가 없어진다. '인류' 전체란 동서고금의 사람들뿐만 아니라 미래의 사람들도 포함하는 것이고, 그것은 '인간'의 불변성과 보편성을 함축하는 말이기 때문이다. 즉 그것은 인간이면 누구나 언제 어디서나 어떤 상황에서나 한 가지 도덕 감정을 가지고 있다는 생각이고, 이때 이런 생각은, 인간이 그의 자연본성으로서 "양심"[25]을 가지고 있다는 유교적 도덕관과 다르지 않다.

이제 인간의 자연본성에서도 아니고, 그렇다고 어떤 초자연적인 위격(位格)에서도 아니라, 바로 이성적 존재자인 인간의 이상에서 인간의 인간다움 즉 도덕성의 근원을 밝히는 칸트의 도덕철학의 큰 줄거리를 그 발단에서부터 살펴보자.

2

'자유' 개념의
문제성과 의의

1) '자유' 개념의 문제성

칸트 도덕철학은 자유 개념의 해명으로부터 출발한다. '자유' 개념은 도덕을 가능하게 하는 근거이자 칸트철학 체계의 핵심적 요소이다.

칸트는 "자유 개념은 [⋯] 순수 이성의, 그러니까 사변 이성까지를 포함한, 체계 전체 건물의 마룻돌[宗石]을 이룬다"(KpV, A4=V3 이하)라고 말한다. 칸트에서 '순수 이성의 체계'란 다름 아닌 철학이므로 자유 개념은 그의 전 철학의 결정 요소인 셈이다.

그런데 '자유(自由, Freiheit)'는 일상적인 사용에서 흔히 어떤 것으로부터의 해방이나 독립을 뜻한다. 그러나 '스스로 말미암음'이라는 그것의 근원적 의미를 새길 때, 그것은 어떤 사태를 최초로

야기함, "제일의 운동자"(KrV, A450=B478)를 뜻한다. 그러므로 우리가 사람들과 함께 행위하며 더불어 사는 자연 세계 안에서 '자유'를 문제 삼을 경우, 그것은 자연적 사태 발생의 최초의 원인을 지시한다.

자연을 경험과학적으로 관찰할 때, 발생하는 모든 것은 원인을 갖는다. 자연 세계에 대한 경험과학적 관찰 자체가 '원인 없이는 아무것도 없다(Nihil est sine ratione)', '무에서는 아무것도 생기지 않는다(Ex nihilo nihil fit)'라는 생성의 충분근거율에 준거해서 이루어진다. 경험과학적 사건들이 상호 연관되어 있다고 고찰되는 한, 그 사건들의 계열에서 한 경험과학적 사태 내지 존재자의 원인은 또 다른 경험과학적 사태 내지 존재자로 간주된다. 그러므로 자연 내의 사건에서 그것의 원인은 반드시 경험과학적 의미에서 있었던 것을 지시하며, 그 원인이 있었던 것, 즉 존재자인 한 그 원인 역시 그것의 원인을 가져야만 한다.(KrV, A532=B560 참조) 그래서 우리가 생성과 존재의 충분근거율에 충실히 따르는 한, 원인 계열은 무한히 계속될 뿐 문자 그대로의 '최초의 원인' 즉 자유란 자연 가운데서 찾을 수가 없다. 이런 이해에서 칸트도 '자유'를 "문제성 있는 개념"(KrV, A339=B397)이라 말한다.

철학자나 과학자들이 세계(우주)의 운동 변화에 관심을 가진 이래, 이 운동 변화를 설명하기 위해 최초의 운동자, 부동의 원동자를 생각하기에 이르렀지만, 그 생각은 ─ 비록 '자기로부터(a se) 생겨나는'이라고 표현하기도 하지만 ─ 무엇으로부터도 생겨나지 않은, 즉 원인이 없는 존재자가 적어도 하나 있다는 것을 함축하며, 따라서 그것은 초논리적일 뿐만 아니라, 자연 가운데서 만나지지 않는 것, 따라서 초경험적인 것, 요컨대 '초월적'인 어떤 것을 상정하는 것이다. 그러므로 칸트도, 만약 어떤 현상 계열의 "절대적 자발성"(KrV, A446=B474)으로서 자유를 생각할 수 있다면, 그것은 이를테면 "초월적 이념(transzendentale Idee)"(KrV, A448=B476)이라고 본다.

초월적 이념으로서 자유란 도대체 무엇을 말하는가? 그것은 일종의 "예지적 원인(intelligible Ursache)"[26](KrV, A537=B565)을 일컫는다. 칸트는 이 예지적 원인으로서 '자유'를 이른바 '순수 이성의 이율배반'의 해소를 통해 "구출"(KrV, A536=B564)해내고, 그로써 당위적 실천 행위의 근거를 마련한다.

칸트에서 인간은 이중적이다. 인간은 감성적 존재자이자 이성적 존재자이며, 경험적 능력과 더불어 선험적 능력을 가지고 있다. 또한 사람은 감성의 세계(sinnliche Welt)에 속해 있으면서도 예지의 세계(intelligible Welt)에 속해 있다. 인간은 자연법칙의 필연성에 종속하면서도 자유법칙의 지배 아래에도 놓여 있는 것이다.

순수 이성 비판은 '나는 사고한다'라는 초월적 주관을 진리의 토대로 통찰하고, 우리의 인식 작용을 객관 자체와 선험적으로 관계하는 한에서 고찰한다. 객관과 선험적으로 관계하는 우리의 초월적 인식 작용은 객관 자체를 일정한 조건 아래서 의식의 대상으로 만든다. 이 의식의 대상은 '나는 사고한다'라는 초월적 통각에서 공간·시간의 감성의 수용 형식에 따라 정돈된 감각의 잡다가 지성의 사고 형식, 곧 범주들에 의해 하나의 대상으로 규정된 것이다. 그러므로 이른바 지성의 자발성(自發性)이란 감각 표상들을 일정한 틀 안에서 경험의 대상으로 통일하는 개념들을 스스로 마련함 이상의 것이 아니다. 지성의 이 제한적인 자발성의 상위에 전적으로 순수하게 자발적인 능력인 이성이 있다. 이 이성의 순수한 자발성은 순수한 이념들을 낳고, 이것들은 감성이 수용할 수 있는 것을 훨씬 넘어가며, 감성의 세계와 예지의 세계를 구별하고, 그럼으로써 지성의 적절한 한계를 규정한다. 자유라는 개념이 순수 이성의 필수적 개념으로 등장하는 자리가 바로 이 순수 자발성이다.

이성의 자발적 활동은 어떻게 해서 자유 개념에 이르는가? 이성의 추리를 통해서다. 이성은, 본디 경험적 대상 인식에서만 그 적용 권리를 갖는 범주에 따르는 지성의 "종합적 통일을 단적인 무조건자[무조건적인 것]에 이르기까지 추구"(KrV, A326=B383)하는데, 이 무조건자에 이르러 "현상들의 이성통일"(KrV, A326=B383)은 성취된다. 그러므로 이성의 이런 활동을 가능하게 하는 조건인 이성의 필연적 이념은 바로 이 "무조건자"라는 이념이다. 그러한 이념으로서는, "세 종류"의 이성추리 "곧 정언적·가언적·선언적 이성추리"(KrV, A304=B361)의 형식에 상응해서 "첫째로 주관[주체, 주어]에서 정언적 종합의 무조건자를, 둘째로 한 계열을 이룬 연쇄 항들의 가언적 종합의 무조건자가를, 셋째로 한 체계에서 부분들의 선언적 종합의 무조건자"(KrV, A322=B379)를 찾음으로써 (불사적인) 영혼·자유·신, 이렇게 더도 덜도 아닌 셋이 드러난다.

그러니까 '자유'는 한 주어진 결과에 대한 원인들의 계열의 절대적 총체성을 생각할 때 생기는 순수한 이념이다. 그러나 이 같은 이념은 사변 이성에서는 불가피하게 이율배반을 낳는다.

"자연의 법칙에 따르는 인과성은, 그로부터 세계의 현상들이 모두 도출될 수 있는 유일한 것이 아니다. 현상들을 설명하기 위해서는 자유에 의한 인과성 또한 반드시 받아들여야 한다."(KrV, A444=B472. 순수 이성의 이율배반, 초월적 이념의 셋째 상충. 정립)

"자유는 없다. 오히려 세계에서 모든 것은 오로지 자연법칙들에 따라서 일어난다."(KrV, A445=B473. 同. 반정립)

그래서 '자유'의 원인성이라는 개념은 불가피하게 이율배반을 야기하는 것으로 보인다. '자신으로부터 비롯하는' 절대적 시초로서의 자유의 원인성은 무엇인가 있지 않으면 아무것도 생기지 않는다는 자연의 통일성을 구성하는 자연법칙에 어긋난다. 그럼에도 시간상의 한 원인이 다른 원인의 제약 아래에 있는 자연법칙에서와는 다르게 또 다른 원인성이 있다는 것을 받아들이지 않을 수가 없다. 발생하는 모든 것은 시간상 그것에 앞서는 어떤 것에 의해 필연적으로 제약받으므로, 만약 자유의 원인성이 없다면, 자연은 제약된 사건들의 계열을 무한하게 구성할 터이고, 그것은 다름 아니라 자연의 통일성을 파괴하니 말이다.

그런데 이 같은 이율배반의 문제는 물음을, 세계 내의 모든 사건이 자연에서만 비롯하는가, 아니면 자유로부터도 비롯하는가 (KrV, A536=B564 참조)라고 제기한 데서 발생한 것이라 볼 수 있다. 그래서 칸트는 이 이것이냐 저것이냐의 물음이 출발을 잘못했음을 지적함으로써 이 이율배반을 해소한다. 이 지적이야말로 "자유의 문제에 있어서 중요한 전기를 마련한 것이다."[27]

이제 이 이율배반 해소의 실마리는 '자유' 원인성의 의미 해명에 있다. 한 사건에서 자유의 원인성이 의미하는 시초란 이 사건에 앞서 어떤 사건이나 사태가 있음을 부인하는 시간상의 절대적 시초를 말하는 것이 아니라, 한 사건에 잇따르는 다른 사건은 물론 자연법칙에 따르는 것이지만, 그 사건의 계기(繼起)가 자연법칙으로부터 나온 것은 아니라는 점에서 어떤 시초를 말하는 것이다. 그러니까 동일한 사건에 대해서라도 관점을 달리해서 보면, 자연법칙에 따른 것이면서도 또한 자유의 원인성에 의한 것일 수도 있다는 것이다.

"현상들은 그 자체로는 사물들이 아니기 때문에, 이 현상들의 기초에는 이것들을 한낱 표상으로 규정하는 어떤 초월적 대상이 놓여 있을 수밖에 없으므로, 우리가 이 초월적 대상에다가 그것이 현상하게 되는 성질 외에 현상은 아니면서도 현상 중에서 그 작용 결과를 마주치는 원인성을 덧붙여서는 안 된다고 방해하는 것은 아무것도 없"(KrV, A538이하=B566이하)다. 이러한 원인성이 이른바 "예지적 원인"인 것이다.

2) 실천적 행위의 귀책성 근거로서의 '자유'의 문제

그 자신 또다시 다른 어떤 원인을 가져야만 하는 자연적 사건 계열의 원인과는 달리, 만약 궁극적 원인으로서의 자유, 즉 '예지적 원인'이라는 초월적 이념으로서의 자유가 그럼에도 어떤 현실적 의의를 갖는다면 — 아니, 가질 수밖에 없는데 —, 그것은 인간의 실천적 행위의 의미 해석에서라고 칸트는 생각한다. 즉 인간의 실천적 행위에 대해 귀책성(歸責性, Imputabilität)을 말할 수 있다면, 인간의 실천적 행위는 한낱 기계적인 연관 작용이어서는 안 되고, 자유로부터의 행동으로서, 즉 그 행위의 원동자인 의지, 달리 표현해 실천 이성이 자유로워야 한다는 것이 칸트의 생각이다.

여기서부터 '자유' 개념을 둘러싼 논의는 새롭게 시작되어야 한다. 자유롭다고 생각되어야 할 의지는 인간의 의지이고, 그런데 인간은 자연 안에 존재하기 때문이다.

자연 밖에 어떤 존재자가 — 가령 신과 같은 초월적 존재자가 — 자유롭다고 한다면, 일차적인 문제는 '자연 밖에 존재자가 있다'가 무엇을 뜻하는가, 그것이 의미가 있는 말인가일 것이고, 그런 '존재자'가 '자유롭다'라는 것은 부차적 문제가 될 것이다. 그런데 어떤 것이 자연 안에 존재하는데, 자유롭다고 한다면, 앞의 이율배반의 문제가 함의하고 있는 바대로, 문제는 곧바로 '자유'의 원인성이라는 것이 보편적으로 납득되는 자연의 필연적 인과성과 어떻게 양립할 수 있는가로 옮겨간다.(KrV, A536=B564 참조)

자연 내의 한 존재자로서 인간과 그 인간의 의지는 자연의 인과 법칙에 따라 무엇을 지향하거나 회피할 터이고, 따라서 이른바 '의지' 작용의 결과도 앞서 있는 '감성계의 한 상태'에서 '규칙적으로 뒤따라 나온' 상태일 것이다. 그런데 우리가 자유를 근본적 의미에서 이해한다면, 그것은 "한 상태를 자신으로부터 시작하는 능력"(KrV, A533=B561)이다. 한 상태를 스스로 개시한다고 함은 그 상태에 앞서서 그 상태를 유발하는 어떤 다른 상태도 감성세계 [자연 세계] 안에 '있지' 않았고, 그러니까 어떤 자연적 '원인'도 있지 아니했는데, 어떤 상태가 자연 세계 안에 비로소 발생함을 의미한다. 칸트가 『순수이성비판』의 '초월적 분석학'에서 입증하려고 애썼고 스스로 입증했다고 믿은 바는, 자연 세계는 예외 없이 인과 법칙에 따라 규정되며, 이때의 인과 법칙이란 물리-화학적인 필연적 계기(繼起) 관계뿐만 아니라, 심리-생물학적인 필연적 계기 관계까지도 포함한다. 그러니까 칸트는 인간의 자연적인 심리적 성향에 따른 행위도 자연의 인과적 법칙에 따른 행위로 본다. 그러므로 행위에서 의지가 자유롭다고 함은 "완전한 자발성"(KrV, A548=B576)을 말하며, 이로부터 자연 안에 어떤 사건이 발생함을 뜻한다. 그러므로 이를테면 '실천적 자유'는 현상에서의 발생의 원인은 그토록 결정적인 것이 아니며, "우리의 의사[의지] 안에" "저 자연원인들에 독립해서, 그리고 심지어는 자연원인들의 강제력과 영향력에 반하여, 시간질서에 있어서 경험적 법칙들에 따라 규정되는 무엇인가를 산출하고, 그러니까 일련의 사건들을 전적으로 자기로부터 시작하는 어떠한 원인성"(KrV, A534=B562)이 있음을 말하는 것이다. 그런데 이것은 자연의 법칙성, 즉 자연 안에서 발생하는 사건의 원인은 오로지 자연 안에 있을 수밖에 없다는 존재 생성의 충분근거율에 어긋난다.

바로 이 어긋남으로 인해 도덕[당위]의 '세계'와 자연[존재]의 세계의 구별이 있고, 자연적 존재자인 인간이 이 도덕의 '세계'에도 동시에 속함으로써 인격적 존재일 수 있으며, 인간이 인격적 존재로서만 그 자체로 '목적'이며 존엄하다고 말할 수 있다고 칸트는 본다.

칸트의 도덕철학은 다름 아니라, 인간이 어떻게 어떤 의미에서 인격적 존재자이고, 어떤 경우에 스스로 존엄하다고 말할 수 있는가를 밝히며, 이 해명은 문제 있는 개념인 '자유'와 인간의 실천적 행위의 관계 천착에 기초하고 있다.

계속 칸트를 따라가면서, 모든 실천철학의 토대여야 할 자유의 이념과 도덕원리를 고찰해보자.

실천적 자유와 도덕법칙

1) 인간 행위의 소질적 요소

칸트 도덕 이론의 단초는, 다시 말하거니와, 인간은 행위에서 '자유롭다'라는 것이다. 그러나 칸트가 인간을 자유롭기만 한 존재로 본 것은 아니다. 칸트는 인간을 실천적 행위로 이끄는 동인과 인간의 소질이나 자연적 경향성 분석을 통해 인간이 삼중적 존재임을 밝히고 있으니 말이다.

칸트의 분석 결과, 인간에게는 인간을 실천적 행위로 이끄는 "소질적 요소"가 크게 나누어보아 셋이 있다.(RGV, B15이하=VI26이하 참조) 인간은 생명체로서의 "동물성"의 소질, 생명체이자 이성적 존재자로서의 "인간성"의 소질, 그리고 이성적이며 동시에 책임능력을 지닌 존재자로서의 "인격성"의 소질을 갖고 있다는 것이다.

(RGV, B15이하=VI26이하 참조)

동물성의 소질이란, 일반적으로 말해, "자연적인" 따라서 이성을 필요로 하지 않는 "한낱 기계적인 자기사랑"의 기질로서 세 겹이다. 자기 일신을 보존하려는 자기사랑, 성적 충동을 통해 자기 종족을 번식시키고 성적 결합에 의해 생겨난 자식을 보존하려는 자기사랑, 그리고 다른 인간들과 함께하려는 자기사랑, 즉 "사회로의 충동"이 그것이다. 이러한 소질에는 갖가지 패악(悖惡)이 접목될 수 있는데, 그것들은 "자연 야성의 패악"이라고 부를 수 있으며, 자연의 목적에서 아주 멀리 벗어날 경우에는 "금수적[짐승 같은] 패악들"이 되어, 예컨대 폭음폭식이라든지 음탕함이라든지 다른 사람들에 대한 야만적 무법성으로 나타난다.(RGV, B16이하=VI26이하 참조)

인간성의 소질은 자연적이면서도 비교하는, 따라서 셈[計算]하는 이성이 함께하는 자기사랑의 기질이다. 즉 그것은 남들과의 비교 중에서만 자기 자신의 행·불행을 평가하는 기질을 말한다. 이로부터 남의 의견 중에서 가치를 얻으려는 경향성이 생겨난다. 그것은 '평등'의 가치의 근원으로서, 어느 누구에게도 자기보다 우월함을 허용하지 않고 혹시 누군가가 그러한 것을 추구하지나 않을까 하고 염려하면서도, 자기는 남들의 위에 서려는 부당한 욕구와 결부되는 경향성이다. 이러한 질투심과 경쟁심에 우리가 타인이라고 생각하는 모든 이에 대한 숨겨진 혹은 드러내놓는 적대감이 접목될 수 있다. 이것은 남들이 나보다 우위에 서려 노력할 때, 자기의 안전을 위하여 이 타인 위에 서는 우월성을 방비책으로 확보해두려는 경향성으로서 그 자체만으로는 패악이라고 볼 수 없다. 오히려 자연은 이러한 경쟁심을 오직 "문화로의 동기"로 이용하려 했을 터이기 때문이다. 그러나 이러한 경향성에 접목되는 "문화의 패악들"이 자연의 의도에서 벗어나 극도로 악질적으로 흐를 때, 가령 시기와 배은망덕, 남의 불행을 기뻐함 따위의 "악마적[악마 같은] 패악들"이 나타난다.(RGV, B17이하=VI27이하 참조)

인격성의 소질은 "도덕법칙에 대한 존경의 감수성"이며, 이때 존경이란 "의사[의지]의 그 자체만으로써 충분한 동기"(RGV, B18=VI27)를 뜻한다. 그러나 도덕법칙이란 인간 이성이 스스로에게 명령하는 당위의 규칙을 이르는 것이니까, 인격성의 소질이란 바로 이 규칙을 자기 행위의 준칙으로 받아들여 이 규칙에 자신을 복속시키는 의지의 자유를 뜻한다.

그러나 인간의 의지가 자유롭다면, 바로 자유롭기에 인간은 도덕법칙을 자기 행위의 준칙으로 받아들이는 능력과 무능력을 함께 가지고 있다. 그 능력을 좋은 마음, 그 무능력을 나쁜 마음이라 부른다. 나쁜 마음은 채택된 준칙을 감연히 좇아갈 수 없는 마음의 연약성 내지 유약성에 기인하기도 하고, 도덕적 동기와 비도덕적 동기를 혼합하려는 성벽 즉 불순성에 기인하기도 하며, 어떤 때는 악한 원칙을 준칙으로 채택하려는 성벽 즉 악의성 내지 부패성에 기인하기도 한다.(RGV, B22이하=VI29이하 참조)

인간을 행위로 이끄는 근원적 소질을 구성하고 있는 세 가지 중에 동물성은 인간을 생명체로, 인간성은 여기에서 더 나아가 인간을 합리적 이성 존재자로 존재케 하는 자연의 배려이기도 하지만, 자칫 패악에 물들기 쉬운 기질이며, 세 번째의 인격성조차도 그것이 반드시 발휘되는 것은 아니라는 것이 칸트의 파악이다. 이런 소질로 인하여 인간은 여타의 사물들과는 달리 역사와 문화를 낳는 노동을 하고, 자신을 인식하고, 갖가지 악을 범한다.

그럼에도 인간이 자신의 행위에 대해서 책임질 수 있는 존재자라면, 즉 도덕적일 수 있다면, 오로지 무조건적으로 도덕 명령을 따르리라는 자유로운 의지가 작용할 경우뿐이라고 칸트는 파악하는 것이다.

그러니까 인간에서 도덕성을 말하려면, 자연의 인과 필연성의 법칙에 따르는 인간의 자연적(기계적) 성벽과 이 성벽을 물리치고 당위를 행하려는 자유로운 의지가 최소한 양립할 수 있음을 전제해야만 하는 것이다.

2) 자연의 필연성과 자유 원인성의 양립 가능성

세계가 오로지 자연으로 즉 존재자의 총체로만 이해된다면, 그세계 안에 '자유'가 있을 자리는 없다. 그렇기에 '자유'를 이 자연세계를 초월해 있는 이념이라고 말한 것이다. 그럼에도 인간의 '실천'적 행위는 이 자유의 바탕 위에서 자연 세계 안에서 일어난다. 인간의 실천이란 마땅히 있어야만 할 것을, 그러니까 아직 있지 않은 것을 자연 세계 안에 자신으로부터 있게끔 하는 것을 말하기 때문이다. (사람의 마음속에서, 생각 중에 일어나는 일을 '실천'이라고 일컫지 않는다.)

인격자이고 인격자일 수 있는 인간은 누구나 존엄하고 그 점에서 평등하므로, 가령 불평등한 현실 사회는 마땅히 평등한 사회로 바뀌어야만 하고, 그래서 많은 사람은 그런 사회를 지향하며 실천한다. 구성원들이 완전히 평등한 사회, 그것은 이상이며, 우리의 실천 행위는 이 이상의 실현을 지향한다. 그것은 아직 현실이 아니지만, 마땅히 현실이 되어야 할 것을 현실화하는 작업이다. 그러므로 실천은 인간의 가치 지향적인 행위, 지향하는 가치의 실현 활동이다.

누군가는, 날씨가 차가워지면 은행나무 잎이 떨어지는데, 이것은 이전에 있지 않던 것이 있게 된 것이므로, 이 현상도 차가운 날씨의 '실천'에 의해 이루어진 것이라고 말하고 싶어 할지 모르겠다. 그렇게 해서 인간의 이른바 '가치 지향적' 행위나 자연에서의 발생 사건은 '실천'이라는 점에서 똑같다고 말하고 싶을지도 모르겠다. 누군가가 만약 그렇게 말하고 싶어 한다면, 그것은 사태의 차이를 잘못 보고 있기 때문이라고 지적해주어야 한다. 자연의 발생 사건에 대해서도 굳이 '실천'이라고 하는 것을 허용한다고 하더라도, 그런 경우엔 자연의 발생이라는 실천과 인간 행위라는 실천 사이에는, 붙여진 말이 같음에도 차이가 있고, 이 차이에 자유 개념의 단초가 있음을 주목해야 한다. 차가운 날씨는 자신의 뜻[의지]에 따라 은행나무 잎을 떨어뜨릴 수도 있고 떨어뜨리지 않을 수도 있는 것이 아니지만, 인간은 자신의 뜻[의지]에 따라 평등한 사회를 (비교적 근사하게나마) 구현할 수도 있고 구현하지 않을 수도 있는 것이다.

이런 구별에 대해서 또 누군가는, 평등한 사회를 지향하는 행위를 수행하는 자는 시간·공간상에서 생명을 유지해가고 있는 개개인들이며, 사람을 개인들의 면에서 관찰할 때, 어떤 사람은 평등 사회를 위해서, 반면에 어떤 사람은 그렇지 않은 사회 형성을 위해서 행위하는데, 그런 행위들의 이유를 살펴보면 그럴 수밖에 없는 정황이 있고, 이 정황이 어떤 이로 하여금 그런 행위를 야기하게 하므로 이른바 '자유'에 의한 행위란 있지 않다고 생각할지도 모르겠다. 이런 생각에 대해서 우리가 할 수 있는 일은, 가치 지향적 행위에 대해서는 가치 평가가 가능하며, 따라서 평등한 사회를 구현하는 방향으로 나아가는 행위는 올바른, 선한 행위라 하고, 그렇지 않을 경우의 행위에 대해서는 올바르지 않다고 평가하는 것이 의미가 없는가 하고 묻는 일이다.

만약 이런 가치 평가적 발언이 의미가 있을 수 있다면, 목적 지향적 행위가 있음을 함축하고, 목적 지향적 행위가 있음은 자유에 의한 행위가 있음을 함축한다. 인간의 의지를 자유롭다고 보아야 한다는 것은 이런 맥락에서이다. 그러므로 자유로운 인간의 의지는 '사실[존재]'이라기보다는 '이념[이상]'이다.

자연 세계의 인과 법칙에 지배받지 않는 이런 자유의 원인성의 이념을 칸트는, 이미 지적했듯이, 인간에게서의 인격성, 인간 생활에서의 도덕성의 유의미성에서 본다. 모든 존재자의 존재 근거로서의 '초월적 주관[의식](personalitas transcendentalis)'이 자연 세계의 일부를 이루는 존재자가 아니듯이[28] '도덕적 주체[인격체](personalitas moralis)'로서 파악되는 인간도 자연 세계에 속하는

'감성적' 존재자가 아니라, '예지적으로만 표상 가능한(intelligibel)' 것이다.

인간이 도덕적 주체로서 감각 세계를 초월해 있을 수 있다면, 그것은 그의 의지가 "감성의 충동에 의한 강요로부터 독립"할 수 있어서이다. 인간의 의지도 감성에 영향을 받고, 그런 한에서 "감수[感受]적 의사(arbitrium sensitivum)"이기는 하지만, 오로지 감성의 동인(動因)에 의해서만 촉발되는 "동물적 의사(arbitrium brutum)"와는 달리 인간의 의지는, "감성이 그 활동을 필연적으로 만드는 것이 아"닌, 오히려 "감성적 충동에 의한 강제로부터 독립해서 자기로부터[스스로] 규정하는"'자유로운' 것이다.(KrV, A534=B562 참조: 참조 Refl 5618 · 5619, XVIII257이하)

이 '자유'는 자연의 필연적 인과 계열을 벗어나 있는, 따라서 시간 · 공간상의 존재자의 술어가 아닌 '이념'이며, 이런 뜻에서 그것도 초월적 이념이다. 그러나 초월적 이념으로서의 자유는 아직 있지 않은, 있어야 할 것을 지향하는 의지, 곧 실천 이성의 행위에서 이상(idea)을 제시한다. 이 이상은 행위가 준거해야 할 본(本)이다.[29] 우리가 가치 지향적 행위에서 '본'받아야 할 본이다. 그러나 이 본은 자연 중에 있는 존재자가 아니다. 그것은 이성의 이념일 따름이기 때문이다. 그리고 그것은 시공적 존재자가 아니라는 점에서는 초월적 이념이고, 행위에 법규를 준다는 점에서는 실천적 이념이다.

우리의 행위가 이 실천적 이념으로부터 유래하는 법규에 따라 수행될 때, 그 행위 자체는 자연 안에서 일어난다. 그러나 자연 안에서 일어나는 것은 예외 없이 모두 자연의 법칙에 규정받는다는 것이 칸트의 이론철학이다. 그렇다면 우리의 행위는 반드시 자연의 법칙에 따라 일어난다. 그러므로 문제는 자연의 법칙에 따라 규정받는 인간의 행위가 어떻게 또한 동시에 자유의 원인으로부터도 비롯한 것일 수 있는가 하는 점이다.(KrV, A536=B564 참조) 아니, 자연의 법칙은 '불가침의 규칙'이므로 자유의 원인성이란 완전히 배제되어야만 할 것인가?

자유의 원인성은 자연에 나타난 것 즉 현상이 아니다. 그것은 예지적으로 표상되는 원인이다. 그럼에도 이런 원인으로부터 자연 가운데 한 현상이 나타난다. 그 현상은 자연 현상인 만큼 물론 자연의 제약 조건들의 계열 가운데에 있다. 그러니까 그것은 자연의 필연성에 따라 일어난 결과라고 관찰된다. 그런데 이것을 동시에 예지적 원인에 의한 결과라고 간주할 수도 있다.(KrV, A537=B565 참조)

한 예로 붐비는 전철에 탄 어떤 청년이 서 있는 노인에게 앉아 있던 좌석을 양보한 경우를 생각해보자. 그 청년도 그 자리에 막 앉았던 참이며 그 전에 반 시간이나 서 있었기 때문에 몹시 다리가 아프던 차라, 마음의 경향대로라면 그냥 눌러앉아 있고 싶었다. 그런데 그의 이성이 그에게 "너는 사람이고, 게다가 젊은 사람이며, 젊은 사람으로서 너는 마땅히 노약자에게 좌석을 양보해야 한다"라고 말했고, 그의 "이성의 말"(KrV, A548=B576 참조)에 따라 그는 행동하였다. 그의 행동은 자연 안에서 일어난 한 사태이다. 그는 전차의 좌석에서 몸을 일으켜 세웠고 넘어지지 않기 위해 손잡이를 잡으면서 "할아버지, 여기 앉으십시오!"라고 혀 놀림을 통해 말하였다. 몸을 일으켜 세우고 좌석을 양보하는 행동거지는 모두 자연물인 신체에 의해 수행되며, 두 다리가 균형을 이루어야 서게 되고, 혀가 공기를 쳐야 발음이 된다. 그러나 그의 '이성의 말'은 결코 어떤 혀 놀림이나 시간·공간상에 존재하는 것이 아니다. 그것은 귀로 들을 수 있는 소리가 아니다. 그럼에도 그것은 그 양보 행위를 일으킨 원인이다. 이 '이성의 말'은 감각적으로 표상되고 포착될 수 있는 것이 아니며, 오로지 지성을 통해서만 표상될 수 있는 예지적인 것이다.

누군가는 이른바 '예지적 원인'으로서의 '이성의 말'이라는 것도 두뇌 세포의 인과 연관적 운동으로 설명할 수 있으며, 그렇게 설명해야 한다고 말할는지 모르겠다. 가령 그 청년은 전철 안에서 있는 노인을 육안을 통해 보았고, 이 감각 내용이 두뇌에 전달되었으며, 그런 정보를 입수한 두뇌가 그에 대한 조처로서 이전부터 축적되어 있던 사회 예절이라는 정보 기제(機制)에 따라 몸을 일으켜 세우고 양보의 말을 하게 한 것이라고. 이런 반론이 있을 것 같으면, 칸트는 '사회의 예절'이라는 정보 내용이 근원적으로 어떻게 마련된 것인가를 물을 것이다. 즉 도덕 원천이 궁극적으로 자연 현상에서 유래하는 것이라야만, 저런 반론은 근거를 가질 것이다.

그러나 도대체 도덕은 어떤 성격의 것인가? 도덕은 당위(Sollen)의 성격을 갖는다. 그렇다면 우리는 어디에서 당위의 개념을 얻어 가지고 있는가?

인간이 이제까지 이러저러하게 행위해왔다거나 인간은 어디서나 이러저러하게 행동하고 있다는 사실로부터, 따라서 인간은 이러저러하게 행위해야만 한다는 당위가 추론될 수 없다.(KrV, A318 이하=B375 참조) 인류의 역사나 심리학 혹은 윤리 현상에 관한 사회학의 연구 결과에서 어떤 도덕이 도출되지는 않는다. "인간의 자연적 본성은, '나는 무엇을 행해야만 하는가'라는 물음에 대하여 명료한 답을 주지 못하기"[30] 때문이다.

우리의 지성은, 자연 안에 무엇이 있고, 무엇이 있었으며, 무엇이 있을 것인가를 인식한다. 그러나 무엇이 마땅히 있어야만 하는가는 인식의 대상이 아니다. 10층 건물의 옥상에서 내던진 돌은 어제도 아래로 떨어졌고, 지금도 떨어지고 있으며, 내일도 떨어질 것이다. 그 낙하는 자연법칙상 필연적인 사실이다. 그러나 그 낙하 운동이 당위는 아니다. 자연에서의 발생은 기계적으로 필연적인 것이다. 그것은 발생하지 않을 수가 없는 것이다. 반면에 당위는 마땅히 실행되어야 하는 것이라는 의미에서 '필연적'이기는 하지만, 실행되지 않을 수도 있다. 아니 흔히는 실행되지 않는다. 그 경우 다만 도덕적인 귀책(歸責)이 있을 뿐이다. 사람들로 붐비는 전철 안에서 건장한 청년이 허약한 노인에게 좌석을 양보하는 것은 자연의 필연적 규칙에 따른 것이 아니다. 만약 그렇다면, 그 양보 행위는, 그렇게 하지 않으려 해도 않을 수 없는, 물체로서의 신체의 운동에 지나지 않는다. 그러나 많은 청년이 실제로 그러하듯이 그 한 청년 역시 좌석을 양보하지 않을 수도 있다. 그럴 경우 다른 많은 청년의 행위와 더불어 그 청년의 행위도 도덕적 관점에서 올바르다고 평가받지 못할 뿐이다.

'요즈음엔 대부분의, 아니 다른 모든 청년이 노약자에게 좌석을 양보하지 않는다. 따라서 그 청년도 그 경우 마땅히 좌석을 양보해서는 안 된다'라는 추론이 정당할 수 없듯이 '대부분의, 아니 다른 모든 청년이 노약자에게 좌석을 양보한다. 따라서 그 청년도 그 경우 마땅히 좌석을 양보해야 한다'라는 추론은 타당하지 않다. 다른 많은 사람이 잘못 생각한다고 해서 나의 잘못된 생각이 정당화되지도 않고, 다른 많은 사람이 의롭지 않게 행위한다고 해서 나의 의롭지 않은 행위가 정당화되지도 않으며, 다른 사람들이 진리를 인식하고 선을 행하니까 나도 그렇게 해야만 하는 것이 아니다. 진리의 개념이 그러하듯이 선의 개념도 사실로부터 도출되지 않고 사실들에 선행한다. 선은, 이 세상의 어느 누가 그것을 행한 적이 없다고 해도 선이다. 우리는 '역사상 진정으로 선한 사람은 한 사람도 없다'라고 의미 있게 말할 수가 있다. 일찍이 한 번도 실행된 적이 없고, 어쩌면 앞으로도 실행되지 못할 선한 일도 있다. '어떤 경우에도 침략 전쟁을 일으켜서는 안 된다'와 같은 정언 명제는 인간의 당위의 이념, 이상을 담고 있다.

당위는 어떤 자연적 근거로부터도 설명될 수 없다. 제아무리 많은 자연적 근거나 감각적 자극들이 나로 하여금 무엇을 의욕(Wollen)하게 한다고 하더라도 "그것들이 당위를 낳을 수 없"(KrV, A548=B576)다. 오히려 이성이 말하는 당위가 "그 의욕에 대해 척도와 목표, 심지어는 금지와 권위를 세운다."(KrV, A548=B576) 즉 당위는 선험적인 것이다. 그리고 도덕은 당위를 말하는 이성의 질서에 기초하는 것이지 경험의 축적이나 대다수 사람의 행태 혹은 관행으로부터 얻어진 정보 내용이 아니다.

> 도덕의 문제에서 "이성은 경험적으로 주어진 근거에 굴복하지 않고, 현상에서 자신을 드러내는 사물들의 질서를 따르지 않으며, 완전한 자발성을 가지고 이념들에 따라 고유한 질서를 만든다. 이성은 이 질서에 경험적 조건들을 들어 맞추고, 이 이념들에 따라 심지어는 아직 일어나지 않았고, 어쩌면 일어나지 않을 행위작용까지도 필연적이라고 천명한다. 그러나 그럼에도 모든 행위작용에 대해서, 이성이 그것들과 관련해 원인성을 가질 수 있음은 전제되어 있다. 무릇, 그렇지 않고서는, 이성은 그의 이념들에서 경험에서의 작용결과들을 기대하지 않을 것이니 말이다."(KrV, A548=B576)

자연 중에서 다른 존재자들과 교섭하며 행위하는 인간은 물리적으로도 생리적으로도 심리적으로도 관찰될 수 있다. 그리고 그런 관찰을 통해서 경험된 인간의 행위들은 자연의 인과 고리를 이어가는 사건들이다. 그러나 그 가운데 실천적 행위들은 — 우리가 화제로 삼고 있는 도덕적 행위들뿐만 아니라 창조적 노동 행위들도 — 인간 이성의 영향을 동시에 입고 있는 것이며, 이 이념이 이성의 순전한 자발성의 산물인 한 자연 현상으로 나타나는 실천적 행위들의 한 원인은 순수한 실천 이성 곧 순수 의지의 자유성이다.

이제 실천하는 이성의 자유로 인해서 가능하다고 칸트가 제시한 도덕 원칙을 검토 해명해보자.

3) 자유와 도덕 원칙

(1) 선한 것 자체로서의 선의지

도덕은 선의 표상이다. 그렇다면 그 자체로 선한 것은 무엇인가?

> "이 세계에서 또는 도대체가 이 세계 밖에서까지라도 아무런 제한 없이 선하다고 생각될 수 있는 것은 오로지 선의지뿐이다."(GMS, B1=IV393)

칸트는 이렇게 단언한다. 여기서 '선의지'는 옳은 행위를 오로지 그것이 옳다는 이유에서 택하는 의지를 말한다. 그것은 행위의 결과를 고려하는 마음 또는 자연스러운 마음의 경향성에 따라 옳은 행위를 지향하는 의지가 아니라, 단적으로 어떤 행위가 옳다는 바로 그 이유로 그 행위를 택하는 의지이다. 그러므로 이러한 의지 작용에는 어떤 것이 '옳다', 무엇이 '선하다'라는 판단이 선행해야 하고, '옳음'과 '선함'은 결코 경험으로부터는 얻을 수 없는 순수 이성의 이념이므로, 선의지는 오직 이성적 존재자만이 가질 수 있는 것으로서, 그것은 곧 "순수 의지"(KpV, A96=V55)이다.

지성이 욕구능력과 관계를 가질 때 "욕구능력은 의지라고 일컬어지며, 순수 지성이 — 이런 경우에는 이성이라고 일컬어지는 바 — 순전한 법칙 표상에 의해 실천적인 한에서는, 순수 의지라고 일컬어진다."(KpV, A96=V55) 그러니까 '순수 의지'란 다름 아닌 순수한 이성적 존재자의 실천을 지향하는 이성이니, 그것은 곧 "순수 실천 이성"(KpV, A96=V55)이다.(GMS, B36=IV412 참조)

그러나 제한 없이 선한 선의지가 이성적 존재자로서의 인간에게 자연적, 선천적 소질로 있는 것은 아니다. 선의지가 인간의 자연적 소질이라면, 인간은 자연적으로 선하도록 정해져 있다는 뜻이고, 이러하다면 우리 인간에게 더 이상 악행이라든지 '당위'의 문제는 없다. 도덕의 문제는, 인간은 스스로 자신을 선하게도 만들고 악하게도 만들기 때문에 생기는 것이다.(RGV, B49=VI44 참조) 자연의 사물들은, 그리고 자연의 사물들 가운데 하나인 인간은 한편으로는 자연의 법칙에 따라 운동 변화한다. 그러나 인격으로서의 인간은, 다른 한편으로는, 자기 자신의 자발성의 표상인 선의 표상에 따라 행위한다. 그래서 칸트는 자연사(自然史)가 "신의 작품"이라면, 인간사(人間史)는 "자유의 역사"로서 "인간작품"(MAM, BM13=VIII115)이라고 말할 수 있다.

그러니까 선의지는 자연발생적으로 작동하는 것이 아니다. 그것은 도덕적 이념의 실천이 이성적 존재자의 '의무'라고 납득하는 데서 작동한다. 도덕은 당위이므로 '~하라!'는 '명령'으로 나타나며, 그것도 무조건적으로 복종하지 않을 수 없는, 그것에 준거해서 행위해야만 하는 필연적 실천 명령으로 다가온다. 그 때문에 이 명령은 이성적 존재자에게는 '실천 법칙'이다. '법칙', 즉 따르지 않으면 안 되는 규범이다.

선의지만이 그 자체로 선한 것이라고 함은, 결국 실천 명령의 이행, 즉 '의무로부터'의 행위만이 진정한 "도덕적 가치"를 가지며(GMS, B13=IV399 참조), 의무로부터의 행위란 도덕적 실천 법칙을 그 행위의 표준으로, 곧 준칙(Maxime)으로, 다시 말하면 "의욕의 원리"(GMS, B13=IV400)로 삼는 행위를 말한다. "의무는 법칙에 대한 존경으로부터 말미암는 행위의 필연성[필연적 행위]"(GMS, B14=IV400)이며, 도덕의 가치는 곧 이런 "의지의 원리" 안에 있다. "최고의 무조건적인 선"(GMS, B15=IV401), "우리가 윤리적이라고 부르는 그러한 탁월한 선을 이룰 수 있"는 것은 다름 아닌 "법칙의 표상 자체"이며, 이 법칙의 표상은, 예견되는 결과가 아니라 바로 이 법칙의 표상 자신이 의지의 규정 근거라는 점에서, 확실히 오직 이성적 존재자에게서만 생긴다. 그러므로 "탁월한 선은, 법칙의 표상에 따라 행위하는 인격 자체에 이미 현전하는 것으로, 비로소 그 행위결과로부터 기대될 필요가 없다."(GMS, B16=IV401) 선은 이미 그리고 오로지 행위의 동기 가운데 있는 것으로 행위의 결과에서 비로소 나타나는 것이 아니다.

(2) 순수 실천 이성의 원칙

"우리가 순수한 이론적 원칙들을 [자명한 것으로] 의식하는 것과 꼭 마찬가지로, 우리는 순수한 실천 법칙들을 의식할 수 있다."(KpV, A53=V30) 선의 이념을 가진 이성적 존재자는 선험적으로 도덕법칙을 의식하며, 이런 도덕법칙들의 최고 원칙은 다음과 같이 정식화된다.[31]

> "너의 의지의 준칙이 항상 동시에 보편적 법칙 수립의 원리로서 타당할 수 있도록, 그렇게 행위하라."(KpV, A54=V30)

> "그 준칙이 보편적 법칙이 될 것을, 그 준칙을 통해 네가 동시에 의욕할 수 있는, 오직 그런 준칙에 따라서만 행위하라."(GMS, B52=IV421)

다소간에 차이 나는 표현 중에 동일한 도덕 이념을 담고 있는 이 명령의 정식은, 이성이 선을 지향하는 의지에게 부여하는 모든 도덕법칙이 기초해야 할 원칙이다.

도덕적 명령이 실천 법칙이 될 수 있기 위해서는 보편성과 필연성을 가져야만 한다. 어떤 것이 보편적이려면 언제 누구에게나 타당해야 하고, 필연적이려면 무조건적으로 타당해야만 한다. 이 명령은 실천 행위로 나아가려는 이성이 자신에게 선험적으로 무조건적으로 부과하는 규범이며, 그러므로 그것은 이성의 "자율(Autonomie)"(KpV, A58=V33)로서 단정적인 "정언적 명령(kategorischer Imperativ)"(GMS, B40=IV415 · B44=IV416)이다. 이 명령 내용이 선을 지향하는 모든 실천 행위가 준수해야 할 도덕법칙의 '형식'으로 보편성과 필연성을 가짐은 자명하다는 뜻에서 칸트는 이것을 "순수 실천 이성의 원칙"(KpV, A54=V30)이라고 부르고, 또한 "순수한 이성의 유일한 사실(Faktum)"(KpV, A56=V31)이라고 부르기도 하는 것이다.

순수 실천 이성의 원칙을 '사실'이라고 할 수 있는 것은, 이론이성에게 모순율과 같은 형식 논리의 원칙 — 칸트 용어대로 표현하면, 순수 이론이성의 분석적 원칙 — 이 자명하듯이, 그것이 실천이성에게는 자명한 것이기 때문이다. '자명한 사실'이란 보편타당하고 필수적인 것이기는 하지만, 그렇다고 그것이 누구에게나 항상 인지된다거나, 모든 사람이 언제나 — 인식에서든 행위에서든 — 그것을 준수함을 함의하고 있는 것은 아니다. 모든 형식적 인식에서 그것의 '참[眞]'의 원리로서 모순율이 기능하고 있지만 모순율을 인지하지 못하는 사람이 많듯이, 모든 실천 행위에서 그것의 '참[善]'됨의 원리로서 저 원칙이 기능하지만, 이것을 인지하지 못하는 사람도 많이 있을 수 있다. 또한 논리적 원칙을 잘 인지하고 있는 사람, 예컨대 논리학자라고 해서 항상 논리적으로 사고하는 것은 아니듯이 실천 이성의 원칙을 '사실'로서 납득하고 있는 사람, 예컨대 윤리학자가 항상 도덕적으로 행위하는 것은 아니다. '이성의 사실'은 사람들의 그것에 대한 인지나 준수와 상관없이 그것의 자명성으로 인하여 자명한 것이다.

그 자신 다른 어떤 것으로부터 증명되지 않는 이성의 사실로서의 모순율에 모든 형식적 인식이 기초함으로써 그것의 진리성을 보증받듯이, 모든 실천 행위는 이성의 사실로서의 이 '실천 이성의 원칙'에 준거해서만 그것의 '선함'을 평가받을 수 있다. 이 실천 이성의 원칙이 바로 '선'이라는 개념의 근거점이다. 선의 개념은 "도덕법칙에 앞서" 있는 것이 아니라, 바로 "도덕법칙에[의] 따라서[뒤에] 그리고 도덕법칙에 의해서"(KpV, A110=V63) 있는 것이다.

그러므로 선의 개념 자체이기도 한 이 실천 이성의 원칙은 모든 도덕법칙이 갖추어야 할 보편적 형식이다. 그것이 '형식'이기 때문에 실질적으로는 아무런 도덕적 규정이 되지 못하는 것이 아니라 — 많은 사람이 칸트 도덕철학을 '형식주의'라고 평할 때 이렇게 잘못 생각하지만 — 다름 아닌 '형식'이기 때문에 모든 도덕의 '내용[실질]'을 규정한다. 형식이란 다른 것이 아닌 내용의 틀이다.

구체적인 행위를 예로 들어 이 실천 원칙이 선의 형식으로, 즉 척도로 어떻게 기능하는가를 살펴보자.

칸트 자신이 들고 있는 한 예로, 재판에서 어떤 사람이 위증을 하면 옆 사람이 죽고 위증을 안 하면 그 자신이 죽게 되었을 때, 그 사람이 '사형을 당하더라도 위증하지는 않겠다'라고 의욕하고 그것을 실천하면, 우리는 그를 의(義)롭다 하고 선하다고 평한다.(KpV, A54=V30 참조) 무슨 근거에서인가?

또 다른 예로, 가령 열 명의 서로 낯선 사람들이 함께 조난을 당하여 열흘을 굶주렸는데, 그중 한 사람이 밥 한 그릇을 발견했고 나머지 사람들이 눈치채지 못하게 그것을 혼자서 먹을 수도 있는 여건을 가졌으며 다시 언제 먹을 만한 것을 발견하게 될지 전혀 예측할 수 없는 상황에서, 그 밥을 발견한 사람은 그 자신도 이미 죽을 것같이 배고팠고 그래서 생리적 욕구대로라면 그 밥을 남모르게 혼자서 조금씩 먹고 싶었음에도, '내가 마침내 굶어 죽게 된다고 하더라도 이 음식은 저 아홉 사람과 몇 순갈씩이라도 나눠 먹는 것이 인간의 도리이다'라고 생각해서 그렇게 실천했을 경우를 생각해보자. 이성적 존재자만이 할 수 있는 이 선행의 원인은 무엇일까?

이런 예들에서, 위증은 하지 않았으되 그 까닭이, 어차피 위증해봐야 언젠가는 발각될 것이라는 우려에서 위증하지 않았다거나, 독식(獨食)하지 않은 심리적 배경에, 만약 그 상황에서 다른 사람들에게 밥을 나눠주지 않는다면, 다른 모든 사람은 필시 굶어 죽을 것이고 그렇게 되면 혼자 남게 되는 것이 몹시 겁이 나서거나 혹은 만약 다른 사람이 먹을 것을 발견했을 때, 자기가 그렇게 했을 것처럼, 자기에게 나눠 주지 않을 경우에는 낭패라는 역지사지(易地思之)의 '현명한' 사려가 있어서 밥을 나눠 먹은 것이라면, 이런 행위들은, 칸트에 따르면, 선행은 아니다.[32] 선행은 어떤 결과를 고려하는 마음이나 자연적인 마음의 쏠림 혹은 결과적인 이해(利害)의 타산에서 나온 행위가 아니라, 도덕의 이념 그 자체에 대한 존경에서 나온 행위이다.

칸트에 따르면, 선행은 이타(利他)나 대의(大義) 혹은 공존공영을 '위해서' 하는 행위라기보다는 어떤 행위를 그렇게 하는 것이 옳기 때문이라는 오직 그 이유로 하는 행위이다. 윤리 도덕은 우리 모두에게 혹은 다수의 사람에게 이(利)롭기 때문에 가치가 있는 것이 아니라, 그 자체가 가치 있는 것이다. 많은 경우에 이로움이나 유용함은 한갓 감성적인 욕구 충족에 대응하는 것이다.[33] 감성적 욕구 충족에 상응하는 명령은, 모든 경험으로부터의 교훈이 그러하듯이, 능한 처세의 훈(訓)은 될지 모르나 보편적 도덕법칙이 되지는 못한다. 도덕은 처세의 기술이 아니라 인격의 표현이다. 선은 감성적 욕구를 충족시켜주기 때문에 좋은 것이 아니고, 그 자체가 좋은 것이다. 이 '선'의 관념으로부터 비로소 '좋음'·'가치' 등의 개념이 유래한다. 그렇기에 도덕법칙은 정언적 즉 단정적 명령으로 이성적 존재자에게 다가온다. 가언적인, 즉 어떤 전제 아래에서 발해지는 명령은 필연성이 없다. 명령을 받은 자가 그 전제를 납득하지 않으면, 그 명령은 명령으로서 효력이 없기 때문이다. '언젠가 이웃에 도움을 청하게 될 때를 생각해서 항상 이웃에 친절하라!' 따위의 가언적 처세훈들은 도적적 선의 표현이 될 수 없다. 선은 인격적 주체의 가치이고, 그 때문에 그 자체가 목적이지 무엇을 위한 수단이 아니다. 또한 사람으로서의 사람은 인격적 주체이고, 주체란 문자 그대로 무엇을 위한 수단으로 취급될 수 없는 그 자체가 목적인 것이다.

(3) 인격성과 자유

어떤 행위가 진정으로 도덕적이려면 도덕법칙에 대한 존경이 유일하고도 의심할 여지없이 그 행위의 동기여야 한다. 그리고 이와 같은 도덕적 동기는 의지의 자유로움에서만 가능하다. 인격적 주체는 "무엇을 해야 한다(sollen)고 의식하기 때문에 자기는 무엇을 할 수 있다(können)고 판단하며, 도덕법칙이 아니었더라면 그에게 알려지지 않은 채로 있었을 자유를 자신 안에서 인식한다."(KpV, A54=V30) 인간은 무엇을 하고 있고 할 수 있기에 그것을 해야만 하는 것이 아니라, 인간으로서 마땅히 해야 하기에 그것을 할 수 있다.

"의지의 법칙에 대한 자유로운 복종의 의식은, 모든 경향성에게, 오로지 자신의 이성에 의해 가해지는, 불가피한 강제와 결합되어 있는 것으로서, 무릇 법칙에 대한 존경이다."(KpV, A142이하 =V80) 이 도덕"법칙에 따르는, 일체의 규정 근거에서 경향성을 배제하는, 객관적으로 실천적인 행위를 일컬어 의무"(KpV, A143=V80) 라 한다. 그 때문에 의무는 개념상 '실천적 강제'를 포함한다. 즉 싫어도 행위하도록 시킨다. 자연적 존재자로서의 인간이 선 아닌 다른 것을 욕구하기 때문에, 바로 그 때문에 그는 선을 행해야만 한다.(GMS, B94=IV444 참조) 자기 마음이 자연히 그렇게 내켜서 하는 행위라면 그것을 우리는 당위라고 하지 않는다. 당위는 강요된 행위를 말함이고 그런 뜻에서 필연적이되, 그러나 도덕적 행위를 강요하는 이 강제는 밖으로부터의 것이 아니라, 자신에 대한 자신의 강제 즉 "자기 강제"(KpV, A149=V83)이다. 그 때문에 도덕은 밖으로부터 강제된 규칙 즉 자연법칙이 아니라, 자신으로부터의 즉 자유로운 자기 강제의 규칙, 이를테면 자율(自律)이다. 이 자율의 힘에 인격성은 기반한다.

"도덕은 자유로운, 그러나 바로 그렇기에 스스로 자신의 이성에 의해 자신을 무조건적인 법칙에 묶는 존재자인 인간의 개념에 기초하고 있다. 그런 한에서 도덕은, 인간의 의무를 인식하기 위해서 인간 위에 있는 어떤 다른 존재자의 이념[관념]을 필요로 하지 않으며, 그 의무를 지키기 위해 법칙 자체 이외의 어떤 다른 동기를 필요로 하지도 않는다. 만약 인간에게 그러한 것이 필요하다면, 적어도 그것은 그 자신의 탓[잘못]이다. 그러한 필요는 [그 자신 외의] 다른 무엇에 의해서도 채워질 수 없는 것이다. 왜냐하면 인간 자신과 그의 자유에서 생겨난 것이 아닌 어떤 것도 인간의 도덕성의 결핍을 메워줄 수는 없기 때문이다."(RGV, BIII=VI3)

인간으로 하여금 감성세계의 일부로서의 자신을 넘어서게 하고, 지성만이 생각해낼 수 있는 질서에 인간을 결합시키는 것은 인간의 인격성이다. 그러니까 인격성이란 "전 자연의 기계성으로부터의 독립성으로, 그러면서도 동시에 고유한, 곧 자기 자신의 이성에 의해 주어진 순수한 실천 법칙들에 복종하고 있는 존재자의 한 능력"(KpV, A155=V87)이다.

그래서 인간의 의지가 자유롭다는 것은 실천 이성이 인격적이라는 말과 같다. 의지가 자유롭다는 것은 다름 아니라 "도덕법칙이 의지를 직접적으로 규정한다"(KpV, A126=V71)라는 뜻이기 때문이다. 하나의 법칙이 어떻게 의지를 직접적으로 규정할 수 있는가, 바꿔 말해 인간에게 어떻게 자유의지가 가능한가는 "인간 이성으로서는 풀 수 없는 문제"(KpV, A128=V72)이지만,[34] 도덕법칙이 직접적으로 의지를 규정한다는 것은 명백한 '사실'이고, 그리고 "이것이야말로 모든 도덕성의 본질"(KpV, A128=V72)이다.

의지가 도덕법칙에 의해 규정받는다고(규정된다고) 함은, 바꿔 말해, 의지가 자유롭다고 함은 두 가지 의미로 이해할 수 있다.

첫째로 그것은, 소극적인 의미에서 도덕적 가치를 지향하는 의지는 어떤 감성적 충동에도 영향받음이 없으며, 도덕법칙에 어긋나는 어떤 자연적 경향성도 배제하고, 오로지 법칙에만 규정받는다는 것을 뜻한다. 사람은 누구나 "배고프면 배불리 먹고 싶고, 추우면 따뜻함을 찾고 싶고, 피로하면 쉬고 싶어 한다."[35] 그러나 '사람'은 옆에 있는 누군가가 자신보다 더 배고파 하면 먹을 것 앞에서도 자신의 배고픔을 참고, 옆에 있는 누군가가 추위하면 난로 앞에서도 자신의 추위를 참을 수 있다. 모든 자연적인 경향성은 — 이것의 충족에서 사람들은 행복을 느끼거니와 — 이기적이고 자기 추구적이다. 이기적 마음은 자기사랑으로서, 무엇에도 우선하는 자기 자신에 대한 호의(好意)거나 자기만족이다. 순수한 실천 이성은 이런 자연적이고도 도덕법칙에 앞서서 우리 안에서 생겨나는 자기사랑이나 자기만족을 단절시키고, 이런 경향성을 도덕법칙과 합치하도록 제한한다.[36]

둘째로, 도덕법칙에 의한 의지 규정은 적극적 의미를 또한 갖는다. 자유의 형식으로서의 도덕법칙은 우리 마음 안에 있는 경향성에 대항하여 이기적인 자기사랑이나 자기만족을 제어하며, 그럼으로써 "존경의 대상"이 된다.(KpV, A130=V73 참조) 도덕법칙의 의지 규정, 그것은 도덕법칙에 대한 순수한 존경심 곧 선의지이다.

의지가 자유롭기 때문에 인간은 이성적 생명체로서 살아갈 수 있도록 자연이 배려해준 여러 소질들을, 풍운(風雲)이나 화초(花

草)나 금수(禽獸)에서는 볼 수 없는, 악(惡)의 방향으로 사용할 수도 있지만,[37] 동시에 이 의지의 자유는 "도덕법칙의 존재 근거(ratio essendi)"(KpV, A5=V4)이다.

인간으로 하여 자연적 사물의 질서를 넘어서게 하는 이 도덕법칙은 그 자체로 "신성하다."(KpV, A155=V87 참조) 그러니까 "인간은 비록 충분히 신성하지는 못하지만, 그러나 그의 인격에서 인간성은 그에게 신성하지 않을 수 없다."(KpV, A155=V87) 도덕법칙이 자유로부터의 법칙 즉 자율성인 한 이 도덕법칙의 주체인 인간 즉 인격도 신성하다. 그래서 이 자율성이야말로 "인간과 모든 이성적 자연존재자의 존엄성의 근거"(GMS, B79=IV436)라고 칸트는 말한다.

그 자체로 존엄한 인간은, 그리고 이성적 존재자는 "목적 그 자체"(KpV, A156=V87)이다. 인간은 이런저런 용도에 따라 그 가치가 인정되기도 하고 안 되기도 하는 '물건' 즉 무엇을 위한 '수단'이 아니라, 그 자체로서 가치를 갖는 '인격' 즉 '목적'으로서 생각되어야 한다.(GMS, B64이하=IV428 참조) 칸트에 따르면, 그러므로 "순수 실천 이성의 원칙"으로부터 '인간 존엄성의 원칙'이 다음과 같은 객관적으로 타당한 실천 명령, 하나의 정언명령으로 나온다.

"너 자신의 인격에서나 다른 모든 사람의 인격에서 인간(성)을 목적으로서 대하고, 결코 한낱 수단으로 대하지 않도록, 그렇게 행위하라."(GMS, B66/67=IV429)

자연 사물을 규정하는 존재 범주들 가운데 가장 기초적인 것이

'실체'이듯이,[38] 인간의 실천 행위를 규정하는 "자유의 범주들" 가운데 가장 기초적인 것은 '인격'이다. 칸트에서 인격은 행위 주체로서 그것은 자연에서 실체에 상응한다. "지성개념들의 초월[논리]적 표"(Prol, A86=IV303) 내지 "범주들의 표"(KrV, A80=B106)에서 '실체'라는 관계 범주들의 첫째 항과 관련하여 나머지 범주들이 사실상 이 '실체'의 술어(述語)에 해당하는 것과 똑같이, "선 및 악의 개념과 관련한 자유의 범주들의 표"(KpV, A117=V66)에서 관계의 범주들의 첫째 항인 '인격성'에 대해 나머지 범주들은 사실상 이 인격의 행위 규칙들의 규정이다. 인격을 전제하고서야 비로소 선악의 개념이나 갖가지 실천 규칙들이 의미와 의의를 얻는 것이니 말이다.

인간의 실천적 행위 즉 도덕적 행위는 기본적으로 인격으로서의 인간의 인격으로서의 인간에 대한 행위이다. 그리고 '우리' 인간이 인간으로서 존엄한 한, '나'의 '너'에 대한 행위는 언제나 인격적이어야 한다.

인격적 행위만이 도덕적 즉 당위적이기 때문에, 그것은 인간이 도달해야만 할 이성의 필연적 요구[要請]이다. 어떤 사람이 행위할 때 "마음 내키는 바대로 따라도 법도에 어긋나지 않는다[從心所慾不踰矩]"[39]면, 그를 우리는 성인(聖人)이라 부를 것이다. 마찬가지로 실천 행위 "의지의 도덕법칙과의 온전한 맞음은 신성성[神聖性]"(KpV, A220=V122)이라고 해야 할 것이고, 감성세계에 살고 있는 인간이 이런 신성성에 '현실적으로' 도달한다고 볼 수는 없겠지만, 그렇다 하더라도, 아니 바로 그러하기에 그런 "온전한 부합을 향해 무한히 나아가는 전진"(KpV, A220=V122) 가운데에서 우리는 인격성을 본다.

인간이 현실적으로 '신적' 존재자라면, 그의 행위는 항상 의지의 자율에 따를 터이다. 그렇다면 거기에는 당위가, 따라서 도덕도 없을 것이다. 인간은 감성적 욕구를 동시에 가지고 살아가는 시공상의 존재자이기 때문에, 바로 그 때문에 그에게는 당위가, 자신이 스스로에게 강제적으로라도 부과하는 정언적 명령이, 도덕법칙이 있는 것이다.(GMS, B110이하=IV454이하 참조) 이것이 도덕법칙이 그리고 자율의 원인성이 인간의 행위에서 가능한 이유이고, '인간'에게서 갖는 의의이다. 인간은 항상 '도덕법칙을 따르는' 존재자는 아니지만, 스스로를 '도덕법칙 아래에' 세움으로써 인간이 되고 인격적 존재자가 된다.(KU, B421이하=V448이하 참조)

행위란 책임성의 규칙 아래에서 수행되는 행동을 말하며, 그러므로 행위의 주체는 의지의 자유에 따라 행동하는 자이다. 행위자는 그러한 행동을 통하여 그 행동의 결과를 '일으킨 자'로 간주되며, 그 결과는 그 행위자가 책임져야 한다. 아무런 "귀책능력[책임질 역량]이 없는 사물"을 "물건"이라고 한다면, 자기 "행위들에 대해 귀책능력[책임질 역량]이 있는 주체"가 "인격"이다.(MS, RL, AB22이하=VI223 참조) 그러므로 도덕적 인격성은 다름 아닌 도덕법칙들 아래에 있는 이성적 존재자의 자유(성)이며, 인격(자)은 다름 아닌 자기 자신이 자신에게 제시한 그 법칙들에 복종하는 자이다.

이성적 존재자로서의 인간은 자율적으로 도덕법칙을 준수함으로써 그러니까 인격이 된다. 그러므로 인격으로서의 인간은 도덕법칙의 명령 내용을 그의 의무로 갖는다.

4

'가능한 세계의 최고선'

1) 문제의 소재와 지평

칸트에 의하면 "이성의 모든 관심(즉 사변적 관심과 실천적 관심)"이 수렴되는 세 물음 중 하나는 주지하듯이 "나는 무엇을 희망해도 좋은가?"(KrV, A805=B833; Log, IX25; V-Met-L₂/Pölitz, XXVIII533이하)이다. 그것은 "곧, '무릇 만약 내가 행해야 할 것을 행한다면, 나는 그때 무엇을 희망해도 좋은가?'"(KrV, A805=B833)를 묻는 것이고, 이 물음은 그 답변에 결국은 신의 현존을 포함함으로써 형이상학이나 종교의 주제를 이룬다. 그로써 칸트에서 이론적 앎과 실천적 행함은 그의 희망의 형이상학인 종교론 안에서 화합을 얻는 것이다.

이 "나는 무엇을 희망해도 좋은가?"라는 물음이 신의 현존을 전제하는 데에 이르게 되는 것은 다른 것이 아니고 우리의 "모든 희망은 행복을 지향"(KrV, A805=B833)하기 때문이다.

"행복이란, 그의 실존의 전체에서 모든 일이 소망과 의지대로 진행되는, 이 세상에서의 이성적 존재자의 상태이며, 그러므로 행복은 자연이 그의 전 목적에 합치하는 데에, 또한 자연이 그의 의지의 본질적인 규정 근거와 합치하는 데 의거한다. 그런데 도덕법칙은 자유의 법칙으로서 자연 및 자연의 (동기로서의) 우리 욕구능력과의 합치에 전적으로 독립해 있는 규정 근거들에 의해 지시명령한다. 그러나 이 세계 안에서 행위하는 이성적 존재자는 동시에 세계 및 자연 자체의 원인이 아니다. 그러므로 도덕법칙 안에는 윤리성과 이에 비례하는, 세계에 그 일부로서 속하고 따라서 세계에 부속되어 있는 존재자의 행복 사이의 필연적 연관에 대한 최소한의 근거도 없다. 세계에 부속되어 있는 이 존재자는 바로 그 때문에 자기의 의지로써 이 자연의 원인일 수가 없고, 그의 행복과 관련하여 그 자신의 힘으로 자연을 그의 실천 원칙들과 일관되게 일치시킬 수가 없다. 그럼에도 […] 우리는 응당 최고선의 촉진을 추구해야 한다. […] 그러므로 또한 이 연관의 근거, 곧 행복과 윤리성 사이의 정확한 합치의 근거를 함유할, 자연과는 구별되는 전체 자연의 원인의 현존이 요청된다. […] 그러므로, 도덕적 마음씨에 적합한 원인성을 갖는, 자연의 최상 원인이 전제되는 한에서만, 이 세계에서 최고선은 가능하다. 무릇 법칙의 표상에 따라 행위할 수 있는 존재자는 예지자요, 이 법칙 표상에 따르는 그런 존재자의 원인성은 그 존재자의 의지이다. 그러므로 최고선을 위해 전제되어야만 하는 것인 한에서, 자연의 최상 원인은 지성과 의지에 의해 자연의 원인(따라서 창시자)인 존재자, 다시 말해 신이다. 따라서 최고의 파생적 선(즉 최선의 세계)의 가능성의 요청은 동시에 최고의 근원적 선의 현실성, 곧 신의 실존의 요청이다. […] 다시 말해 신의 현존을 받아들임은 도덕적으로 필연적이다."(KpV, A224=V124이하)

무릇 '최고선'은 윤리론으로부터 종교론으로 나아가는 매개자로서 이 개념 안에는 덕과 행복이 (그것도 정비례로) 결합되어 있다. 그러나 "행복과 윤리성은 최고선의 종적으로 전혀 다른 두 요소"(KpV, A204=V113)이다.

최고선의 한 요소인 '윤리성'은 순전히 이성적인 것이지만, 다른 한 요소인 '행복'은 어디까지나 감성적인 것이다.[40] 행복은 다름 아닌 "자연"이 그 자연 안에 살고 있는 이성적 존재자의 "전 목적에 합치하는 데" 있다. 그때 자연 안의 이성적 존재자는 "자기의 전 현존에 부단히 수반하는 쾌적한 삶"(KpV, A40=V22)을 의식하며, "실존의 전체에서" "모든 경향성의 충족"(KrV, A806=B834; GMS, B12=IV399) 또는 "필요들과 경향성들의 전적인 충족"(GMS, B23=IV405) 내지 "자기 상태에 대한 전적인 평안함과 만족"(GMS, B2=IV393)을 느낀다. 이러한 충족과 만족감으로서의 행복은 "감성적 원리 아래서 경향성들의 관심"(KpV, A217=V120)을 끊임없이 돌보는 데서 성립한다. 그래서 저 같은 행복은 본래 윤리법칙과 조화하기도 어렵고, 자연법칙과 합치하기도 어려운 것이다.

그 때문에 칸트는 당초에 윤리론은 행복론이 아님을 역설(KpV, A165=V92 참조)한 것인데, 이제 만약 '최고선'이 '행복'을 한 요소로 함유한다면, "그것이 생기게 하는 것이나 성취한 것으로 말미암아, 또 어떤 세워진 목적 달성에 쓸모 있음으로 말미암아 선한 것이 아니라, 오로지 그 의욕함으로 말미암아, 다시 말해 그 자체로 선한 것"(GMS, B3=IV394)인 '선의지(ein guter Wille)'와 이 선의지에 따른 행위, 곧 덕행에 부합하는 결과인 행복을 포함하는 '최고선(das höchste Gut)'에서 '선'은 그 의미하는 바가 같다고 볼 수 없다.

여기서 우리는 칸트에서의 '선'과 '최고선'의 개념을 되짚으면서, 칸트 자신이 우려했던 "도덕의 안락사(조용한 죽음)"(MS, TL, AIX=VI378) 없이도 과연 '최고선'이 어디에서인가 가능한 것인지를 묻지 않을 수 없는데, 그때 우리는 "가능한 세계의 최고선"(KpV, A199=V110) 개념에 이르고, 칸트의 '윤리적 공동체'와 마주친다.

2) 칸트에서 '좋음/선'의 의미

(1) '좋음/선' 일반

아리스토텔레스(Aristoteles, BC 384~322)는 "좋은 것(τάγαϑòν)이자 가장 좋은 것(τò ἄριστον)"[41]이란 "그 자체 때문에 바라고, 다른

것들은 이것 때문에 바라는 것"[42]이라 규정하고, "대중들과 교양 있는 사람들 모두 그것을 '행복(εὐδαιμονία)'이라고 말한다"[43]라고 한다. 키케로(Cicero, BC 106~43) 또한 "그 밖의 모든 것이 그것 때문에 추구되고, 그것만은 그 자체로 추구되는 것, 이것이 바로 우리의 좋음의 끝[최고선](finis boni)"[44]이라고 말한다. 그러나 아우구스티누스(Augustinus, 354~430)가 인용하는 바로(Marcus Varro, BC 116~27)의 조사에 따르면 최고선에 관한 고대 학파들의 견해만 해도 "무려 288개"[45]나 있을 정도로 기실 '최고선'이 뜻하는 바는 가지각색이다.

대체로 한국어 '좋은'에 상응시킬 수 있는 독일어 낱말 'gut'는 더욱이 그에 대응하는 그리스어 'agathos'나, 라틴어 'bonus' 또는 영어의 'good'와 더불어 다양한 사태를 표현한다. 독일어 'gut'는 ①윤리적으로 좋은, 착한, ②사물적으로 좋은, 가치 있는, 충실한, ③도구로서 좋은, 유용한, 유익한, ④마음에 좋은, 적의한, 흐뭇한, 기쁜, 즐거운, 유쾌한, 쾌적한, ⑤상호 관계에서 좋은, 알맞은, 어울리는, 충분한 등등을 뜻한다. 이러한 의미 연관 속에서 'das höchste Gut'는 '최고선'이자 '가장 좋은 것'이라 할 수 있겠고, 그러니까 많은 경우 '좋은'은 '선(善)한'과 교환어로 쓰인다. 그러나 이로 인해서만 해도 여러 가지 혼란과 오해가 생기는 것이니, 그것은 '좋은'과 '선(善)한'의 의미가 언제나 일치하지는 않기 때문이다.

일상적 용어법에서는 그러한 구별이 분명한 것은 아니지만, 칸트는 '좋은'을 언제나 이성에 의해서만 규정될 수 있는 것으로 본다. 우선 "좋은 것이란 이성을 매개로, 순전한 개념에 의해 적의한 것"(KU, B10=V207)이다. 좋은 것은 그것이 '무엇을 위해' 좋은 것이든, '그 자체로' 좋은 것이든, 바꿔 말해 '간접적으로' 좋은 것이든 '직접적으로' 좋은 것이든, 그 안에는 언제나 "목적의 개념이, 그러니까 이성의 (적어도 가능한) 의욕과의 관계가, 따라서 한 객관 또는 한 행위의 현존에 대한 흡족"(KU, B10=V207), 다시 말해 어떤 이해관심의 충족이 들어 있다는 말이다. '이성에 의한 개념'이 '좋은'의 척도가 된다고 말함으로써 칸트는 일상적 의미의 '좋은' 가운데서 순전히 감정에만 좋은 것을 배제한다. 그리고 반대로 느낌으로 좋지 않은 일도 사람들은 이성적으로는 좋은 일이라고 말한다고 한다. 예컨대, 독한 술의 톡 쏘는 맛에 애주가는 "아, 좋다!"라고 말하지만, 그 술이 그의 건강을 해치는 한에서 그것은 그에게 결코 좋은 것이 아니다. 외과수술을 고통 중에 받는 것은 좋지 않은 일이지만, 그 수술을 통해 수술받은 자가 치유가 되는 것이니 그 수술은 그에게 좋은 것이다. 이러한 '좋다'의 용례 가운데서 칸트는 후자들의 경우에만 엄밀한 의미에서 '좋다'는 가치어를 사용할 수 있다고 본다고 하겠다. 일상적 용법에서는 쾌와 불쾌, 쾌적함과 불편함, 길흉화복에 대해서도 두루 '좋은-좋지 않은'이 쓰이지만, 칸트는 이 말을 근본적으로 이성에게 좋은-좋지 않은 사태로 판단되는 사태에 대해서만 적확하게 쓸 수 있다고 보는 것이다. 도덕적인 선-악은 바로 이같이 좋음-좋지 않음이 이성적으로 판별되는 대표적인 경우이다.

"복이나 화는 언제나 우리의 쾌적함이나 불편함, 즉 즐거움
[쾌락]과 괴로움[고통]의 상태에 대한 관계만을 의미한다. 그렇
기에 우리가 만약 한 객관을 욕구하거나 혐오한다면, 그것은
오로지 그 객관이 우리 감성과 그리고 그것이 야기한 쾌·불쾌
의 감정과 관계 맺어지는 한에서만 일어나는 일이다. 그러나 선
이나 악은 항상, 의지가 이성 법칙에 의해 어떤 것을 그의 객관
으로 삼게끔 규정되는 한에서의 이 의지와의 관계를 의미한다.
의지란 도대체가 객관 및 객관의 표상에 의해 결코 직접적으로
규정되는 것이 아니라, 이성의 규칙을 행위의 운동인 — 이에
의해 한 객관은 실현될 수 있다 — 으로 삼는 능력이다. 선이나
악은 그러므로 본래 인격의 행위들과 관계되는 것이지, 인격의
감정 상태와 관계되는 것이 아니다."(KpV, A105이하=V60)

(2) '도덕적으로 좋음/선'

'좋음/선'과 '나쁨/악'이 오로지 이성의 개념이나 법칙에 의해
규정되는 의지 즉 행위와 관계되는 것인 한에서, 그것은 '인격 자
체'에 대한 가치어이다. 이런 맥락에서 '좋은'은 차라리 '선한'으로
대체하여 쓰는 것이 자연스럽다. '좋은'은 그러니까 결국 간접적
으로나마 '선한' 것이어야 할 것이기 때문이다. 칸트가 인격의 감
정 상태가 인격의 행위들과 관계한다고 보는, 아니 그러한 의미
연관에서만 사용하는 것이 합당하다고 보는 '좋은'은 '선[한]의지',
'선[한]행[위]', '선한 사람' 등에서 보는 바처럼 '선한'의 대체어이다.

그리고 이런 용례의 '좋은'은 도덕적 의미를 갖는 것이라 하겠다. 그러나 '선한'을 이렇게 도덕적 의미에서만 사용할 때, '무엇을 위해' 좋은 것, 어떤 목적을 위한 수단으로 좋은 것은 '선한' 것에서 제외된다. 그러하니 도덕적으로 좋은, 즉 선한 것이란 어떤 감성적 욕구 충족을 위해 좋은 것이 아니라, '그 자체로 이성을 매개로, 순전한 개념에 의해 적의한 것'이라 하겠다. 그러나 만약 굳이 '도덕적으로 좋은' 역시 '무엇을 위해 좋은'이라고 보고자 한다면, 그것은 '인간을 인간이도록 하는 데 좋은', 다시 말해 '인간이 인격으로 존재하는 데 좋은'이라고 볼 수 있겠다.[46]

이렇게 구별하여 보면 선악이 화복과 다름은 확연하다. 이성의 원리인 선험적 실천 법칙이 욕구능력의 가능한 대상들을 고려함이 없이 그 자체로 의지를 규정한다면, 이러한 의지에 의한 행위는 선하고, 그의 준칙이 항상 이러한 법칙에 적합한 의지는 그 자체로 선한 것, 즉 선의지라고 일컬을 수 있다. 반면에 의지가 쾌·불쾌 내지 쾌락과 고통의 대상에 의해 규정받아, 즉 경험적으로 어떤 것은 추구하고 어떤 것은 회피하면 그때 추구되는 것은 복(福)이고 회피되는 것은 화(禍)일 뿐, 그것이 곧 선악은 아니다. 그렇기에 도덕적으로 좋음-나쁨 곧 선악은 감성적인 호오(好惡)나 복화(福禍)와는 다른 것을 의미한다.

일반 윤리론에서 '선'의 의미가 이러한 마당에서, 이제 칸트가 감성적 만족 상태인 행복을 한 요소로 갖는 '최고선'을 말한다면, 그 '최고선'의 함축이 필경 단순할 수는 없겠다.[47]

3) 칸트에서 '최고선'의 두 의미

(1) 물리적 행복을 함유하는 '최고선'

칸트에서 윤리법칙은 선의지에 기반한 정언명령으로서 "감성적 충동 일체를 거부하고, 모든 경향성을, 그것이 저 법칙에 반하는 한에서, 단절"(KpV, A128=V72)함으로써, 오히려 "고통이라고 불릴 수 있는 한 감정을 불러일으"(KpV, A129=V73)키는 것이다. 도덕법칙은 우리의 자연적인 "욕구능력과의 합치에 전적으로 독립해 있는 규정 근거들에 의해 명령한다."(KpV, A224=V124) 그렇기에 "윤리 원리"와 "행복의 원리"(KpV, A228=V126)는 같은 것이 아니고, 그래서 칸트는 "윤리론"은 "행복론"이 아님을 강조한다.(KpV, A165=V92 참조) 그 때문에 '윤리적 좋음'과 '감성적 좋음'을 구별할 것이 요구되기도 하는 것이다.

그럼에도 칸트의 '최고선'은 감성적 내지 물리적 행복을 하나의 요소로 갖는 '가장 좋음'의 의미를 배제하지 않고 있다. 칸트는 그런 행복을 누리는 희망적인 세계가 없다면, "윤리성의 훌륭한 이념들은 찬동과 감탄의 대상들이기는 하겠으나, 결의와 실행의 동기들은"(KrV, A813=B841) 될 수 없을 것이라고 보고 있으니 말이다.

흔히 사람들은 "패악으로의 유혹을 이겨내고 자기의, 흔히는 힘겨운, 의무를 행했다고 의식할 때, 자신이 영혼의 안정과 만족의 상태에 있음"(MS, TL, AVII=VI377)을 발견하고, 이를 "도덕적 행복"이라고 일컫지만, '도덕적 행복'이란 "자기모순적"(MS, TL,

AVII=VI377)인 것으로서, 엄밀하게 말해 성립할 수 없는 것이라고 칸트는 말한다.[48] '행복'이란 어디까지나 감성적인, "정념적인 쾌감"이고, 그것이 정념적인 한에서 그러한 쾌감이 예견될 때만 사람들이 의무를 행하도록 움직이는 것이 "자연질서"인데, '도덕적'이란 그러한 쾌감을 고려함 없이 하는 의무 수행에 대해서만 말할 수 있는 "윤리적 질서" 안에 있는 것이기 때문이다.(MS, TL, AIX=VI378) 누가 "자기 인격과 자기 자신의 윤리적인 처신에 대한 […] 만족"(MS, TL, A16=VI387)을 '도덕적 행복'이라고 말한다면 그것은 '행복'이라기보다는 '인격의 완전성'이라 해야 할 것이고, "내적으로 정복(淨福)함"(MS, TL, AVIII=VI377)을 '도덕적 행복'이라고 지칭한다면, 그것은 오로지 자신만으로 만족한 자, 곧 신에게나 있을 수 있는 것(Refl 6117, XVIII460 참조)으로 인간에게는 가능한 것이 아니겠다.

> "우리의 전 실존에 대한 만족이 행복이다. 그래서 행복은 인간에서는 물리적 요인들, 다시 말해 복지를 필요로 한다. 물리적 요인들에 독립적인 행복이 정복[淨福]이다. 그러므로 그것은 오로지 자기만족에 의한 것이다. 신은 그러므로 유일하게-정복[淨福]적이다."(Refl 6117, XVIII460)

칸트가 자신의 행복은 도덕적 행위의 목적이 될 수 없다고 보는 반면에 '남의 행복'을 덕의무의 한 근간이라고 말할 때(MS, TL, A26=VI393 참조)의 '행복'과 마찬가지로, '최고선'의 한 요소로 꼽는

'행복' 역시 분명 '감성적 만족' 즉 '물리적 행복'을 뜻한다. 그렇지 않다면 칸트가 굳이 "행복은 자연이 그[이성적 존재자]의 전 목적에 합치하는 데에, 또한 자연이 그의 의지의 본질적인 규정 근거[곧 윤리법칙]와 합치하는 데에 의거한다"(KpV, A224=V124)라고 볼 필요가 없기 때문이다. 그러나 유한한 이성적 존재자로서의 인간에게는 "그 자신의 힘으로 자연을 그의 실천 원칙들과 일관되게 일치시킬 수가 없"(KpV, A224/5=V124/5)기 때문에, 이러한 일이 자연 세계에서 언제 어디서나 일어나지는 않겠지만, 그럼에도 일정한 조건에서는 마땅히 일어나야 할 일이라고 바랄 수 있는 것이다.

그러니까 행복을 한 요소로 갖는 '최고선'은 다름 아닌 감성적 세계에서 실현되기를 기대할 수 있는 것이어야만 한다. 만약 '최고선'이 한낱 예지의 세계에서나 이야기될 수 있는 것이라면, 감성적 충족 상태인 행복이 그러한 최고선의 요소를 이룰 까닭이 없다. 예지의 세계는 초감성적 세계이니, 그런 곳에서 감성적 필요욕구란 도대체가 없을 터이고, 그런 마당에서는 감성적 경향성의 만족이나 감성적 필요욕구의 충족 따위가 화제가 될 일이 없으니 말이다. '도덕의 나라'가 한낱 예지의 세계일 경우 그곳에도 역시 '행복'을 운위할 자리는 도대체가 있을 수 없을 것이다. 최고선이 문젯거리가 되는 것은 그것이 바로 이 (자연) 세계에서 구현되어야만 하는 것이기 때문이다.

이 문제에 대한 반성 과정에서 우리는 칸트의 '최고의 근원적 선' 곧 신의 개념과 '최고의 파생적 선' 곧 '최선의 세계' 개념을 만난다. 이 같은 칸트의 생각은 "기독교 윤리설"(KpV, A231=V128)

과 접합한다. 기독론에 의거해 우리는 신이 함께하는 나라에서는 "자연과 윤리가 파생적인 최고선을 가능하게 하는 성스러운 창시자에 의해 양자 각각이 단독으로는 서로 몰랐던 조화에"(KpV, A232=V128) 이른다고 말할 수 있기 때문이다.

무릇 덕행과 행복이 부합하는 최고선을 위해서는 이 세계 안에 있는 이성적 존재자의 윤리성과 그로써 행복을 누릴 품격을 얻은 자가 행복한 삶을 영위할 수 있게끔 자연이 운행될 경우뿐인데, 유한한 이성적 존재자의 힘으로는 그러한 조화를 가능하게 할 수 없기 때문에, "저 윤리성에 알맞은 행복"(KpV, A223=V124)을 가능하게 하는 "신의 실존을 요청할 수밖에 없"(KpV, A224=V124)는 것이다.

칸트는 주지하는 바와 같이 순수 이성 비판을 통해 전통 형이상학의 세 과제와 관련하여 '자유'와 '신의 실존'을 최소한 인간 이성의 "규제적 원리"(KrV, A509=B537)로 기능하는 "초월적 이념"(KrV, A533=B561) 또는 "초월적 이상"(KrV, A571=B600)으로 "구출"(KrV, A536=B564)해내었다. 그러니까 칸트가 이를 바탕으로 실천적 견지에서 도덕법칙의 가능 근거를 밝히는 것도, 또 이러한 도덕법칙을 매개로 도덕신학을 정립하는 길을 걷거나, 윤리성과 행복의 부합으로서의 최고선에 대한 희망으로부터 신의 실존을 요청하는 길을 걷는 것도 체계 내 모순은 없다.

(2) '정복(淨福)'의 이념을 함유하는 최고선

그런데 칸트는 다른 한편 그의 최고선 개념을 위해 신의 실존과 함께 "감성세계의 이성적 존재자"의 영혼의 불사성을 요청하고 있다.

"이 세계에서 최고선의 실현은 도덕법칙에 의해 규정될 수 있는 의지의 필연적 객관이다. 그러나 이 의지에서 마음씨의 도덕법칙과의 온전한 맞음은 최고선의 최상 조건이다. 그러므로 이 맞음은 그 객관과 꼭 마찬가지로 가능해야만 한다. 왜냐하면, 그것은 이 객관을 촉진하라는 동일한 지시명령 속에 포함되어 있는 것이기 때문이다. 그러나 의지의 도덕법칙과의 온전한 맞음은 신성성, 곧 감성세계의 어떠한 이성적 존재자도 그의 현존의 어떤 시점에서도 이를 수 없는 완전함이다. 그럼에도 불구하고 그 맞음은 실천상 필연적인 것으로 요구되므로, 그것은 저 온전한 맞음을 향해 무한히 나아가는 전진[前進] 중에서만 만나질 수 있고, 그리고 그러한 실천적 전진을 우리 의지의 실재적 객관으로 받아들이는 것은 순수 실천 이성의 원리상 필연적인 일이다.

그러나 이런 무한한 전진은 동일한 이성적 존재자의 무한히 지속하는 실존과 인격성 — 이것을 사람들은 영혼의 불사성이라고 부르거니와 — 을 전제하고서만 가능하다. 그러므로 최고선은 실천적으로 오직 영혼의 불사성을 전제하고서만 가능하다. 그러니까 이 영혼의 불사성은 도덕법칙과 불가분리적으로 결합되어 있는 것으로서 순수 실천 이성의 하나의 요청이다."
(KpV, A219/220=V122)

칸트의 "영혼의 불사성" 논변에 따르면, 온전한 최고선의 실현은 이를 의욕하는 이 세계의 이성적 존재자들이 그 행실에서 "도덕법칙과의 온전한 맞음"에 이를 때라야 기대할 수 있는 것이다. 그러나 이러한 온전한 부합은 자연적 경향성에 부단히 방해받고 있는 유한자인 "감성세계의 어떠한 이성적 존재자도 그의 현존의 어떤 시점에서도 이를 수 없는 완전함" 즉 "신성성"으로서, 그것은 이성적 존재자의 "무한히 먼 목표"(KpV, A222=V123 주)이기 때문에, 이에 이르기 위해서는 "이 생을 넘어서까지라도"(KpV, A222=V123) 부단히 전진해가는 무한한 시간의 길이가 필요하다는 것이다.

그러나 "이생을 넘어서"는 순간 그 이성적 존재자는 더 이상 '감성세계의 이성적 존재자'가 아니다. 그러니까 그에게 더 이상 '물리적 행복'은 어울리지 않는 것이다. 그렇기에 이생을 넘어서까지도 그가 자신의 덕행에 부합하는 무엇인가를 기대한다면, 그것은 신적인 "정복(淨福)"이겠다.

"그의 생의 종점에 이를 때까지 그의 생의 긴 부분을 보다 선한 것을 향한 진보 중에서, 그것도 순정한 도덕적 동인들에서 살아 왔음을 의식하는 이는 자연스럽게, 그는 이 생을 넘어 계속되는 실존에서도 이 원칙들을 지킬 것이라는, 비록 확실성은 아닐지라도, 위안적인 희망을 가질 수 있을 것이다. 비록 그가 그 자신의 눈으로 볼 때 이승에서 결코 합당한 인정을 받지 못하고, 그의 자연본성의 완전성 및 그의 의무들의 미래의 바라마지 않는 증진에도 불구하고 그런 것을 좀처럼 희망할 수 없다고 할지라도, 그럼에도 무한히 먼 목표를 향해 있는 것이긴 하지만 신은 가지고 있다고 볼 수 있는 그런 진보에서 정복[淨福]의 미래에 대한 전망을 가질 수 있다. 왜냐하면, 이 ['정복'이라는] 말은 세상의 모든 우연적인 원인에서 독립적인, 완벽한 복을 표시하기 위해 이성이 사용하는 표현이니 말이다. 이런 완벽한 복은 신성성과 꼭 마찬가지로 무한한 전진과 그 전체성에만 함유될 수 있는, 그러니까 피조물로서는 결코 온전히 이를 수 없는 그런 하나의 이념이다."(KpV, A222/223=V123 주)

신적 정복(淨福, Seligkeit)은 세상의 우연적인 원인들, 행운(Glück)[49] 같은 것에도 영향을 받는 '행복(Glückseligkeit)'이 아니라 '신성성'과 다르지 않은 "완벽한 복(Wohl)"으로서 이 세상의 피조물로서는 이를 수 없는 "하나의 이념"이다. 부단히 덕행에 힘쓰는 이는 그가 언젠가는 그의 덕행에 부합하는 이러한 완벽한 복을 누릴 수 있게 된다는 것, 다시 말해 낱말 뜻 그대로의 '최고선'이 성취된다는 것이 "비록 확실성은 아닐지라도, 위안적인 희망"이 된다. 그러나 이러한 '위안적 희망'으로서의 최고선은 어디까지나 하나의 '이상'으로서 예지적 개념이겠다.

그런데 이제 칸트에서 "완벽한 복"인 "정복"을 요소로 갖는 '최

고선'은 앞의 최고선 개념과는 달리 신의 실존 외에도 '영혼의 불
사성'을 요청하는 것으로서, 이 요청의 수용에는 적지 않은 문제
성이 따른다.

칸트는 『순수이성비판』의 오류추리론에서 비록 "사변적 이성
사용과 결합된 실천적 이성 사용의 원칙들에 의거해 내세[來世]를
받아들일 권한, 아니 필연성"(KrV, B424)을 남겨놓았지만, 이미 신
체와 구별되는 영혼의 '실체성', '단순성', '인격성[수적 동일성]'을
논파해버렸기 때문에, 이로써 부상할 수밖에 없는 과제는 무엇보
다도, 영혼이 이생을 넘어 무한히 지속한다고 해도, 그 불사적이
고 비물질적인(즉 비자연적인) 영혼의 개별성과 개별적 영혼의 자
기동일성의 원리를 제시하는 일이겠다. 이생을 넘어 도덕법칙에
맞는 덕행을 부단히 수행하는 자도, 그리고 이에 알맞은 복을 누
릴 자도 각각의 동일한 개별 영혼일 것이니 말이다.

더 나아가, 설령 영혼의 개별적 동일성이 해명되어 영혼 A, 영혼
B, … 등이 구별된다 해도, 만약 이러한 영혼들의 세계에서의 최
고선을 칸트가 이승에 살고 있는 이성적 존재자에게 '위안'과 '희
망'을 주는 한낱 규제적 개념이 아니라, 내세를 구성하는 개념으
로 사용한다면, 해명하기 쉽지 않은 또 하나의 문제와 부딪친다.
즉 이 영혼들의 세계는 자연 너머에 있는 것인 만큼, 영혼들이 어
떤 자연적 경향성을 가질 리가 없고, 그렇다면 어떤 영혼이(예컨대
영혼 A가) 도덕법칙에 따라 행위하고자 할 때 그를 방해할 것이 무
엇이 있을까 하는 것이다. 자연적 경향성이라는 방해물이 없는 이
상, 이성적 존재자의 영혼은 자신이 세운 도덕법칙에 언제나 맞게

행할 것인즉, 그에 합치하기 위한 "무한한 전진"(KpV, A220=V122 참조)이 왜 필요하며, 무한한 시간 길이가 왜 필요할까? 아니 도대체, 이미 육신을 떠난 영혼은 일체의 감성적 욕구에서도 벗어났을 터인데, 영혼의 세계에도 '악령'이 있다면, 무엇이 '악'의 요인이고 준거일까?

이제 비판철학의 논지에도 부합하지 않는 이 같은 영계(靈界)에 대한 불필요한 논의에 관여할 것 없이 최고선을 윤리론과 도덕종교론 내에 위치시키기 위해서 우리가 택할 수 있는 것은 칸트의 '최고선'을 두 가지 한정된 의미로 새기는 길이다.

하나는, **이성적 존재자의 덕행과 그의 윤리성에 정비례하는 만큼의 행복을 요소로 갖는 최고선**이다.

이러한 의미의 최고선에서 행복은 그 행복을 누릴 품격인 각자의 윤리성의 정도에 따라 다소와 증감이 있을 것이고, 그러니까 완벽한 것이라 할 수는 없으며, 감성세계에서도 가능한 것이라 하겠다. 그것도 만약 자연운행과 윤리질서를 조화시키는 신의 현존을 전제한다면 말이다.

또 다른 하나는, (문자 그대로) **이성적 존재자의 마음씨의 도덕법칙과의 온전한 맞음과 그에 상응하는 완벽한 복, 즉 지복(至福) 내지 정복(淨福)을 요소로 갖는 최고선**이다.

이러한 최고선은 신의 현존과 함께 영혼의 불사성을 전제하고서 예지세계에서나 기대할 수 있는 것으로서, 앞의 물리적 행복을 성분으로 갖는, 그러니까 제한된 의미에서의, 최고선의 '이상 (理想)'[50]이라 하겠다.

4) 칸트에서의 '가능한 세계의 최고선'

(1) '최선의 세계'인 '가능한 세계의 최고선'

인간은 한낱 동물로서 "자연의 나라" 안에서만 사는 것도 아니고, 그렇다고 순전한 이성존재자로서 오로지 "도덕의 나라" 안에서 사는 것도 아니며, '이성적 동물'로서 이를테면 '자연 안의 도덕의 나라'에서 살고 있다. 만약 있다면 바로 이 나라에서 우리는 '가능한 세계의 최고선(das höchste Gut einer möglichen Welt)'과 마주칠 수 있다. 이 '가능한 세계'란 '적어도 논리적으로 모순 없는 세계'를 말하는 것이 아니라, 감성적 이성존재자에 의해 '실현 가능한 세계'를, 바꿔 말해 한낱 '예지적 내지 지성적 세계'가 아니라, '감성화될 수 있는 세계'를 뜻한다.

이 '가능한 세계의 최고선' 개념은 칸트가 윤리론과 구별해야 한다고 말하는 행복론과 충돌하지 않는다. 칸트가 '행복의 원리'인 "쾌락(Eudämonie)"이 '윤리의 원리'인 "자유율(Eleutheronomie)"(MS, TL, AIX=VI378)을 대신하면 윤리는 "안락사(조용한 죽음)"(MS, TL, AIX=VI378)를 맞는다고 경고하는 것은 양자를 대립시키기 위한 것이 아니다. 칸트가 말하는 "순수 실천 이성은 행복에 대한 요구를 포기하고자 하는 것이 아니라, 단지 의무가 문제가 될 때는 그런 것을 전혀 고려치 않으려 하는 것"(KpV, A166=V93)뿐이다. "행복, 다시 말해 자기 상태에 대한 만족을, 사람들이 지속되리라 확신하는 한에서, 소망하고 구하는 것은 인간의 자연본성상 불가피한 일이다."(MS, TL, A16=VI387) 칸트가 역설하는 바는 단지 자기 행복이 동기가 되는 행위는 의무일 수도 없고, 선할 수도 없으며, 이미 인간이면 누구나 자연스럽게 추구하고 있는 자신의 행복을 자기 행위의 목적으로 삼는 것은 어불성설이라는 것이다. 이 점에서 칸트는 에피쿠로스(Epikuros, BC 342~270)의 행복론을 비판한다.(KpV, A208=V115이하 · A228=V126 참조)[51]

그러나 칸트에서도 자신의 행복이 아니라 남의 행복을 촉진하는 일은 타인에 대한 최상의 의무이며, "나 **자신의** (물리적) 행복 또한 배려"(MS, TL, A17=VI388)하는 것 역시 그 자체가 나의 행위의 목적이 될 수는 없으되, 내가 패악의 유혹에 빠지지 않도록 하는 방지책이 된다는 점에서 간접적으로는 나의 "의무일 수도 있다."(KpV, A166=V93; 참조 MS, TL, A17=VI388) 그러니까 인간 각자는 오로지 선의지에 따라 덕행을 해야 하되, 그 결과로 행복을 누리게 되는 것은 인간 모두가 능히 희망할 수 있는 바이고, 서로 타인의 행복을 촉진함으로써 인간 사회 전체가 덕과 행복의 조화 속에 있게 되는 것은 칸트의 윤리론에 어긋나는 것이 아니라 오히려 그 취지에 맞는 것이다. 그런데 그러한 가장 좋음의 상태, 곧 최고선은 어디에서 기대할 수 있는가?

'가능한 세계의 최고선'은 인간이 자신의 경향성을 제압하고 선을 실현할 수 있는 최상의 조건으로서의 "최상선(das oberste

Gut)"(KpV, A198=V110)도 아니고, 행복과 윤리성의 정확한 합치를 가능하게 하는 예지자, 곧 신이라는 "최고의 근원적 선(ein höchstes ursprüngliches Gut)"(KpV, A226=V125) 내지 "최고의 독립적인 선"(KpV, A239=V132)도 아니며, 그것은 이에 근거한 "최고의 파생적 선(das höchste abgeleitete Gut)" 즉 "최선의 세계(die beste Welt)"이다. 이 최고선은 한낱 "예지세계에서의 최고선(das höchste Gut in einer intelligibelen Welt)"(KpV, A240=V133)이 아니라 "이 세계에서의 최고선(ein höchstes Gut in der Welt)"(RGV, BVII=VI5)이다. 물론 이 세계에서의 최고선, 곧 행복과 덕의 부합 가능성을 위해서 우리는 "하나의 보다 높고 도덕적이고, 최고로 신성하며 전능한 존재자를 상정하지 않을 수 없다."(RGV, BVII=VI5) 윤리적 행실과 행복은 모두 자연 세계에서 일어나는 일인 만큼, 이 양자가 합치하기 위해서는 "자연의 원인(따라서 창시자)인 존재자, 다시 말해 신"(KpV, A226=V125)을 전제하지 않을 수 없으니 말이다.

그래서 칸트는 사람들은 예지계인 하늘나라와 같은 '최선의 세계'가 땅에서도 이루어질 것을 발원한다고 『성서』를 이끌어 해석한다.(RGV, B303=VI195이하 참조)

"하늘에 계신 우리 아버지.

아버지의 이름이 거룩하게 되소서.

아버지의 나라가 오게 하소서.

아버지의 뜻이 하늘에서와 같이

땅에서도 이루어지게 하소서."[52]

그러나 이러한 '최선의 세계'가 신을 상정하고 발원하는 것만으로써 도래할 것이라고 기대할 수는 없고, 그러한 희망에는 사람들이 윤리적 마음씨 안에서 덕행을 쌓아감을 수반하여야 한다. 그래서 칸트는 사람들이 함께 북돋아가며 덕행을 실천하는 곳, "윤리적 공동체"(RGV, B130=VI94)에서 최선의 세계를 본다.

(2) '최선의 세계'로서의 '윤리적 공동체'

인간은 미약하기에 누구나 끊임없이 악한 원리에 시달려서 도덕법칙의 권위를 인정할 때조차도 그를 위반하고, 쾌감으로 이끄는 유혹에 곧잘 넘어간다. 게다가 인간 안에 있는 악성은 인간이 자연 중에 있을 때보다는 인간들과 관계 중에 있을 때 더욱 발호한다.

> "인간은 타인들이 그를 가난하다고 여기고 그에 대해 경멸할 것이라고 염려하는 한에서만, 가난하다(또는 자기를 가난하다고 여긴다). 질투, 지배욕, 소유욕 그리고 이것들과 결합되어 있는 적대적인 경향성들은 인간이 다른 인간들 가운데에 있을 때, 그 자체로는 충족한 그의 자연본성을 이내 몰아붙인다."(RGV, B128=VI93이하)

악성의 발동이 사람들 사이의 관계에서 특히 심해지는 것이라면, 개개인이 악의 지배에서 벗어나기 위해 제아무리 애쓴다 해도

성과를 거두기는 어렵다. 그래서 진실로 인간에게서 악을 방지하고 선을 촉진하기 위해서는 "통합된 힘으로써 악에 대항하는, 지속적이고 점점 확대되어 순전히 도덕성의 유지를 목표로 하는 사회"(RGV, B129=VI94)를 건설해야 한다. 그 사회는 순전한 덕의 법칙들 아래에서의 인간들의 결집체라는 점에서 "윤리적 사회"라고 부를 수 있고, 법적-시민사회와 구별하기 위해서는 "윤리적-시민사회" 내지 "윤리적 공동체(ein ethisches gemeines Wesen)"(RGV, B130=VI94)라고 부를 수 있다. 그러나 윤리적 공동체도 정치적 공동체 안에 있는 것이며, 정치적 공동체의 구성원을 그 성원으로 갖는다는 점에서는 하나의 "윤리적 국가(ein ethischer Staat)" 내지는 "덕의 나라(ein Reich der Tugend)"(RGV, B130=VI95)라고 일컬을 수도 있겠다.

법적 시민사회가 법법칙 곧 제정 법률 아래에서의 인간의 공존 체제라고 한다면, 윤리적 공동체는 순전히 덕법칙들 아래에 통합되어 있는 인간 상호의 관계이다. 법적 시민사회를 사람들은 만인의 만인에 대한 전쟁 상태를 벗어남으로써 이룩할 수 있듯이, "윤리적 자연상태"(RGV, B131=VI95)를 탈피할 때 인간은 윤리적 시민사회를 이룰 수 있다. 윤리적 자연상태는 "내면적으로 윤리 없음의 상태"(RGV, B135=VI97)로서 "악에 의한 부단한 반목의 상태"(RGV, B134=VI97)이겠다. 이러한 자연상태에서 인간은 서로의 도덕적 소질을 부패시킨다. 그렇기에 "최고의 윤리적 선은 개개 인격이 그 자신의 도덕적 완전성을 위하여 노력하는 것만으로는 이루어지지 않고, 바로 그 같은 목적을 위하여 개개 인격들이 하나의 전체 안에서, 선량한 마음씨를 가진 인간들의 하나의 체계로 통합할 것이 요구된다. 최고의 윤리적 선은 이러한 체계 안에서만 그리고 이 체계의 통일을 통해서만 성사될 수 있는 것이다."(RGV, B136=VI97이하)

5) 칸트의 희망의 철학

(1) '윤리적 공동체'로서의 보편적 교회

그러나 이를테면 "덕의 법칙들에 따르는 보편적 공화국"(RGV, B136=VI98)인 "윤리적 공동체가 성사되려면, 모든 개인은 하나의 공적인 법칙수립[입법]에 복종하지 않으면 안 된다."(RGV, B137=VI98) 그런데 이 공적 법칙수립자는 국가시민 자신일 수가 없다. 만약 그렇게 된다면 그것은 다름 아닌 법적 시민사회일 것이기 때문이다. "그러므로 윤리적 공동체를 위하여 공적인 법칙수립자로 제시될 수 있는 것은 국민 이외의 다른 존재자일 수밖에 없다."(RGV, B138=VI99) 윤리적 공동체의 최상의 법칙수립자는 각자의 마음씨의 가장 내면까지도 꿰뚫어 보고, 각자에게 그의 행실들에 합당한 것을 귀속시킬 수 있기 위해서, 각자의 마음을 훤히 아는 자이지 않으면 안 된다. 무릇 이러한 자는 "도덕적 세계지배자로서의 신"밖에는 없다. "그러므로 윤리적 공동체는 오직 신적 지시명령 아래에 있는 국민, 다시 말해 신의 국민[하느님의 백성[53]]으

로서만, 그것도 덕법칙들에 따르는 신의 국민으로서만 생각 가능한 것이다."(RGV, B139=VI99)

이제 만약 윤리적 공동체가 단지 하늘에 있는 '신의 나라'를 뜻한다면 그것의 성취는 "오직 신 자신에 의해서나 기대할 수 있는"(RGV, B141=VI101) 것이다. 인간은 아무리 해도 인간의 나라를 건설할 수 있을 뿐, 신의 나라의 창시자는 신 자신일 것이니 말이다. 그러나 그렇다고 해서 인간이 그 일에 대해서는 아무것도 하지 않고, 마치 각자는 단지 자기의 도덕적인 개인적 관심사에만 전념하고, 인류의 관심사 전체는 어떤 보다 높은 지혜나 섭리의 처분에 내맡겨도 되는 것은 아니다. 오히려 개개의 인간은 인류 전체의 이상의 실현이 "각자 자기 자신에게 달린 것처럼 행동하지 않으면 안 된다. 오로지 그러한 조건 아래에서만 인간은, 보다 높은 지혜가 그의 선의의 노력을 완성시켜줄 것을 희망해도 좋은 것이다."(RGV, B141=VI101)

모든 선량한 마음씨를 가진 이들의 소망은, "신의 나라가 오고, 그의 뜻이 지상에서 이루어지는 것"이다. 다만 우리는 "그의 나라를 현실에서 현시하기 위해서 신이 무엇을 직접적으로 행하는가를 알지 못한다. 그러나 우리는 우리를 그 나라의 성원으로 적합하게 만들기 위해서 우리가 무엇을 해야만 하는가는 충분히 아는 바이다."(RGV, B227=VI152) 그것은 각자가 윤리적 의무를 다해야 하고, 더불어 윤리적 공동체를 세우는 일이다. 그러니까 윤리적 공동체는 '목적들의 나라'와 같은 한낱 이상적인 것이 아니라, "지상에 실존"하는 것으로서, 인간들의 기구이고 제도이다.[54]

"신적인 도덕적 법칙수립 아래에 있는 윤리적 공동체"는 다름 아닌 "교회"를 통해 구현될 수 있다. "이 교회는 눈에 보이지 않는 신의 나라의 가시적인 표상(도식)을 지상 위에 이룩하는 것이다."(RGV, B198=VI131이하) 그런데 "순수 종교신앙은 보편적 교회를 정초할 수 있는 실로 유일의 신앙이다."(RGV, B145=VI102)

윤리적 공동체에서는 "지상의 신의 국가에서 시민"(RGV, B149=VI105)으로서 성원들 모두가 "도덕적 마음씨 안에서 일어나는, 신의 지시명령들로서의 모든 의무들"을 준수해야 하고, "다수의 인간이 그러한 마음씨들 아래에서 하나의 도덕적 공동체로 통합"되어야 하므로, 일정한 교회의 형식을 필요로 한다. 그러나 그 안에서 성원들이 각기 일정한 **"공적인 의무"**를 분담하기 위해서는 어떤 조정이 불가피하다. 그런데 조정은 상황에 맞게 이루어질 수밖에 없기에 매우 우연적이고 잡다한 "경험적 조건들에 의거한" 일정한 형식에 따라 이루어질 수밖에 없다. 여기에서 많은 제정법적 법규가 교회 안에서 나타난다. 그러나 사람들이 교회의 건설과 형식을 위해 세운 어떤 법규들을 최종적인 신적 법칙들로 받아들여야 할 이유는 없다. 오히려 사람들은 교회의 형식을 더욱더 개선해 나가 '신의 나라'의 이상에 더 가까이 가는 것을 과업으로 삼아야 한다. "교회의 법규들을 가지고 신적 권위를 앞세워 다중에게 멍에를 씌우는" 교회신앙은 특수한 역사적 사명을 가질 수는 있겠으나, 그로써 참교회를 이룩할 수는 없다.(RGV, B149=VI105이하 참조)

"참된 교회의 표지[標識]는 그것의 **보편성**이다."(RGV, B167=VI115) 경험적, 계시적, 역사적 신앙인 교회신앙은 우연적 요소가 포함되어 있기에 "단지 국부적 타당성"만을 가질 뿐이어서, 여러 개가 있을 수 있다.

> "오직, 전적으로 이성에 기초하고 있는 순수 종교신앙만이 필연적인 것으로, 그러니까 **참**교회를 표시하는 유일한 신앙으로 인정될 수 있다. — 그러므로 (인간적 이성의 불가피한 제한성에 따라서) 역사적 신앙이 선도수단이 되어 순수한 종교를 촉발한다고 할지라도, 역사적 신앙은 한낱 그러한 수단일 뿐이라는 것, 그리고 교회신앙으로서 이 역사신앙은 순수한 종교신앙에 끊임없이 접근해가서, 마침내는 저 선도수단을 없이 할 수도 있다는 원리를 가진다는 것을 의식함과 함께, 그러한 교회는 언제나 **참**교회라고 일컬을 수 있다."(RGV, B167이하=VI115)

서로 다른 역사적 계시 또는 경험에 의거한 "교회신앙이 종교신앙의 제약 조건들에 대한 그리고 종교신앙과의 필연적 합치에 대한 그 의존성을 인정하는 그 지점에서 보편적 교회는 그 자신을 신의 윤리적 국가로 구축하고, 모든 인간과 시대에 있어서 동일한 확고한 원리에 따라서 이 국가의 완성을 향하여 전진하기 시작한다."(RGV, B184=VI124) 종교신앙은 참종교란 "신이 우리가 정복[淨福]을 얻도록 무엇을 하며 또는 했는가에 대한 지식이나 고백에 있는 것이 아니라, 우리가 그럴 만한 품격을 갖추기 위하여 행하지 않으면 안 되는 것[…]에 있다"(RGV, B199이하=VI133)라는 것을 반복적으로 엄하게 가르친다.

"인간은 도덕법칙을 통하여 선한 품행으로 부름을 받았다는 것, 인간은 도덕법칙에 대한, 그의 안에 있는 지울 수 없는 존경심을 통하여 또한 이 선한 영에 대한 신뢰의 약속과 어떤 일이 있어도 이 선한 영을 만족시킬 수 있다는 희망의 약속을 자기 안에서 발견한다는 것, 끝으로, 인간은 후자의 기대를 전자의 엄격한 지시규정과 대조하면서, 심판자 앞에서 해명을 요구받은 자로서, 자기 자신을 끊임없이 검사하지 않으면 안 된다는 것, 이러한 사실들에 관하여 이성과 심정과 양심은 가르쳐주며, 또한 동시에 그리로 [우리를] 몰고 간다. 우리에게 더 이상의 것이 개시[開示]되기를 요구하는 것은 불손한 짓이다. 그리고 이런 일이 일어난다고 해도, 인간은 그것을 보편적으로 인간에게 필요한 것으로 여겨서는 안 될 것이다."(RGV, B219=VI144이하)

(2) 이성신앙과 이성종교

"이 세계에서의 최고선을 제시하고 촉진"(KpV, A226=V126)하기 위해서는 최고선의 가능성을 상정해야 하되, 다시 말하거니와 "우리 이성은 이러한 가능성을 최고 예지자를 전제하고서만 생각할 수 있다."(KpV, A227=V126) 이러한 전제 아래에서의 '가능한 세계의 최고선' 개념을 매개로 칸트의 윤리이론은 "종교에, 다시 말해 모든 의무들을 신의 지시명령[계명]들로 인식하는 데에 이른다."(KpV, A233=V129; RGV, B229=VI153 참조) "하나의 신학은 또한

직접적으로 종교에, 다시 말해 우리의 의무들을 신의 지시명령
[계명]들로 인식함에 이"(KU, B477=V481)르는 것이다. 신의 지시
명령[계명]이기 때문에 우리가 그것을 책무로 여기는 것이 아니
라, 우리가 그에 대해 윤리적으로 책무를 갖기 때문에, 그것을 신
의 지시명령으로 보지 않을 수 없는 것이다.(KrV, A819=B847; RGV,
B229이하=VI153이하; OP, XXI13·19·28·37 등 참조)

　어떤 것이 신의 지시명령임을 먼저 알고 난 후에 그것을 나의
의무로 받아들이는 종교를 "계시종교"(RGV, B231=VI154)라 한다
면, "어떤 것을 신의 지시명령으로 인정할 수 있기 전에 그것이 의
무라는 것을 내가 앞서 알지 않으면 안 되는 그런 종교는 자연종
교"(RGV, B231=VI154), 즉 순전히 이성적인 종교이다. 계시종교에
서는 어떤 것이 신의 지시명령이기 때문에 우리의 의무로 인정
되는 것이고, 자연종교에서는 어떤 것이 우리의 의무, 곧 의무를
규정하고 있는 도덕법칙이기 때문에 그것을 신의 지시명령으로
생각할 수밖에 없는 것이다. 그러니까 칸트의 '종교'는 도덕신학
적 자연종교, 곧 이성종교이다.(KrV, A631=B659이하·A814=B842
A816=B844 참조)

　칸트는『순수이성비판』에서부터 신의 현존을 전제하고 윤리법
칙을 끌어내는 "신학적 도덕"이 아니라, 윤리법칙들에 기초해서
신의 현존을 확신하는 "도덕신학"(KrV, A632=B660)만이 가능함을
역설했고, "우리는 행위들이 신의 지시명령[계명]이기 때문에 책
무 있는 것으로 여기는 것이 아니라, 오히려 우리가 그에 대해 내
적으로 책무가 있기 때문에, 그 행위들을 신의 지시명령으로 보는

것"(KrV, A819=B847)이라고 설파했다.

> "그래서 도덕[성]과 종교는 또한 가장 정확하게 결합되어 있으
> 며, 단지 서로 구별되는 것은, 도덕[성]에서는 도덕적 의무들이
> 모든 이성적 존재자 각각의 원칙들로서 실행되어야 하고, 이성
> 적 존재자 각자가 목적들의 하나의 보편적 체계의 성원으로서
> 행위해야 한다면, 종교에서는 도덕적 의무들이 최상의 신성한
> 의지의 지시명령[계명]으로 보인다는 점이다. 근본적으로 도덕
> [성]의 원칙들은 최고 완전성의 이념에 부합하는 유일한 것이
> 니 말이다."(V-Phil-Th/Pölitz, XXVIII1102)

이러한 칸트의 이성종교론은 "기독교적 종교이론"과 원칙적
으로 합치한다. 기독교는 사람들이 "익숙해 있던 오랜 제례 대신
에 순수한 도덕종교를 도입하는 데 가장 적합한 방법"(RGV, B190=
VI127)을 보여주었고, 그 때문에 칸트는 '보편적 교회'의 역사는
'기독교의 근원'으로부터 시작했다고 본다. 이러한 칸트의 통찰은
교회신앙을 이성신앙에 포섭시킴으로써 한편으로는 이성의 자기
정립적 윤리를 매개로 교회종교에 일정한 의미를 부여하고, 다른
한편으로는 교회를 매개로 초절적인 윤리성을 사회적으로 현실
화한다는, 다시 말해 지상에 '윤리 국가'를 건설할 수 있겠다는 희
망을 포함하고 있다.

6) 남은 문제들

자기강제인 도덕법칙이 인간에게서 윤리성의 원리인 것은 자연적으로는 인간의 행위가 언제나 경향성에 따르고, 그렇기에 인간에게 '마땅히 행해야 할 것'이 부과되지 않을 수 없기 때문이다. 그러나 인간이 '도덕적'이라는 것은 바로 이 당위를 행할 능력, 다시 말해 도덕적 힘, 곧 '덕'이 있음을 전제하는 것으로, 덕 있는 자가 그에 상응하는 복을 누리는 것이 "순수 실천 이성의 객관이자 궁극목적"(KpV, A233=V129)으로서 최고선이다.(TP, I, B: VIII279 참조) "우리의 이성에게는 행복만으로는 완벽한 선이 되기에는 어림도 없다. […] 그러나 윤리성만으로는, 그리고 이와 함께 한낱 행복할 만한 품격 있음만으로는 또한 완벽한 선이기에는 아직 한참 멀다."(KrV, A813=B841) 그러니까 "이 세계에서 가능한 최고의, 그리고 우리가 할 수 있는 한, 궁극목적으로 촉진해야 할 물리적 선[좋음]은 행복, 즉 인간이 행복할 만한 품격으로서의 윤리성의 법칙과 일치하는 객관적 조건 아래에서의 행복이다."(KU, B423=V450)

실천적 도덕법칙은 지상의 인간에게 "세계에서 최고의 가능한 선(das höchste mögliche Gut in einer Welt)"(KpV, A233=V129) 내지는 "세상에서 가능한 최고선(das höchste in einer Welt mögliche Gut)"(KpV, A242=V134)을 모든 행실의 최종 대상으로 삼을 것을 지시명령한다. 그러나 인간은 오로지 자신의 "의지를 성스럽고 선량한 세계창시자의 의지에 합치시킴으로써밖에는 이 최고선의 실현을 기대할 수 없다."(KpV, A233=V129) 인간이 살고 있는 자연 세계는 자연의 질서에 따라 운행하되, 최고선은 거듭 말하거니와 윤리적 법칙에 따른 덕행과 자연 세계에서 얻을 수 있는 감성적 만족인 행복이 부합하는 데 있기 때문이다. 그리고 이로써 최고의 선은 완성된다고 말할 수 있다.

> "(행복할 만한 품격[자격]으로서) 덕은 우리에게 오로지 소망할 만한 가치가 있는 것으로 보일 수 있는 모든 것의 최상 조건이며, […] 그러니까 최상선이[…]다. 그러나 그렇다 해서 덕은 아직 이성적 유한 존재자의 욕구능력의 대상으로서의 전체적인 완성된 선은 아니다. 그런 것이기 위해서는 행복이 추가로 요구되기 […] 때문이다. […] 무릇 덕과 행복이 함께 한 인격에서 최고선을 소유하고, 이 경우에도 행복이 (인격의 가치이자 인격의 행복할 만한 품격인) 윤리성에 정비례하는 몫을 가지고서 가능한 세계의 최고선을 형성하는 한에서, 이 최고선은 전체, 곧 완성된 선을 의미한다."(KpV, A198=V111이하)

그렇다면 이제 '윤리 국가' 안에서 볼 수 있는 '최고선'은 어떠한 모습일까?

교회를 바탕으로 구현되는 '윤리적 공동체'가 최고선의 가능한 세계이고, '최고선'이란 "정의에 합당하지 않은 관용이나 면제 없이"(KpV, A223=V124) "행복이 (인격의 가치이자 인격의 행복할 만한 품격인) 윤리성에 정비례"하는 상태라면, 윤리적 공동체의 구성원 모두가 각기 최고도로 윤리적 행실을 하지 않는 한 — '윤리적 공동체'가 지상에 있는 한 —, 그 공동체 안의 각자 모두가 한결같게 행복을 누리지는 못할 것이고, 그러니까 자기 몫만큼의 행복 또는 불행 내지 고통을 감수해야 할 것이다. 그런데 형식적으로만 법률을 지켜도 되는 시민적 사회에서보다도, 마음씨의 속까지 도덕법칙에 부합해야 하는 윤리적 공동체에서의 덕행의 평가는 훨씬 더 엄정할 것이므로, 사람들이 각기 합당하게 누릴 수 있는 행복의 차이는 시민사회에서보다도 더욱 크거나, 아니면 사람들 대부분은 — 물론 덕법칙에 따라 행위하고자 하는 이들인 만큼 기꺼이 감수하기야 하겠지만 — 거의 행복을 누리지 못할 가능성이 높다. 그리고 만약 이것이 윤리적 공동체의 최종의 모습이라면, 그것은 분명 '정의의 나라'가 되겠다. 그런데 이럴 경우 종국적 양상에서 '윤리적 공동체'와 "각자에게 자기 것을[55] 배분하라(suum cuique tribue)!"[56]는 '정의로운 시민적 공동체' 사이에는 배분자의 상이함 외에 어떤 차이가 있을까?

또 "눈에 보이지 않는 신의 나라의 가시적인 표상"으로서의 교회가 지상에 세워진 최선의 세계라면, 그것은 에피쿠로스의 '정원'과 어떻게 다를까? 칸트는 에피쿠로스와 스토아학파 사람들을 염두에 두고 고대의 "철학자들이 아주 적절한 비례로 덕과 결합되어 있는 행복을 이미 이승 생활에서(즉 감성세계에서) 발견했다거나 의식했다고 설득할 수 있다는 것은 기이한 일이 아닐 수 없다"(KpV, A208=V115)라고 지적하면서 최고선의 가능성은 오로지 "예지적 세계와의 연결 속에서 찾을 수밖에 없음"(KpV, A208=V115)을 상기시키고 있는데, 만약 이것이 그의 최종적인 의

견이라면, '도덕의 나라' 내지 '정복(淨福)의 세계' 말고 그는 왜 굳이 물리적 행복을 요소로 갖는 '최선의 세계'를 화제로 삼는 것인가? — 문제는 문제를 낳는다.

이러한 문제는 칸트가 행복을 함유할 수도 있는 '좋음' 일반과 이를 배제하는 '윤리적 좋음'을 일껏 구별해놓고서, '최고로 좋음' 곧 '최고선'을 논하는 자리에서는 '윤리적으로 최고로 좋음'이 아니라, 행복을 중요한 요소로 갖는 '최고로 좋음'의 개념을 제시할 때에, 게다가 칸트에서처럼 '선'이나 '행복'이 개개인의 행위와 마음의 상태의 술어(述語)로만 쓰이는 마당에서는 이미 안고 있는 것이라 하겠다.

사실 칸트가 지식이론에서 'sein'의 두 계기 '이다[하다]'와 '있다'를 구별해낸 것만큼이나 그가 윤리이론을 펴면서 'gut'의 두 계기 '감정에 대해 좋은'과 '이성의 개념에 의해 좋은'을 구별한 것은 중요한 의의를 갖는다. 그래서 그는 당초에, 윤리적 선은 후자의 의미 영역에 속하는 것이므로, 전자의 의미 영역에 물려 있는 행복은 윤리적 선의 요소가 될 수 없다고 본 것이다. 만약 행복이 '선'의 요소가 될 수 없다면, 당연히 '최고선'의 요소 또한 될 수 없다. 그런데 행복은 분명히 칸트의 '최고선'의 한 요소이다. 그러니까 칸트의 '최고선'은 순전한 윤리적 개념이라고 보기 어렵다.

칸트가 윤리론이란 행복론이 아니라고 역설한 그 취지에 따라, '최고선'을 가령 '덕의무의 완전한 수행 상태' 곧 '자기 자신에 대한 의무와 타인에 대한 의무를 완벽하게 다함'이라고 규정했더라면 오히려 그의 '도덕적 선' 개념은 일관성을 유지하고, 또한 그의 윤리론은 개인윤리론에서 사회윤리론으로 나아갈 수 있지 않았을까? 그러했더라면, 그의 '윤리 형이상학'의 지론대로 자기완성과 (그에 상응하는 자기행복이 아니라) 타인의 행복을 지향하는 덕행의 사회 윤리, 사랑과 존경의 인간관계론으로 발전해나갈 수 있지 않았을까? 물론 그것도 신의 조력을 필요로는 하겠지만 말이다.

그리고 윤리적 의무 수행과 상충하지 않는 한, 행복을 의욕하는 행위가 결코 비윤리적인 것은 아닌 만큼 자기행복이 동기이자 목적이 되는 행위의 의의가 '최고선'의 개념과는 별도로, 가령 '희망의 완성'의 장에 자리 잡으면 안 될까? 칸트가 한편에서 우려하는 것처럼, 인간이 덕행에 상응하는 행복에 대한 희망을 갖지 못할 경우, 만약 윤리성의 이념들이 진정으로 '결의와 실행의 동기'가 되지 못한다면, 그것은 인간의 덕행은 적어도 간접적으로라도 행복에 기인한다는 것을 말하는 것이다. 그러나 그럴 경우 칸트의 '선의지' 개념은 기반을 상실하지 않을까? 그러하니 덕행의 원동력으로서 선의지는 어떤 경우라도 도덕법칙에 대한 존경, 다시 말해 인간의 존엄성의 가치에 따른다고 하는 것으로 충분하지 않을까?

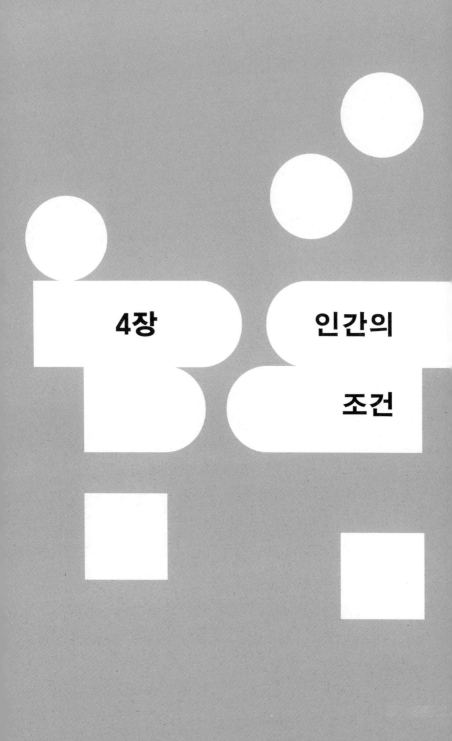

4장

인간의

조건

1

자율성

1) 인간으로서의 인간임의 요소

전통적으로 인간의 마음 씀을 지(知)·정(情)·의(意)로 나누어 보고, 각각의 지향점을 진(眞), 미(美), 선(善)이라 이야기해왔다.

이 가운데 지(知)적인 여러 활동들, 인식이라든지 계산이라든지 하는 것은, 물론 정도의 차이가 있기는 하나, 다수의 동물도 그리고 기계들도 잘 해내는 사례가 많으니, 굳이 인간 고유의 것이라 할 것이 없다. 그 활동들이 인간이 생명체로서 자신을 유지해가는 데 가장 기본적이고 필수적이기는 하다. 그래서 지적인 능력, 지능과 같은 것은 생명체(동물)로서의 인간의 최소한의 조건이라 할 수 있겠다.

인간의 지(知)적 활동의 상관자(相關者, correlatum)를 자연 세계,

즉 존재의 세계라 한다면, 인간이 정(情)적 활동이나 의(意)적 활동에서 추구하는 미(美)와 선(善)은 자연 세계 너머의 것으로서, 이것들이야말로 여느 동물 세계에서는 볼 수 없는 인간 고유의 것이라 할 수 있다. 그러므로 지적인 것이 동물(생명체)로서의 인간의 구성요소라 한다면, 미적인 그리고 윤리적인 것은 여느 동물과는 다른, 동물 이상인 인간으로서의 인간의 구성요소라 하겠다.

보통 인간을 '이성적 동물'이라고 규정하지만, 이성성(rationalitas)과 동물성(animalitas)의 묘합(妙合) 중에 여느 동물에서는 볼 수 없는 특유한 감정들도 있다.

자연존재인 인간은 자연에서 생명 유지에 필요한 것을 얻고, 의식주의 필수품을 구하는 것이 급선무이다. 그러나 인간은 자연을 생활환경으로 가질 뿐만 아니라, 자연의 미에서 흡족함을 느끼고, 동물적 생명 보존과는 무관한 기예(技藝, art, Kunst)에 대한 취미가 있다. 이러한 인간 특유의 미감(美感, sense of beauty)으로 인해 인간은 한낱 자연 세계 아닌 예술세계를 갖는다. 예술은, 자연 위에 또 하나의 다른 세계를 여는 종교가 그러하듯, 인간이 여느 동물과 차이를 드러내는 인간의 요소, 인간의 조건이라 볼 수 있다.

또 인간은 동물적 경향성과는 어긋나는 도덕감(moral sense)을 가진 것으로 보인다. 그래서 어떤 이는 이것을 "인간의 모든 속성 중 가장 고귀한 것"[1]이라고 일컫기도 한다. 생명체인 인간 역시 자기 생명 보존의 본능이 있음에도, 때로 인간의 도덕감은 자기 생명의 상실에 대한 두려움조차도 초극하는 경우를 볼 수 있으니 말이다.

"인간이 자기 동료/이웃의 목숨을 구하기 위해 조금도 망설이지 않고 위험을 무릅쓰는 것은 그에게 도덕감이 있기 때문이다. 또 인간은 여러 가지 상황을 고려한 뒤에, 투철한 권리 의식이나 의무감만으로도 위대한 목적을 위해 자기 삶을 희생하기도 한다."[2]

그런데 저러한 도덕감의 기준인 도덕을 도덕이게 하는 가치, 즉 선(善)의 원천이나 미감의 기준이 되는 미(美)의 가능 원리를 추궁해 들어가노라면, 우리는 한낱 감정을 넘어 마침내는 인간의 이성(理性, logos, ratio, reason, Vernunft) 곧 법칙 수립의 능력에 이른다. 그것은 지적 활동의 가치인 진리[眞]의 준거를 추궁해 들어갈 때 맞닥뜨리는 바와 마찬가지이다. ─ 그래서 사람들은 진(眞), 선(善), 미(美)는 자연 중에 있는 것이 아니라 인간의 이념(idea, Idee)이며, 이러한 이념은 '이성적 동물'인 인간의 이성의 관념이라고 말한다.

무릇 인간 세계는 존재하는 것뿐만 아니라 여러 가지 관념들, 곧 꾸며낸 것, 당위적인 것, 그리고 희망하는 것들로 엮여 있거니와, 그것들은 인간의 여러 이성적 활동의 산물이자 상관자들이다. 이 가운데서도 인간으로서 인간을 가능하게 하는 최소한의 요소,

다시 말해 그것을 결여하면 '인간임'을 벗어나는 요소, 그러니까 이성적 동물인 인간의 이성적 요소 중에서도 가장 각별한 것을 꼽자면, 그것은 당위(當爲)의 이념이라 할 것이다. 이러한 당위의 이념이야말로 실로 인간을 인격으로 만드는 것이니 말이다.

그런데 '마땅히 해야 한다'라는 당위의 이념은 인간 이성의 힘인 자율성, 자유에서 비롯하는 것일 터이니, 근원적으로 인간을 인격이게 하는 것, 인격성의 가능 원리는 자율성, 자유라 하겠다. 자율성이야말로 인간의 인간임의 제일 요소이자, 인격으로서의 인간의 조건이라 할 것이다.

2) 자율의 성격

(1) 자율성의 의미

자율(自律, αὐτονόμος, αὐτονόμία)이란 스스로 수립한 율법 내지는 법칙을 말한다. 그런데 율법/법칙은 준수하지 않을 수 없는 규범이다. 그러니까 자율은 자기가 세운, 반드시 준수해야 하는 규범이며, 자율성이란 그러한 자기 규범 수립과 준수의 능력을 일컫는다. 그래서 본래적 의미에서 자율은 자기가 세운 규칙으로써 자신을 통제함, 곧 자기 통치(自治, ἐγκράτεια)를 말하는 것으로, 그 반대는 남이 세운 규칙 내지는 그것에 강제적으로 복속함, 곧 타율(他律, heteronomia)이다.

자율성, 그것은 정말 인간 고유의 것인가? 대체 자유는 어디서 발원하는가? "자유의 기관"이 인간이라는 동물의 물리-생리적인 뇌인지, 유기체의 유기성 자체 내지는 생명성인지…? — 이러한 문제는 여전히 논란이 있지만, 어떻게든 언제고 설명할 것이라 기대할 수 있다. 무릇 이런 유의 사실의 문제에 관해서는 과학자들의 탐구 성과를 기다리는 것이 마땅한 일이다.

그러나 생명의 원인이 과학적으로 어디까지 규명되어 있는지와 상관없이 우리가 '생명' 현상을 납득하듯이, 인간의 생활세계 안에 자율적 규범 질서가 작동하고 있음을 우리는 부인할 수 없다. 인간은 하나의 법률 체계인 국가를 세우고 시민 생활을 하며, 윤리·도덕에 따르는 문명 생활을 지향한다. 우리가 아는 한, 이러한 생활세계를 인간만이 영위하고 있다. 이 사실로부터 우리는 자유와 자율성의 의미를 새겨볼 수 있다.

무엇인가를 보편적으로 구속할 수 있는 규칙을 법칙이라 하므로, 인간의 행위 의사를 보편적으로 강제하는 규칙, 곧 인간에게 의무를 부과하는 법칙이 있다면, 그것은 '실천 법칙'이라 할 수 있겠다.

실천적 법칙은 무조건적인 이행을 강제하는, 즉 정언적 명령(定言的 命令)을 함유한다. 이러한 "법칙을 통해서 지시명령하는 자(命令者)[를] 법칙수립자(立法者)"(MS, RL, AB28=VI227)라 이른다. 그러니까 인간 행위의 법칙수립자/입법자는 법칙을 통해 스스로 의무의 형식과 내용을 규정하는 실천 이성이다. 실천 이성이 법칙을 외적으로 수립할 때, 즉 그 의무가 그 수행의 반대급부로서 정당하게 누군가를 강제할 권리(Recht)를 상정한 것일 때, 그것을 법(Recht)이라 하고, 반면에 실천 이성이 그 법칙을 내적으로 수립할 때, 즉 그 의무 자체가 동시에 목적으로서 법칙수립자의 자기 강제일 때, 그것을 윤리(Sitten) 내지 도덕(Moral)이라 한다. 그래서 인간의 의무 중에는 "법의무(法義務)"도 있고, "덕의무[윤리적 의무](德義務 乃至 倫理學的 義務)"도 있다.(MS, RL, AB47=VI239 참조)

법의무는 인간에게 무엇이 옳은지, 정당한(recht)지를 말해주므로 그것은 인간임의 정당성, 곧 인간의 권리와 관련되고, 덕의무는 인간에게 자체로서 가치 있는 것, 곧 인격성, 그러니까 인간의 목적과 관련되어 있다. 그러나 이 두 종류의 의무 모두 그것을 규정하는 법칙수립자인 실천 이성의 자율에 기초한다는 점에서는 마찬가지이다. 그럼에도 또한 양자 사이에는 현격한 차이점이 있다. 그것은 바로, 전자는 일단 법칙을 통해 규정되면 외적 강제가 가능한 반면에, 후자는 오로지 자율적인 자기 강제만이 가능하다는 점이다. 그래서 법의무의 이행 여부에 대한 심판은 외부 재판소에서 가능하지만, 덕의무의 이행 여부에 대한 심판은 궁극적으로는 내부 재판소, 곧 양심 안에서만 가능하다.

의무에 수반하는 강제성이 외적이냐 내적이냐 하는 점 이외에도 법적인 의무와 도덕적인 의무 사이의 차이는 그 강제의 구속력의 정도에서도 볼 수 있다. 전자는 엄격한, 완전한 의무라고, 후자는 선택적인, 느슨한, 불완전한 의무라고 할 수 있다. 법적인 의무는 법칙에 의해 직접적으로 규정되는 것으로서, 예컨대 채무 이행의 의무에서 보듯, 의무 행위 그 자체가 절대적인 필연성을 요구하는 법에 종속되어 있어 엄격한 책무성(obligatio stricta)을 갖는다. 윤리적인 의무는 실천 법칙에서 행위 자체가 아니라 단지 행위의 준칙이 규정되는 의무이기 때문에 명령을 받은 자가 어떤 방식으로 어느 정도까지 그것을 수행할 것인지는 그에게 일임되어 있으므로, 느슨한 책무성(obligatio lata)만을 갖는다고 하겠다.(MS, TL, 서론 VII; V-MS/Vigil, XXVII, 577이하 참조)

— 우리가 알고 있는 존재자 중 인간만이 윤리나 법률과 같은 자기규범을 가지고 있거니와 이러한 자기규범은 곧 자율성에 기인하는바, 그렇기에 우리는 자율성을 인간의 고유성이라고 말한다. 이러한 자율성으로 인해 인간은 자연 세계 안에서 살면서도 여느 동물과는 다르게 '윤리와 법의 세계' 곧 문명사회를 이루며 산다. 인류의 역사는 곧 문명사회의 발달 과정으로서, 그것은 자율성을 발휘하는 사회 구성원의 증대 과정이라 할 것이다. 자율성의 증진이 곧 인간의 성장이며, 자율성을 발휘하는 구성원이 많을수록 사회는 더 많이 문명화한 것이다.

(2) 자율의 조건

그런데 과연 인간 문명이 윤리와 법 규범에 기초하는지, 과연 윤리와 법 규범이 인간 자율성의 산물인지를 문제 삼는 사람들이 여전히 적지 않다. 아니, 우선 '자율' 내지 '자율성'의 개념 사용부터가 한결같지 않아서, 논의의 혼선을 야기하기도 한다.

'자율신경(autonomic nerve)'이니 '자율주행차(autonomous vehicle, autonomous car)'니 하는 용어의 사례에서 보듯 자연과학이나 기술에서 '자율적'은 윤리나 법 규범과는 거의 무관하게 사용된다. 자율신경은 거의 무의식적으로 작용하는 호흡, 순환, 대사, 체온, 소화, 분비, 생식 등 생명 활동의 기본이 되는 신경으로, 자율신경계(autonomic nervous system)란 일반적으로 '대뇌의 조절 없이도 신체의 여러 장기와 조직의 기능을 독자적으로 조절하는 말초신경 다발'을 일컫는다. 이 자율신경계와 짝을 이루는 체성신경계(體性神經系, somatic nervous system)는 뇌신경이나 척수신경처럼 대뇌의 조정을 받는 또는 '인간의 의지대로 작용하는 말초신경 다발'을 일컫는다. 이러한 대비로 볼 때 '자율신경'에서 '자율적(autonomic)'이란 '무의지의(involuntary)' 내지 '자동적(automatic)' 정도를 뜻하겠다. 또 '자율주행차'란 설정된 프로그램에 따라, 운전자의 직접 조정 없이, 외부 자극에 알맞게 대응하여 작동하는 차를 일컬으니, 여기서 '자율적(autonomous)'이란 '스스로-운전하는(self-driving)' 정도를 뜻하며, 자율자동차란 다른 것이 아닌 무인자동차(無人自動車, driverless car, Unmanned Auto Vehicle[UAV])를 일컫는다고 하겠다.

그러므로 이미 그렇게 통칭하고 있기는 하지만, '자율신경'이나 '자율주행차'에서 '자율적'은 '자율'의 본래적 의미에 비춰보면, '자율적'의 원래 함의 중 일부만을 가지고 있으니, 실상은 '흡사 자율적'이라 할 것이다.

우리가 '자율'의 본뜻을 자치(자기 통치)라 본다면, '자율'은 적어도 네 가지 요소, 곧 자기기획(consilium suum), 자기결정(Selstbe-stimmung, eigene Entscheidung), 자기입법(Selbstgesetzgebung, Eigengesetzlichkeit), 자기복종(Selbstunterwerfung)을 필수 성분으로 가지고 있다.

자율의 취지는 자기통제에 있으니, 본디 자율성이란 통제의 필요를 자각하고, 스스로 통제할 수 있는 능력이 있는 존재자의 속성이다. 통제의 필요를 자각하지 못하거나, 통제의 규칙을 스스로 세울 줄 모르거나, 규칙을 세우긴 하지만 준수할 능력이 없는 자에게 자기통제 즉 '자율'은 없다. 이런 경우 '자율'이란 전적으로 무의미하다.

이러한 '자율'의 의미 조건에 부합하는 존재자는 한편으로는 규칙을 세울 필요를 깨닫고 세우면서도 한편으로는 곧잘 이를 어기는 경향성을 가지고 있는, 이름하여 '이성적 동물'인 인간밖에 없다. 자율성은 인간 안의 이성성과 동물성의 화합 원리인 것이다.

그러나 인간 문화를 수놓는 주요 개념들 대부분이 그러하듯이, 이 같은 자율 개념이 단번에 생긴 것은 아니고, 여러 문명 단계를 거치면서 형성되었다. 그렇기에 뭇 개념처럼 '자율' 역시 사이사이에 서로 다른 뜻으로 사용되기도 했고, 아직도 그러하다.

3) 자율 개념의 형성

(1) 정치적 자유로서의 자율

당초에는 '자율'의 주체를 정치공동체로 여겼다. 정치 사회에서 '자율'과 '자기결정'은 자신의 문제들을 외부 권력에 의존하지 않고서 결정할 수 있는 힘 내지 권리, 그러니까 외부의 지배력에 대항할 수 있는 정치적 자유(ἐλευθερία)를 뜻한다. 그리고 정치적 자유란 스스로 입법하고 통치할 수 있는 능력을 말하는 것이니, 그런 의미에서 일찍이 자율은 "자기 자신의 법률에 따라서 살 수 있는 능력(potestas vivere propriis legibus)"³이라고 규정되었고, 그러한 능력을 갖춘 것을 곧 '국가'라 호칭하였다. 그러나 국가의 주권자가 누구(무엇)인가를 따져 물을 때, 국가시민 각자의 자율성을 생각하지 않을 수 없게 되었다. 이때 국가 안에서 자유, 지배, 소유는 인간의 기본권으로 여겨졌다. 지배와 소유는 입법권의 형성 요소이고, 누구의 지배에도 종속하지 않고 자신의 주인이 될 수 있는 능력인 자유는 이 입법권을 자주권으로 승격시킨다. 자유야말로 그것을 가진 자를 주체로 만든다.

'자기결정' 개념의 주요 요소에 대한 숙고도 이미 고대 그리스에서부터 있었다. '자기결정' 역시 '자기통치/자기지배(ἐγκράτεια)' 개념에서 출발한다. 일찍이 플라톤(Platon, BC 427~347)은 인간은 논변과 행실에서 하인이 아니라 주인이 되어야 마땅하다고 보았다.[4] 이어서 그는 정치를 "스스로 지시명령하는 기술(αὐτεπιτακτική)"[5] 이라고 규정함으로써 공동체의 문제들을 스스로 결정하고 행위하는 시민들을 '스스로 지시명령하는 자들(αὐτεπιτακτικοί)'이라고 지칭한다. 이 개념 중에는 공동체 안에서의 자기통치/자기지배의 조건이 포함되어 있으니, 여기서 자기통치/자기지배는 자기 의사와의 합치뿐만 아니라 타인의 의사와의 합치에서 이루어져야 함을 말한다. 그렇지 않으면 공동체가 유지될 수 없을 것이기 때문이다. 그러므로 자기결정은 혼자 사는 세상에서가 아니라 이웃과 더불어 사는 세계에서 그 온전한 의미를 얻는다. 이러한 맥락에서 자기결정에는 자기 의사에 따르되 타인의 의사와 합치할 수 있는 이성적 식견이 필수적이다. 그래서 아리스토텔레스(Aristoteles, BC 384~322)는 자기결정은 합리적 선택(προαίρεσις)으로서 "이성에 따르는 영혼의 활동(ψυχῆς ἐνέργεια κατὰ λόγον)"[6] 중 하나라고 보았다.

무릇 누가 자기결정을 할 수 있으려면 "자기 자신에서 비롯하여 행위(αὐτοπραγία)"하는 자유와 "자기 자신의 주인(αὐτοκράτωρ)"이 될 능력인 이성을 갖추지 않으면 안 된다.[7] 여기에서 자기결정은 '자주독립/자족(αὐτάρκεια)'의 기반 위에서 가능한 것으로 이해되기에 이른다. 자기의 생을 자기의 힘 안에서 영위하는 자만이 자기결정을 할 수 있는 것이다. 다만 자기결정은 자기 능력으로 해낼 수 있는 범위 내에서만 성취될 수 있는 것이므로, 자기가 할 수 있는 것을 가늠할 수 있는 지성이 동반하지 않으면 안 된다. 자기결정은 자기와 자기 능력의 범위에 대한 인식, 선택에 충분한 근

거를 제시할 수 있는 이성, 타인의 의사와의 합치 아래서 자기 의
사를 정할 수 있는 지성을 기반으로 해서 가능한 것이다.

(2) 선을 택하는 자유로운 결정으로서의 자율

초기 그리스 사상가들이 자율을 주로 정치적 맥락에서 제도적
자기결정의 권리로 이해했다면, 기독교 사상은 자기결정(consilium
suum, eigene Entscheidung) 능력을 악을 멀리하고 선을 택하여 정
도(正道)를 걸을 수 있는 힘이라고 보았다.

> "한 처음에 주님께서 인간을 만드셨을 때 인간은 자기결정을
> 할 수 있도록 하셨다. 네가 마음만 먹으면 계명을 지킬 수 있으
> 며 주님께 충실하고 않고는 너에게 달려 있다. 주님께서는 네
> 앞에 불과 물을 놓아 주셨으니 손을 뻗쳐 네 마음대로 택하여
> 라. 사람 앞에는 생명과 죽음이 놓여 있다. 어느 쪽이든 원하는
> 대로 받을 것이다."[8]

그래서 초기 기독인 타티아누스(Tatianus, ca. 120~180)는 인간은
선택의 자유가 있으니, 그 행실에 대해 상벌을 받음이 마땅하다고
본다.

> "인간은 신에게만 속하는 선의 본성을 지니지 않았으나, 선택
> 의 자유를 통해 완전함에 이른다. 그리하여 악인은 그의 과오

로 인하여 타락하게 되되, 정의로운 이는 그의 덕 있는 행실로 마땅히 칭찬받게 될 것이니, 그의 자유로운 선택의 실행에서 신의 뜻을 거스르지 않도록 삼가기 때문이다."⁹

그러니까 그에 따르는 결과에 대해 책임을 지는 자기결정, 자유로운 선택, 자유의지는 아무 때나 이렇게 해도 좋고 저렇게 해도 좋은 '비필연적'이고 "비결정/무차별(indifferentia)"적인 자의(恣意)가 아니라, 반드시 선을 택해야 하는, 자기 안에 필연성(규칙성)을 갖는 자율로서의 선으로의 의지이다. 자율이란 "올바로 행하는 자유의지(libera voluntas recte faciendi)"¹⁰로서, 그것은 "올바르고 영예롭게 살고 최고의 지혜에 이르고자 희구하는 의지",¹¹ 곧 "선한 의지(bona voluntas)"¹²인 것이다.

(3) 인간의 본질로서의 자율

의지의 자유로서의 자율

처음에 정치사회적 의미를 지녔던 자율에 기독교적 논변을 거치면서 '선의지'라는 윤리적 의미가 더해졌다. 그리고 이 개념이 칸트에 이르러서는 인간을 규정하는 포괄적이고 핵심적인 술어가 되었다.

인간이 자유롭다는 것은 단지 외적 제약이나 압제에서 벗어남뿐만 아니라, 자기 욕구의 심리적, 생리적 자연 경향성에서 벗어나, 어떤 행위를 오로지 자기의 의지로, 문자 그대로 자유의지로 행함을 뜻한다. '자유의지로 행함'이란 단지 '자동적(automatic) 작동'을 말하는 것이 아니다. 자유의지로 행함이란 스스로 '그 자체로 좋은 것'을 목적으로 설정하고 목적 달성을 위해 자기 의사에 따라 행위를 개시하거나 중단하고, 그러한 행함 중에서 만족을 얻는 자율적 활동을 말한다. 자율성을 "자극 없이도 상태를 바꿀 수 있는 능력, 곧 상호작용에 대한 직접적 반응 없이도 어느 정도의 복잡성 및 환경과의 분리성을 유지하는 능력"[13]이라고 일면적으로 규정하는 사람들도 있다. 그러나 엄밀하게 말해 자율적 활동이란 첫째로 자기 의사(Willkür)가 있는, 곧 "객체를 만들어내기 위한 자기의 행위의 능력에 대한 의식과 결합되어 있는"(MS, RL, AB5=VI213) 욕구능력을 가진 자의 행위이면서, 둘째로 그 의사가 순수한 이성의 법칙에 의해 규정되는, 다시 말해 자기 규칙에 따르는 행위를 말한다. 이때 순수한 이성의 법칙이 다른 것이 아닌 "이성에 의한 자율"(Refl 6076, XVIII443)이다. 그러니까 이 자율에 의한 자유란 무엇이든 바라는 대로, 예컨대 선보다도 악을 선택해서 행할 수 있는 능력을 말하는 것이 아니고, 자연적 인과 필연성에 독립해서 또는 온갖 감성적 유혹을 이겨내고 이성이 규정하는 선한 것을 행할 수 있는 능력을 말한다. 여기서 '자율적임'은 '동물적 경향성을 제어할 수 있는 법칙을 세우고 그것을 준수할 수 있음'을 말하는 것이니, 동물적 경향성이 애초에 없는 존재자에게는 자율로서의 자유란 무의미한 것이다. 자연적 경향성을 갖고 있으면서도 또한 그것을 통제할 수 있는 이성을 가진, 말하자면 이성적 동물만이 스스로 법칙을 수립하는 의지의 자유를 특성으로 가질 수 있다.

그러므로 설령 자동적인 작동이라 하더라도 그것이 선한 것에 대한 의식이 없거나, 스스로 정한 선한 목적이 없거나, 자기 행위 의사가 없거나 의사 결정을 위한 자기 규칙 수립이 없이 이루어지는 것이라면, 굳이 자율적 활동이라고 할 것이 없다. 이러한 것에 대해서는 '자동적(automatic)'이라는 규정만으로 이미 충분하다.

자율적 행위와 자동적 작동은 그 운동의 결과에 대한 책임성 여부에서 뚜렷이 구별된다. 자율적 활동 없이 한낱 자동적으로 작동하는 것이 있다면, 그 작동의 결과에 대해서는 어떠한 책임도 그 운동자에게 귀속하지 않으며, 그러니까 그것은 '인격'이 아니다. 인격이란 선악의 분별력이 있고, 자율적으로 행위하되, 그 행위에 대해 책임질 수 있는 행위자, 그러니까 상 받는 기쁨도 누리고 벌 받는 고통도 느낄 수 있는 행위자를 일컫는다. 이런 의미에서 그 주행 방식이 프로그래머에 의해 고안되고, 그것에 의한 소득이나 사고 책임이 차주에게 귀속되는 '자율주행차'는 실상 '자율성'이 없는 것으로, 따라서 인격일 수가 없다. 무인 항공기가 항공 기계의 일종이듯이, 자율주행차라는 것 역시 '자동차(automobile)'의 한 종류인 것이다. 그러므로 이와 관련해서 무인 주행을 일컫는 이른바 '완전자율주행'이라는 말도 '자율'의 본질속성을 고려한다면 '완전자기주행'이나 '완전자기운전', 'Full Self-Driving[FSD]' 정도로 표현하는 것이 적절하겠다.

요컨대, 자율은 자유로운 의지를 가진 자, 즉 인격의 속성이다. 의지의 자유란 해방(解放)으로서의 자유, 즉 외적 구속/압제에서 벗어남이라기보다는 내적 구속(경향성)으로부터의 자유, 즉 온갖 동물적 욕구를 통제하기 위해 자신이 세운 법칙 즉 자기 규율에 복종하는 힘이다. 그러므로 이러한 의지의 자유는 자기 강제, 곧 자기 내의 당위적 필연성을 포함한다. 이성적 존재자인 인격의 자유의지란 곧 윤리적 행위 법칙 아래에 있는 의지를 일컫는다.

자유로운 의지는 "그 자신에게 (의욕의 대상들의 모든 성질로부터 독립적으로) [행위] 법칙"(GMS, B87=IV440)을 부여하고, 이 법칙에 따라서 행위를 개시한다. 그러니까 이러한 의지의 자유야말로 '자유(自由)'의 본래 뜻 그대로 시작(始作)으로서의 자유라 하겠다.

이러한 자유는 곧 자기지배 능력을 일컬으니, 자기지배 능력이 없으면 외적인 것(온갖 유혹)에 휘둘리고, 곧 그것의 지배를 받게 된다. 외적인 것에 지배받음은 타자 예속 곧 노예 상태를 말하는 것이니, 자유란 노예 상태를 방지하는 힘이다. 스피노자의 말대로 '자유롭다(liber esse)'라는 것은 사람이 갖가지 자극의 영향에서 벗어나 "온 마음으로 오로지 이성의 지도에 따라 산다(integro animo ex solo ductu rationis vivere)"[14]라는 것을 뜻한다.

'자기지배 능력'을 덕(德, virtus, Tugend)이라 일컫거니와, 의지의 자유야말로 덕성의 요체이다. 민족과 국가를 지배하는 자는 무수히 많아도 — 적어도 시대마다 있다 — 자기지배를 할 수 있는 자는 많지 않다는 사실이 자기지배의 덕성, '자유'가 얼마나 위대한 것인지를 말해준다. 진정으로 자유로운 자, 자유인이란 자기의 이성이 정념에 대한 통제력을 갖는 자라 할 것이다. 자기의 이성에 따르는 자, 곧 성현(聖賢)이 그런 사람이겠다.[15]

입법적 이성의 법칙으로서의 자율

인간의 실천적 삶은 가치 지향적이다. 실천이란 없는 것을 있게 만들거나 있는 것을 없게 만드는 인간의 행위이다. 그러니까 실천에는 실현하고자 하는 것, 목적 내지 목표가 있으며, 그것은 가치 있는 것으로 받아들여진 것이다. 이성이 이러한 인간 행위의 목적을 세우고, 그 실현 방법을 제시할 경우, 그 이성은 법칙수립적/입법적이다. 그러나 실천의 목표가 자연적 욕구에 따라 생기고, 그 욕구를 현실화하는 데 이성이 유용한 도구로 종사할 경우, 이성은 도구적이다. 도구로 받아들여진 이성은 자신의 유용성을 인정받기 위해 자기가 다루는 모든 사물을 유용성의 척도에 따라 취사선택하는 능력을 발휘한다. 인간 행위에 있어서 유용한 이성의 소임은 그 욕구하는 바를 실현하는 데 유용한 수단과 방법들을 찾아내는 일이다. 그래서 이성이 도구적으로 사용될 때, 모든 것은 그 유용성에서 평가받고, 그로써 모든 것이 도구화한다. 이런 경우 유용성이 가치의 최고의 척도이므로, 어떤 것이 욕구 실현에 유용하기만 하면 그것은 좋은 것이고 마땅한 것이다. 그러니까 유용성이 최고의 가치 기준이 되는 마당에서는 '그것은 나의 욕구 실현에 유용하기는 하지만, 옳지는 않다'라는 발언은 자가당착이다. 유용한 것은 곧 옳은 것이기 때문이다. 그러나 이성이 법칙수립의 주체일 경우 '욕구 실현에는 유용할 것이나, 그것은 옳지 않다'라는 이유를 들어 어떤 행위를 제지한다. 이런 경우 유용성과 옳음은 결코 동치가 아니다.

이성이 스스로 법칙을 세워 그것으로 자연을 해독하고, 정념을 통제하는 데서 진(眞)·선(善)의 가치가 정립될 때 이성은 주체적이고, 가치는 이념적인 것이다. 그러니까 자율적 이성은 주체적이되 언제나 이념적이고 이상적이다. 그러나 만약 이성의 소임이 스스로 모습을 드러내는 자연을 기술하고 정념이 좇는 것을 수월하게 얻을 수 있도록 지혜로써 보좌하는 것이라면, 이성은 부수적이고, 가치는 감각에 기초한다. 이성은 자율을 박탈당하거나 "포기하면 도구로 전락한다."[16]

이성은 욕구가 대상을 좇는 데 지혜 내지 영리(怜悧)함으로써 봉사하거나, 그러한 어떤 대상의 추구를 선악의 기준을 내세워 통제한다. 즐거움을 주기에 취하고 고통을 주기에 피하는 방법을 찾아내는 이성은 욕구의 시녀로서, 그 시녀가 고안해내는 것은 충고이거나 처세술, 말하자면 '영리의 규칙'일 것이다. 그와 반대로 어떤 일이 설령 즐거움을 가져다준다 해도 정도(正道)에 어긋나니 '해서는 안 된다'라고 금지하고, 설령 고통을 수반한다 해도 '모름지기 해야 한다'라고 이르거나 지시하는 이성은 욕구의 통제자로서, 이 통제자가 명령하는 바는 '윤리의 규칙'인 도덕법칙일 것이다. '해서는 안 된다' 또는 '해야만 한다'라는 명령의 준거야말로 보편적인 도덕적 선악의 판별기준일 것이기 때문이다. 충고 내지 처세술을 제공하는 이성을 '도구적' 이성이라 일컫는다면, 도덕법칙을 세우는 이성은 '입법적/법칙수립적' 이성이라 할 터인데, 이러한 입법적 이성이 의지의 규정 근거가 되지 못하고 행위가 감성적 경향성에 따라 일어나면 자칫 악이 발생할 것이고, 행위가 감성적 경향성에 독립해서 도덕법칙에 따라 일어나면 그 행위자는 언제나 선행을 하는 것이겠다.

무릇 법칙이란 준수의 강제성을 갖는 것이니까, 도덕적 실천 법칙은 이성적 인간이 동물적 인간에게 스스로 발하는 강요, 이를테면 "자기 강제"(KpV, A149=V83) 내지 "내적 강요"(KpV, A149=V83)이다. 이성 자신의 표상인 실천 법칙은 항상 명령으로 나타나 그 이성의 주체 자신부터 이에 따를 것을 요구한다. ― "그대 스스로 정한 법에 복속할지어다(patere legem, quam ipse tulisti)."[17]

윤리적 실천 세계에서의 명령은 인간 그 스스로 자신에게 내리는 명령으로서 그에 대한 복속을 통해 인간은 동물성으로부터 해탈 해방되고, 그로써 자유가 실현되겠다.

그런데 어떤 명령이 실천 '법칙'이 될 수 있기 위해서는 보편성과 필연성을 가져야만 한다. 어떤 것이 보편적이려면 언제 누구에게나 타당해야 하며, 필연적이려면 무조건적으로 타당해야만 한다. 그러니까 경험적이고 욕구 충족을 전제로 하는 어떠한 명령도 실천 '법칙'이 될 수는 없으며, 그렇기에 실천 법칙은 오직 선험적이고 단정적인 '정언적 명령'일 수밖에 없다. 그러므로 이 명령은 실천 행위로 나아가려는 이성이 자신에게 선험적으로 무조건적으로 부과하는 규범, 곧 이성의 자율인 것이다. 그리고 자율적으로 자기 자신에게 명령을 발하는 이성은 '자기 법칙수립적[입법적]'이며, 이 자율로서의 정언명령은 행위가 준수해야 할 "형식"을 지정한다. 이러한 '윤리성의 명령'은 "의무의 보편적 명령"(GMS, B52=IV421)으로서 그 근거를 순수한 실천 이성에 둔 것이니, 다름 아닌 '순수 실천 이성의 원칙'일 터이다.

정언적 명령과 가언적 명령을 구별 짓는 표지(標識)는 그 명령 안에 자기사랑의 이해관심이 포함되어 있는지 여부이다. "예컨대 가언 명령은, 내가 명예를 유지하고자 한다면, 나는 거짓말을 해서는 안 된다고 말하나, 정언명령은, 설령 그런 짓이 내게 아무런 불명예를 초래하지 않는다 할지라도, 나는 거짓말을 해서는 안 된다고 말한다."(GMS, B88이하=IV441) 정언명령을 내리는 "이성적 존재자의 의지" 곧 "보편적-법칙수립적 의지"(GMS, B71=IV432)는 아무런 이해관심도 근저에 두고 있지 않다. 이러한 정언명령은 한 개인의 자유의 준칙이 동시에 타자에게도 타당할 때만 법칙이 됨을 이미 함의하고 있는 것으로, 그것은 본래적으로 개인적인 '자유'를 상호주관성과 결합시킨다. '정언명령'은 이미 상호주관성 위에서만 성립하는 것으로, 그렇기에 이에 기초한 도덕은 단지 개인적인 것이 아니라 인간성/인류(Menschheit)에 보편적인 것이다. 실천 이성의 정언명령은 주관적, 주체적인 행위 준칙이되, 동시에 보편적이고 객관적인 실천 법칙으로서, 이 법칙 아래 있는 개인은 하나의 인격으로서 역시 하나의 인격인 다른 개인과 서로 "공동의 윤리법칙의 대변자로서 만난다."[18] 인격으로서의 인간의 세계, 즉 "목적들의 나라"(GMS, B74=IV433)는 이 "공동의 법칙들에 의한 서로 다른 이성적 존재자들의 체계적 결합"(GMS, B74=IV433)인 것이다.

인간 존엄성의 근거로서의 자율

도덕적인 행위의 동인이 인간의 자유로운 의지라고 함은 인간은 자기 의지의 힘으로써 자연적 경향성을 벗어나서 스스로 자신의 도덕적 이념에 따라 행위를 개시할 수 있음을 말한다.

> "인간에게 내적인 자기 검사에서 자기 자신의 눈에 자기가 하찮고 비난받아 마땅하다고 보이는 것보다 더 크게 겁나는 것이 없을 때, 이제 모든 선한 윤리적 마음씨가 접목될 수 있다. 왜냐하면, 이것은 고결하지 못한 타락하게 하는 충동들의 침입을 마음에서 막아내는 가장 좋은, 아니 유일한 파수꾼이기 때문이다."(KpV, A288=V161)

도덕적 이념, 자율적 윤리법칙에 의해 자기 자신을 검사하고 심판하는 윤리적 마음씨를 가진 인간은 숭고하고 신성하다. "인간은 비록 충분히 신성하지는 못하지만, 그의 인격에서 인간성은 그에게 신성하지 않을 수 없다."(KpV, A155=V87)

> "도덕적 의미에서 인간이 무엇인지, 또는 무엇이 되어야 하는지, 선한지 또는 악한지, 이에 대해서는 인간이 자기 자신을 그

렇게 만드는 것이 틀림없으며, 또는 그렇게 만든 것이 틀림없다. 양자가[어느 쪽이든] 인간의 자유의사의 작용결과인 것이 틀림없다. 왜냐하면 그렇지 않다면 그것이 그에게 귀책될 수 없을 터이고, 따라서 인간은 도덕적으로 선하다고도 악하다고도 할 수 없을 터이기 때문이다. 만약 인간이 '선하게 창조되었다'라고 말한다면, 그것은, 인간은 선으로 향하도록 창작되었고, 인간 안의 근원적 소질이 선하다는 것을 의미할 수 있을 뿐이다. 인간은 이 소질만으로는 아직 선한 것이 아니고, 그가 이 소질이 함유하고 있는 동기들을 그의 준칙 안에 채용하느냐 않느냐 — 이 일은 그의 자유로운 선택에 전적으로 맡겨져 있음이 틀림없다 — 에 따라서 그는 그를 선하게도 악하게도 만드는 것이다."(RGV, B48이하=VI44)

오로지 이러한 선택적 의지의 자유의 힘에 '인격'은 의거한다. 인격이란 그릇된 길로 가려는 경향성을 통제하여 바른길로 나아가는 힘의 주체이다.

"감성이나 경향성, 또는 욕구능력 등등의 이름 아래에서의 실재적인 것이 이성과 […] 합치하지 않되, 이성은 고유의 절대적인 자기활동성과 자율에서 의욕하고 감성을 제한하고 지배한다."[19] 이러한 인간의 이중성 내지는 자기 내 상반성에서 도덕법칙은 성립한다. 실로 인간은 항상 도덕법칙을 따르는 존재자는 아니지만, 스스로 자신을 도덕법칙들 아래에 세움으로써 인간이 되고 인격적 존재자가 된다. 이러한 자율성이 바로 "인간과 모든 이성적 자연존재자의 존엄성의 근거이다."(GMS, B79=IV436) 인간이 존엄함은 보편적으로 법칙수립[입법]적임과 함께 자신이 수립한 법칙에 스스로 복종함에서 성립하는 것이다.

인간은 이성적 동물로서 자연의 질서 아래에 있는 감성적 존재자이기 때문에 오히려 예지세계의 성원으로서 자율에 기반한 윤리·도덕을 가질 수 있고, '존엄성' 또한 얻을 수 있다. 인간이 오로지 '이성적'이기만 한 존재자라면, 그에게는 이성과 어긋나는 경향성이 있을 리 없고, 그렇다면 그런 경우에는 어떠한 당위도, 따라서 도대체가 도덕이라는 것이 있을 수 없겠다. 또한 인간이 오로지 감성적 욕구와 경향성에 따라 사는 동물이기만 하다면, 그에게 어떤 규범의 표상이 있을 리 없고, 그렇다면 그에게 어떠한 자기 강제, 즉 자율이 있을 수 없을 것이다. 도덕법칙이 그리고 자율의 원인성이 인간의 행위를 결정하고, 그리하여 인간을 신성하고 고귀하게 만드는 것은 다름이 아니라 인간이 동물이면서 동시에 이성적 존재자이기 때문이다. 역설적이게도 인간의 이중성격이 인간 존엄성의 발단인 것이다.

이제 인간이 존엄하다 함은 '나', '너' 하나하나가 인격, 다시 말해 행위의 책임 주체이자 목적 그 자체임을 뜻한다.

인간 세계는 목적들의 나라로서, 그 자체로서 가치를 갖는 목적들은 그러니까 존엄하다. "가격을 갖는 것은 같은 가격을 갖는 다른 것으로도 대치될 수가 있다. 이에 반해 모든 가격을 뛰어넘는,

그러니까 같은 가격을 갖는 것을 허용하지 않는 것은 존엄성을 갖는다."(GMS, B77=IV434) 하나하나가 자율의 주체이기에, 그리고 자율성은 무엇이 대신할 수 있는 것이 아니기에, 자율의 주체는 어떤 타자로 대치될 수가 없다. 무엇과 교환될 수도 없고, 무엇으로 대체될 수도 없는 자율의 주체로서의 인간은 존엄하다.

4) 자율과 인간 됨

(1) 자율과 윤리

인간으로서 인간의 행위 규범인 윤리(倫理, ethics, morals, Sitten)는 도덕법칙의 체계이다. 그런데 "도덕법칙의 존재근거(ratio essendi)"(KpV, A128=V72)는 자유이고, 인간에서 자유는 의지로 표출된다. 자유의지는 "감성적 충동 일체를 거부하고, 모든 경향성을, 그것이 저 [도덕]법칙에 반하는 한에서, 단절"(KpV, A128=V72)시키거니와, 그러니까 이때 도덕법칙은 즐거움이 아니라, 인간의 "모든 경향성을 방해함으로써 고통이라고 불릴 수 있는 한 감정을 불러일으킨다."(KpV, A129=V73) 그래서 윤리적 행위는 고귀함에도 불구하고 괴로움을 수반하기 십상이다. 그래서 쾌를 좇고 고통을 피하려는 동물로서의 인간이 윤리적 삶을 살기란 지난(至難)한 일이고, 그 때문에 윤리의 정식(定式)은 으레 당위(當爲) 명제이다.

그런데 이러한 윤리 규범이 인간의 자연본성(nature)에서 기인한다고 하는 이도 있고(자연주의), 자연 너머의 절대적 위격(位格)의 지시명령(계명)이라는 이도 있으며(초자연주의), 집단생활을 하는 사람들의 관습에서 유래한다는 이도 적지 않다(관습주의). 자연주의와 관습주의는 예의범절을 해명하는 데서는 그럴듯한 논변이 될 수 있겠으나, 윤리에 함유되어 있는 '당위'를 설명할 수가 없다. 존재/실재(Sein)와 당위(Sollen)의 오랜 구별이 공연히 생겼을까…? 윤리법칙이라는 것이 도대체가 없다고 하면 모를까, 있다고 한다면, 그것은 자연법칙이나 논리법칙과는 다른 어떤 것이다. 윤리법칙은 자연 필연성이나 논리적 필연성과는 다른 당위적 필연성을 갖는다. 자연 필연성에 어긋나는 것은 아예 존재하지(일어나지) 않고, 논리적 필연성에 어긋나는 것은 (자주 볼 수 있지만, 그것은) 허위이며, 당위적 필연성에 어긋나는 것은 (흔히 일어나지만, 그것은) 악이다. 유무(有無)와 진위(眞僞)와 선악(善惡)은 타당한 세계가 서로 다른 가치들이다.

윤리 규범은 명령이니, 외부로부터의 명령(타율)이거나 내부에서의 명령(자율)이다. 윤리 규범이 초자연적 위격의 지시명령이라는 사실의 확인이 불가능하다면, 윤리 규범을 자율로 받아들이는 경우(자율주의)가 남는다.

관습주의를 포괄하는 자연주의가 있는가 하면, 초자연주의를 포괄하는 자율주의도 있다. 자율적인, 그러니까 행위 주체 각자의 실천 법칙이 보편적 타당성을 어떻게 가질 수 있는지를 숙고하여, 정언명령으로 나타나는 도덕법칙을 다른 것이 아니라 인간의 이성을 통해 내리는 신의 명령이라고 볼 수 있다는 논변이 후자의 경우이 겠다. 그것은 초자연주의를 해체 포섭하고자 하는 자율주의로, 윤리에서 종교로의 이행이다. 통상의 계시종교가 종교에서 윤리로 이행한다면, 그 역방향으로 이행하는 것은 '이성종교'라고 하겠다.

정언명령으로서의 "도덕적 이성의 지시명령(dicamen rationis moralis)"(OP, XXII126)은 자율이므로 그것은 "나의 외부에 있는 하나의 실체를 전제하지 않으며, 오히려 나 자신의 이성의 지시명령이거나 금지이다. — 그럼에도 정언명령은 모든 것에 대해 거역할 수 없는 권력을 갖는 하나의 존재자에게서 나오는 것으로 여길 수 있다."(OP, XXII51) 왜냐하면, "정언명령은 모든 것을 할 수 있고[전능하고] 모든 것 위에서 지시명령하는 (형식상) 하나의 명령자(imperans)라는 이념을 기초에 가지고 있기"(OP, XXII120) 때문이다. 그러니까 정언명령은 "우리 이성이 신적 이성을 통해 발언하는"(OP, XXII104) 것과 다름없다. 정언명령들은 모든 인간 의무를 신적 지시명령들인 것처럼 표상하는바, "역사적으로 마치 언젠가 인간에게 특정한 명령들이 내려졌던 것처럼이 아니라, 오히려 이성이 그것들을 신적 인격과 똑같은 정언명령의 최고의 권세를 통해 스스로 복종하도록 엄격하게 지시명령할 수 있는 것인 양 그리한다."(OP, XXII51/52) '종교'를 "인간의 모든 의무를 신의 지시명령[계명]으로 인식함"(RGV, B229=VI153; KpV, A233 = V129; KU, B477=V481)이라 한다면, 그러한 한에서 종교는 "신에 대한 인식과 합치하고 신의 의지와 합치하는 하나의 도덕"(VARGV, XXIII91)이라고 할 수도 있다. 자율인 도덕법칙이 곧 신의 지시명령인 것이다.

다른 한편, 자율주의는 물리적 자연법칙과 공존할 수는 없는 것으로 보인다. 자율주의가 내세우는바, "우리의 의사[의지] 안에" "자연원인들에 독립해서, 그리고 심지어는 자연원인들의 강제력과 영향력에 반하여, 시간 질서에 있어서 경험적 법칙들에 따라 규정되는 무엇인가를 산출하고, 그러니까 일련의 사건들을 전적으로 자기로부터 시작하는 어떠한 원인성"(KrV, A534=B562)이 있다고 함은 자연의 법칙성, 즉 자연 안에서 발생하는 사건의 원인은 오로지 자연 안에 있을 수밖에 없다고 하는 존재 생성의 충분근거율에 어긋나는 것으로 보이기 때문이다. 그러나 바로 이 어긋남으로 인해 도덕[당위]의 '세계'와 자연[존재]의 세계의 구별이 있고, 자연적 존재자인 인간이 이 도덕의 '세계'에도 동시에 속함으로써 인격적 존재일 수 있으며, 인간이 인격적 존재로서만 그 자체로 '목적'이며 존엄하다고 말할 수 있는 것이다.

역설적이게도 인간은 자연의 질서 아래에 있는 감성적 존재자이기 때문에 오히려 예지[이념] 세계의 성원으로서 자율성을 가질 수 있고, '인격성' 또한 얻을 수 있는 것이다. 자연 질서가 끝나는 곳에서 도덕의 세계가 열리고, 도덕의 세계에서 인간은 인격을 얻는다.

윤리법칙이 자연법칙에 상반하고 상충한다고 해서 윤리법칙이 무효한 것은 아니다. 자연법칙이 자연 세계 곧 이론(지식)의 영역에 타당하다면, 윤리법칙은 윤리 세계 곧 실천(실현)의 영역에 타당하다. 인간은 두 세계에서 살고 있다. 두 세계가 충돌할 때, 다시 말해 이론과 실천, 존재와 당위가 상충할 경우, 인간이 끝내 어느 법칙에 따르는지, 따를 것인지, 따라야 하는지는 사실의 문제가 아니라 이념의 문제이다. 칸트는 이상을 가진 인간에게는 실천 이성이 "우위"(KpV, A215=V119), 우선권을 갖는다고 보는데, 그것은 이론이성은 자기와의 합치 곧 진리(인식)에 관심이 있는 반면, 실천 이성은 자기의 확장 곧 이상(실현)에 관심이 있는바, 인간의 "모든 관심은 궁극적으로는 실천적[자기실현]"(KpV, A219=V121)이기 때문이라는 것이다.

모든 현실을 초월해 있는 한갓 이성의 이념을 실현하려고 애쓰는 것이 순수한 실천 이성이므로, 이 이성은 현실의 어떤 것에도 제약받지 않는 의욕 활동이라는 점에서 자유로운 의지이다. 그런데 행위 동기에서 자유로운 실천 의지가 이성의 이념을 실현하는 곳은 현실, 즉 자연 세계이다. 그것은 자연 안에 있지 않은 원인에 의한 자연의 변화를 뜻한다. 그것은 자연 안에서 살고 있는 자연존재자인 인간이 자연의 규칙에서 자유로운 초월적인 힘을 가지고서 자연에 모종의 변화를 일으킬 수 있음을 뜻한다. 그러니까 자유의지는 기계론적 물리–생리학적 인과성과 "나란히 놓여(병렬되어) 있"(KpV, A219=V121)지 않다.

(2) 자율과 자유의지

자유의지를 가진 자, 다시 말해 스스로 윤리를 세우는 입법할 능력이 있고, 세운 법칙을 준수하며, 그렇게 해서 인간이 되는 자가 곧 '인격(人格, person)'이다.

이 '인격'의 낱말에 인격의 의미는 이미 충분히 함축되어 있다. '인간 됨', 인간의 지위 내지 품위는 인간이 자신의 자연본성을 인지하고 자기 보존과 이웃과의 공존에 필수적인 규율을 스스로 세워 자신의 자연성을 통제하는 일, 바꿔 말해 가면/탈(persona)을 씌우는 일에서 개시(開示)되는 것이니 말이다.

인간의 인격성이란 인간으로 하여금 감성세계의 일부로서의 자신을 넘어서게 하고, 지성만이 생각해낼 수 있는 질서에 인간을 결합시키는 것이다. 인격성은 "전 자연의 기계성으로부터의 독립성으로, 그러면서도 동시에 고유한, 곧 자기 자신의 이성에 의해 주어진 순수한 실천 법칙들에 복종하고 있는 존재자의 한 능력"(KpV, A155=V87)을 일컫는다. 그러니까 이러한 인간의 능력을 통틀어 '이성(理性)'이라 일컬을 때, 자연성(동물성)과 함께 스스로 통제의 필요에 대한 자각 및 통제 능력을 가진 '이성적 동물'만이 '인격'이 될 수 있는 것이다. 그러니까 인격적 존재자란 애초에 '도덕적으로 완전한 존재자'라기보다는 시원적으로는 무도덕한 동물인 존재자가 자기통제 규범을 세워 '도덕적으로 완전하게 되려고 하는 존재자'를 말한다. 이러한 자기 규율의 힘이 자유이며, 그러한 실천의 능력이 의지이다.

무릇 어떤 존재자가 자율적인지 아닌지는 그것이 스스로 윤리를 세우고 법률을 제정할 능력이 있는지 없는지, 그리고 그러한 규범을 준수할 능력이 있는지 없는지를 보면 안다. 타자가 정한 프로그램에 따라 움직이는 능력 또는 주어지는 규범을 준수할 능력, 곧 준법 능력만으로는 자율성을 말할 수 없다. 순전히 타율적이기만 하거나, 기계적으로 규칙을 지키는 존재자를 자유 능력이 있는 자라고 볼 수는 없는 일이다.

자유란 자기 자신의 심리적-생리적 경향성에 맞서 의지가 스스로 자기 규율을 수립하여 그 자신을 강제하는 힘을 함의하고, 그런 의미에서 자율과 교환개념이다. 자유로운 의지(Wille)는 어떤 자연적 경향성에도 맞서서 또는 어떤 외압이 있어도 옳은 것은 선택하고, 옳지 않은 것은 거부할 수 있는 실천 이성을 일컫는다. 그러므로 자유의지는 옳음[正當]과 그름[不當]에 대한 판단력을 갖춘 당위(當爲) 능력이다. 그러니까 옳음과 그름에 대한 가치판단 능력이 없는 것에 대해서 의지의 자유를 말하는 것은 의미가 없다.

(3) 자율과 인격(법적 주체)

인간은 자율적이지만 법칙인 명령의 내용을 각기 수행해야 할 의무를 갖는다. 그런데 "물리적인 규정들에 묶여 있는 주체로서의 인간(現象體 人間)"(KpV, A155=V87)의 의지는 선하기만 한 것이 아니고, 바로 그 때문에 "자율의 원리에 의속[依屬]함(도덕적 강요)은 책무/구속성(Verbindlichkeit)이다. [⋯] 책무에 의한 행위의 객관적 필연성[객관적으로 필연적인 행위]을 의무(Pflicht)라 일컫는다."(KpV, A155=V87)

"책무/구속성은 이성의 정언적 명령 아래에서의 자유로운 행위의 필연성[필연적인 자유 행위]이다."(MS, RL, AB20=VI222) 행위란 책무 규칙에서 수행되는 행동을 말하며, 행위자가 그러한 행동을 통하여 그 행동의 결과를 '일으킨 자'로 간주되는 한에서, 그 결과는 그 행위자가 책임져야 한다. 그래서 법적으로는 '그의 행위들에 대해 귀책능력이[책임질 역량이] 있는 주체'를 '인격'이라 일컫는다. 반면에 아무런 '귀책능력이[책임질 역량이] 없는 사물'은 '물건'이라 할 것이다.(MS, RL, AB22이하=VI223 참조) 그래서 칸트에 따르면 동물 가운데서도 인간만이 그의 자율성에 의한 책무 능력으로 인해 인격일 수 있는 것이다.

그런데 행위 주체로서 자신의 행위에 책임을 진다는 것은 그 행위의 결과에 따르는 상벌을 감당한다는 뜻이다. 귀책성(歸責性: Imputabilität, Zurechnungsfähigkeit)이란 곧 공적에 대해서는 상을 받고 과실에 대해서는 벌을 받음을 말한다. 이때 상(賞)이 상으로서 의미가 있는 것은, 상 받은 자가 그로써 기쁨을 느끼고 이득을 얻고, 격려를 받아 더욱 분발하려는 의욕이 고취되기 때문이다. 벌(罰)이 벌로서 의미가 있는 것은 벌 받은 자가 고통을 느끼고, 손실을 입고, 같은 일은 반복하지 않겠다는 결의를 다질 때이다.

그러니까 누가 '책임을 지는 자'가 될 수 있으려면, 그는 자기 행위에 대한 평가에 대해 기쁨과 고통의 감정이 있어야 하고, 이득과 손실의 당사자여야 하며, 욕구가 있고 반성 능력이 있어야만 한다. 이는 곧, 생명성과 감정만 있거나 이미 정해져 있는 대로 작동만 하는, 그러니까 순전히 동물이거나 자동 기계는 '책임을 지는 자'가 될 수 없음을 말한다. 책임을 지는 자, 곧 인격은 오로지

'이성적 동물'의 성격일 수 있는 것이다.

이러한 이성적 동물의 정치공동체, 인격으로서의 법적 주체의 체계적 결합체가 시민사회이며, 이 시민사회에서 그 구성원의 제일의 책무는 인격의 원천인 자유를 상호 보장하는 일이다. 그래서 법체계의 최상의 원리는 '자유 공존의 원칙'이다.

> "너의 의사의 자유로운 사용이 보편적 법칙에 따라 어느 누구의 자유와도 공존할 수 있도록, 그렇게 행위하라."(MS, RL, AB34=VI231)

각자의 자유가 공존하는 공동체, 곧 진정한 의미의 시민사회에서만 사람은 법적 주체로서의 인격일 수 있다.

5) 인간 존엄성의 권리와 의무

자연 안에서 일어나는 일은 모두 물리적 사건이며, 물리적 사건들은 예외 없이 물리적 원인을 갖는다는 인과적 폐쇄(causal closure)론을 펴는 이들은 인간의 '자기결정'이니 '자유의지'니 하는 개념들은 미개하거나 허구라고 치부한다.

그러나 우리는 인간의 행위가 물리적 인과성(causality) 외에도 어떤 문화적 이치(理致, rationality)에 맞게 일어남을 어렵지 않게 확인한다. 예컨대 내가 연인이 몹시 그립지만 주말에 시간을 내기 어려워 이웃 도시까지 찾아갈 수 없다는 이메일을 보내자 그립던 연인이 내게 달려와 주었을 때 말이다. 연인은 내 사연을 물리적 매체를 통해 읽었으나, 연인을 움직인 것은 사연이 담고 있는 의미와 그 역시 가지고 있는 그리움이다. — 자연 안에 원인(causa) 없이는 아무 일도 일어나지 않지만, 모든 일이 물리적 원인에서만 일어나는 것은 아니다. 인간은 그 나름의 어떤 이유/이치(ratio)에 의해서도, 어떤 목적(finis)에 의해서도 행위하니 말이다. 나는 오늘 오후 3시에 강의실에 도착했는데, 자동차의 힘을 빌리기도 했지만, 수강자들과의 '약속을 지켜야 한다'라는 생각 때문에 그렇게 하기도 했다.

— 순전한 물리적 사건과는 다르게, 한 인간의 행위가 완전하게든 부분적으로든 그의 의사에 의해서 일어난 것일 때, 인간은 그 행위에서 그의 의사가 동기로 기능한 정도만큼 책임을 진다. 그리고 인간은 그 정도만큼 인격이다. 인격이란 다름 아니라 책임질 역량을 뜻하는 것이니 말이다.

이성적 동물은 자연 안에 살아 있는 자이고, 그런 면에서 분명히 자연물의 일종이고, 그런 만큼 자연의 법칙에 따라 변화 변천하는 존재자이지만, 그럼에도 '책임을 지는 자'라는 것은 책임질 행위의 행위 시점과 그 행위에 대한 귀책의 시점 사이에 그 인격은 변함이 없다는 인격동일성은 당연시된다. '책임'은 행위자가 자기가 한 행위에 대해서 책임을 지는 것인 만큼 행위 시점과 책임지는 시점 사이에서 행위자의 동일성이 유지된다고 생각하지 않는다면, '귀책(歸責)'이 성립할 수 없기 때문이다. 그러니까 귀책성을 본질로 갖는 인격은 이미 물리적 개념이 아니다.

인간의 존엄성과 신성성의 근거는 인간의 이성성, 자율성, 도덕성이다. 그러나 이는 현재적으로 이성적이고, 자율적이고, 도덕적인 사람만이 존엄함을 말하는 것이 아니라, 도덕적이고자 애쓰는 사람들 안에 이미 존엄성과 신성성이 있음을 말하는 것이다. 그것은 유(類)로서의 인간이 존엄함을 말한다.

자유로운 의사(Willkür)가 행위의 원인인 한에서 그 행위의 결과는 행위자에게 귀속된다. 그러한 행위의 주체가 다름 아닌 '나'이며, '인격'이다. '나' 또는 '인격'은 타자로 대체될 수 없는 주체, 주인으로 인정됨과 동시에 자기 의사대로 한 행위에 대해 책임을 지는, 귀책능력이 있는 자로 간주된다. 생명체, 동물이면서 자율적이고 책임능력이 있는 인격으로서 개개 인간은 각기 타인과 구별되고 타인으로 치환될 수 없는 유일한 존재자가 된다.

그렇기에 유로서의 인간뿐만이 아니고 개개인 또한 이러한 존엄성의 권리를 갖는다. 아니 개개 인간은 존엄성을 성취해야 할 의무를 갖는다. 인간의 존엄성은 당위적인 것이다. 그리고 이러한 당위는 바로 인간의 자율성에서 비롯한다. 인간에게 자율성이 없다면 인간은 한낱 동물이거나 기계의 일종일 터이다. 인간은 자율적인 한에서만 인간일 수 있다. ― 인간인 한에서 인간은 자율적이어야 한다.

2

인문성(人文性)

1) 사교성(社交性)과 인격성

(1) 인간성으로서의 사교성

인문성(人文性, Humanität)이야말로 진정한 의미에서의 인간성
이다. 그것은 "한편으로는 보편적인 참여의 감정을, 다른 한편으
로는 자기 자신을 가장 진솔하게 그리고 보편적으로 전달할 수 있
는 능력"(KU, B262=V355)을 말한다. "이 속성들이 함께 결합하여
인간성에 적합한 사교성을 이루며, 이 사교성에 의해 인간성은 동
물의 제한성과 구별된다."(KU, B262=V355) 공감과 소통의 능력에
기반한 사교성이 인간성을 이루기 때문에 인간은 한낱 동물임을
뛰어넘는다.

그런데 칸트는 '실천적 인간성'과 '미감적 인간성'이 인간의 사회성의 바탕임을 역설한다. ― "함께 기뻐함과 함께 괴로워함(도덕적 동정)은 타인의 즐거움과 고통스러움의 상태에 대한 쾌 또는 불쾌의 감성적 감정 ― 그 때문에 미감적이라 불러야 하는 것 ― (공감, 동정의 감각)이고, 자연은 이미 이에 대한 감수성을 인간들 안에 넣어놓았다. 그러나 이 감수성을 능동적이고 이성적인 호의의 촉진을 위한 수단으로 사용하는 것은, 비록 조건적인 것이기는 하지만, 인간성이라는 이름을 갖는 특별한 의무이다. 왜냐하면 여기서 인간은 한낱 이성적 존재자가 아니라, 이성을 품수한[갖춘] 동물로 보이기 때문이다. 무릇 이 의무는 자기의 감정에 관해 서로에게 전달하는 능력과 전달하려는 의지(실천적 인간성) 안에, 또는 한낱, 자연 자신이 주는 것인, 즐거움[쾌락] 또는 괴로움[고통]의 공통감정에 대한 감수성(미감적 인간성)에 놓일 수 있다. 전자는 자유롭고, 그래서 동정적(느낌의 자유로운 공유)이라고 불리고, 실천 이성에 기초한 것이다. 후자는 부자유스러운 것(느낌의 부자유스러운, 노예적 공유)으로, (열이나 전염병의 감수성처럼) 전도적(傳導的)이라고, 또한 고통공감이라고 일컬을 수 있다. 왜냐하면 이것은 서로 곁에 살고 있는 사람들 사이에 자연스레 퍼지는 것이기 때문이다."(MS, TL, A129이하=VI456이하)

인간이 인간임은 한갓된 인간의 동작(actus hominis)에서가 아니라, 인간적인 행위(actus humanus)에서 드러난다. 사교함에 있어서 인간은 인격으로서의 권리와 의무를 갖는다. 무릇 자유의지의 "인간은 그 자신의 인격에서 인간성에 대한 책임이 있"을 뿐만 아니라, 또한 타인을 인격으로 대할 책무를 갖는다. 인간은 자기 자신의 주인(sui iuris)이기는 해도, 그렇다고 자신을 임의대로 처분할 수 있는 "그 자신의 소유자(sui dominus)일 수는 없으며, 하물며 다른 사람들의 소유일 수는 더더욱 없다."(MS, RL, AB96=VI270) "이 점은 인간의 권리에 속하는 것이 아니라 인간성[인류]의 권리에 속하는 것"이다.(MS, RL, AB96=VI270 참조)

(2) '나'로서의 인격

인간은 자신을 '나'로 표상함으로써 하나의 인격이 된다. 그런데 그 '나' 안에 있는 도덕법칙이 "동물성으로부터, 더 나아가 전 감성세계로부터 독립해 있는 생을 나에게 개시[開示]한다."(KpV, A289=V162) 인간에게 도덕법칙이 있다는 사실이 "우리로 하여금 우리 의사가 여타 모든 동기들에 의한 규정으로부터 독립적임(즉 우리의 자유)을, 그리고 이와 함께 동시에 모든 행위들의 귀책능력이 있음을 의식하게"(RGV, B15=VI26) 한다. 그래서 칸트는 도덕법칙의 이념이 "인격성 자체", 곧 "전적으로 지성적으로 고찰된 인간성 이념"(RGV, B19=VI28)이라고도 말한다.

'나'로서의 인격은 "자기 현존의 여러 상태들에서 자기 자신의 동일성을 의식하는 능력"(MS, RL, AB22=VI223)에 있으며, 그래서 법률적으로 인격이란 "그의 행위들에 대해 귀책능력이[책임질 역량이] 있는 주체"(MS, RL, AB22=VI223)를 말한다. 여기서 인격은 자연인 또는 법인에서와 같이 '인(人)'으로 지칭된다. '인'은 공동체의 구성원으로서 시민적 자립성을 갖거니와 그것은 "법적 사안들에 있어서 어떤 타인에 의해서도 대표되어서는 안 되는 시민적 인격성이다."(MS, RL, A166=B196=VI314) 공동체의 구성원인 시민은 개개로 자립성을 갖는 개인으로 실존한다.

인격으로서의 '나'는 온갖 변화에도 불구하고 동일성을 유지하는 것이며, 무엇과도 교환될 수 없는 존엄성을 갖는다. 이 점에서 인격은 물건들과는 전적으로 구별되는 것이다.(Anth, AB3=VII127)

이러한 인격은 유일하게 존경의 대상이다. 물건은 경향성의 대상으로서, 사랑을 불러일으키고 경탄을 자아내고, 경이감을 줄 수는 있어도 결코 존경을 불러일으킬 수는 없다.(KpV, A135=V76 참조) 그런데도, 만약 인격보다 또는 인격이 아니라 물건을 '존경'하는 세태가 있다면, 그것이 물신[物神]주의 현상이다.

"인간은, 그리고 일반적으로 모든 이성적 존재자는, 목적 그 자체로 실존하며, 한낱 이런저런 의지의 임의적 사용을 위한 수단으로서 실존하는 것이 아니다."(GMS, B64=IV428) 그러므로 "인간은, 그리고 일반적으로 모든 이성적 존재자는 그의 모든, 자기 자신을 향한 행위에 있어서 그리고 다른 이성적 존재자를 향한 행위에 있어서 항상 동시에 목적으로서 보아야 한다."(GMS, B64이하=IV428)

"경향성들의 모든 대상들은 단지 조건적인 가치만을 갖는다." 그런 것들은 필요욕구가 사라지면 아무런 가치도 없게 되기 때문이다. 이런 것들은 기껏해야 필요를 충족시키기 위한 수단으로서만 가치를 얻는다. 이렇게 "단지 수단으로서 상대적 가치"만을 갖

는 것을 "물건들"이라 일컫는다.(GMS, B65=IV428 참조)

그에 반해 이성적 존재자들은 "인격들"이라고 일컬어지는바, 그것은 그 본성이 "그것들을 이미 목적들 그 자체로, 다시 말해 한낱 수단으로 사용되어서는 안 되는 어떤 것으로 표시하고", 누구도 임의로 사용하는 것을 제한하는, "존경의 대상"이기 때문이다.(GMS, B65=IV428 참조)

"그러므로 인격들은 한낱 그것들의 실존이 우리 행위의 결과로서 우리에 대해서 가치를 갖는 주관적 목적들이 아니라, 오히려 객관적인 목적들이다. 다시 말해, 그것들의 현존 그 자체가 목적인, 그것 대신에 다른 어떤 목적도 두어질 수 없는 그런 것들로," 그러니까 궁극목적으로서 "절대적 가치"를 가진 것이다.(GMS, B65=IV428 참조)

2) 인간의 유(類)로서의 진보

공동체 안에서 시민으로서 개개로 실존하는 인간은 또한 스스로 개선을 지향해가는 '유적(類的) 존재자'이다.

"인간은 자기의 이성에 의해, 하나의 사회 안에서 다른 사람들과 함께하고, 그 사회 안에서 기예와 학문들을 통해 자신을 개화하고, 문명화하고, 도덕화하도록 정해져 있다. 그가 행복이라고 부르는, 안락함과 유족한 생활의 자극에 수동적으로 자기를 맡기려는 동물적 성벽이 제아무리 크다 할지라도, 오히려 능동적으로, 그의 자연본성의 조야함으로써 그에게 부착해 있는 장애들과 싸우면서, 자신을 인간성의 품격에 맞게 만들어간다."(Anth, A321=B318이하=VII324이하)

유적 존재자로서의 인간은 계속적인 진보를 통해 자기의 규정을 개선해나간다. 인간은 다른 것이 아니라 인류(Menschengeschlecht)에서 진보한다. 인류는 "서로 잇따라 그리고 서로의 곁에서 실존하는 인격들의 집합"(Anth, A331=B329=VII331)이다.

인류는 문화[교화]의 면에서 끊임없이 그의 자연 목적인 진보 중에 있으므로, 그의 현존의 도덕적 목적의 면에서도 개선을 향해 전진 중에 있으며, 이것이 때때로 중단되기는 해도 결코 단절되지는 않을 것이다.(TP, A275이하=VIII308이하 참조) "인류는 헤아릴 수 없는 많은 세대들의 계열을 거쳐 진보함으로써"(Anth, A319=B317=VII324) 그 사명으로 향상해간다. 개체로서 인간은 때로 좌절하고 퇴보도 하지만, 인류로서 인간은 그러한 저지를 뚫고 전진해나간다. 인간 개개 주체에서는 얽혀 있고 불규칙적인 것으로 눈에 띄는 것도 "전체 인류에서는 인류의 근원적 소질의 비록 느리기는 하지만 끊임없이 전진하는 발전"(IaG, A386=VIII17)의 요소를 이룬다. "인간에 있어서 그의 이성 사용을 목표로 하고 있는 자연 소질들은 개체[개인]에서가 아니라, 오직 유[인류]에서만 완벽하게 발전될 것이다."(IaG, A388=VIII18)

"인간은 첫째로 자기 자신과 자기의 종[種]을 보존하고, 둘째로 그를 훈련시키고 가르쳐서, 가정 사회에 맞게 교육시키고, 셋째로 그를 하나의 조직적인 (이성원리에 따라 질서 지은) 사회에 맞는 전체로서 통치한다. 그러나 이때 인류의 특징적인 것은 지상의 가능한 이성적 존재자 일반의 이념과 비교해보면 다음과 같다. 즉 자연은 인류 안에 불화의 씨앗을 넣어놓고서, 인류 자신의 이성이 이 불화에서 벗어나 화합을, 적어도 화합으로의 부단한 접근을 만들어내기를 욕구했거니와, 이 후자[화합]가 이념에서는 목적이지만, 그러나 실상으로는 전자(불화)가 자연의 계획에서는 우리로서는 헤아릴 수 없는 최고 지혜의 수단이다. 즉 그것은 비록 인간의 생의 기쁨의 많은 희생과 함께일지라도 진보하는 문화에 의해서 인간을 완전하게 만드는 수단인 것이다."(Anth, A315이하=B313이하=VII321이하)

인간 개개인의 개화와 더불어 종(種)으로서의 인간, 곧 인류의 개화는 사회화에 의해 성취되니, 인간은 문명사회를 이룬다.

"자연이 자기의 모든 소질의 개발을 성취하기 위해 이용하는 수단은 사회 안에서 이 소질들의 적대관계이며, 그렇지만 이 적대관계가 결국에는 사회의 합법칙적 질서의 원인이 되는 한에서 그러하다. 나는 여기서 적대관계라는 것을 인간의 비사교적 사교성, 다시 말해 사회에 들어가려 하면서도, 이 사회를 끊임없이 분열시키려 위협하는 전반적인 저항[심]과 결합되어 있는 인간의 성벽[性癖]이라 이해한다. 이에 대한 소질이 인간의 자연본성에 있는 것은 분명하다. 인간은 자신을 사회화하려는 경향성을 가지고 있으니, 그것은 인간이 그러한 상태에서 더 많이 인간임을, 다시 말해 자기의 자연소질의 개발을 자각하기 때문이다. 그러나 인간은 또한 자신을 개별화(고립화)하려는 강한 성벽을 가지고 있으니, 그것은 동시에 인간이 자신 안에서 모든 것을 순전히 자기 생각대로 평결하고자 하는 비사교적 속성과 마주치고, 그래서 인간은 자기 쪽에서 타인들에게 저항하려는 경향이 있음을 자기 자신에 대해 아는 만큼, 도처에서 저항이 있을 것을 예기하기 때문이다. 그런데 이 저항이야말로 인간의 모든 힘을 일깨우고, 인간으로 하여금 나태로의 성벽을 극복하게 하고, 명예욕과 지배욕 또는 소유욕에 추동되어, 그들을 잘 견뎌낼 수도 없지만 그렇다고 그들로부터 떠날 수도 없는 동료들 사이에서 어떤 지위를 얻게 한다. 무릇 이에서 야만에서 문화로의 참된 첫걸음이 일어나니, 문화란 본래 인간의 사회적 가치에 존립하는 것이다."(IaG, BM392이하=VIII20이하)

자연이 인간의 모든 소질을 개발하기 위해 이용하는 것은 "인간의 비사교적 사교성", 즉 사람들의 상호 간의 '적대관계'이다. 구성원들 사이에 최대의 자유가 보장되어 있고, "그러니까 적대관계와 그러면서도 타인의 자유와 양립할 수 있기 위해 이 자유의 한계에 대한 정확한 규정과 보장이 되어 있는 사회"(IaG, BM394이하=

VIII22), 즉 "그 안에서 자유가 외적 법칙[법률]들 아래 가능한 최고의 정도로 저항할 수 없는 권력과 결합해 만나는 하나의 사회, 다시 말해 완전히 정당한 시민적 [헌정]체제"(IaG, BM395=VIII22)에서만 자연의 최고의 의도, 곧 그의 모든 소질들의 발전을 인류가 달성할 수 있으며, 자연 또한 인류가 이 목적을 그의 사명의 모든 목적과 마찬가지로 스스로 이룩할 것을 의욕하는 것이다.

인간의 유능성은 "스스로 목적들을 세우고 (자기의 목적을 규정함에 있어서 자연에 의존하지 않고서) 자연을 자기의 자유로운 목적들 일반의 준칙들에 알맞게 수단으로 사용할 수 있음"(KU, B391=V431) 곧 자율을 말하거니와, 인간의 자유에서의 이러한 유능성을 산출하는 것이 "문화"(KU, B391=V431)이다. 무릇 인간 상호 간에 상충하는 자유의 붕괴를 방지해주고, 인간의 "자연소질들의 최대의 발전이 일어날 수 있"(KU, B393=V432)는 터전이 시민적 사회, 헌정체제이다.

무릇 "인류의 역사는 대체로 자연의 어떤 숨겨져 있는 계획의 수행, 즉 내적으로-완전하며, 그리고 이 목적을 위해 또한 외적으로-완전한 국가[헌정]체제를 성취하기 위한 계획의 수행이라고 볼 수 있는바, 이 국가체제야말로 자연이 인간성 안에 있는 그의 모든 소질을 온전히 발전시킬 수 있는 유일한 상태이다."(IaG, BM403=VIII27)

"완전히 정당한 시민적 [헌정]체제가 인류에 대한 자연의 최고 과제임이 틀림없다. 왜냐하면 자연은 오직 이러한 과제의 해결과

수행에 의해서만 인류와 함께하는 자기의 여타 의도들을 달성할 수 있기 때문이다."(IaG, BM395=VIII22) 더 나아가 "세계지역들이 서로 평화적으로 관계 맺고, 이러한 관계들이 마침내 공법화하고, 그렇게 해서 인류는 마침내 세계시민적 체제에 점점 가까이 다가설 수 있다."(ZeF, AB42=VIII358)

— 인간은 그의 자연본성 안에 도덕적 완성의 배아를 가지고 있다. 그리고 그 배아는 유적 존재자로서의 인간에서 성장해간다.

3) 인간의 자기 교화(教化)

인간은 자연의 부조(扶助) 중에서 자기완성을 향해 스스로 교화해간다.

칸트에서 '자연' 개념은 이중적이다. '자연'은 자연과학적으로 파악되는 것이면서도, 그렇게는 도저히 헤아릴 수 없는 섭리와 같은 것이다. 인간의 '역사'는 인간 사이의 모순적인 수많은 사건사고들에도 불구하고 "어떤 자연의도"(IaG, BM387=VIII18), 자연의 섭리에 따라 인간이 도야되는 과정이다. 그런데 그 자연의 합목적적인 '섭리'는 그 목적 실현을 위해 인간에게 자기노력을 요구한다. '하늘은 스스로 돕는 자를 돕는다'라고나 할까. "인류는 인간성의 전체 자연소질을 그 자신의 노력을 통해 서서히 자신으로부터 끄집어내야 한다."(Päd, A2=IX441) "인간성[인류] 안에는 많은 싹들이 있다. 이제 자연소질들을 균형 있게 발전시키고, 인간성을 그 싹들에서 전개시켜, 인간이 그의 규정[사명]에 이르도록 만드는 일은 우리의 일이다."(Päd, A11=IX445)

인간은 행위자인데, 행위에는 으레 목적이 있거니와, 그 목적을 행위자 스스로 정하는 한에서, 인간의 행위는 "주체의 자유의 활동이지, 자연의 작용결과가 아니다."(MS, TL, A11=VI385) 그런데 행위의 목적을 자발적으로 규정하는 일은 그 목적의 실현을 지시명령하는 일이므로 그것은 행위의 의무 규정이다. 그래서 순수 실천이성의 정언명령은 "동시에 의무인 목적"(MS, TL, A11=VI384 등등)을 함유한다. 의무이면서 목적인 대표적인 것이 "자신의 완전함[성]과 남의 행복"(MS, TL, A13=VI385)이다. 사람은 타인의 행복 증진에 힘쓰는 한편, 자기완성을 위해 매진할 일이다.

자신의 완전함을 기하는 기본적인 의무는 "자기의 능력(내지 자연소질)의 개발"인데, 그 능력 중 "최상의 것"은 "개념들의 능력인 지성"[20]이고, 가장 포괄적인 것은 "모든 의무 일반을 충족시키는 그의 의지(윤리적 성향)"[21]이다.(MS, TL, A15=VI386이하 참조)

"즉 1)인간에게 의무는, 자기의 자연본성의 조야함으로부터, 즉 (行爲에 關하여) 동물성으로부터, 오로지 스스로 목적을 세울 수 있는 능력이 있는 인간성으로 점점 더 높이 솟아오르는 것이며, 배움을 통해 자기의 무지를 보완하고 착오를 교정하는 일이다. 이것은 기술적-실천적 이성이 인간에게 단지 그의 (기술의) 외향적인 의도들을 위해 권고하는 것이 아니라, 도덕적-실천적 이성이 이것을 그에게 단적으로 지시명령하는 것이며, 그에게 내재하는 인간성의 품격에 걸맞기 위해 이 목적을 그의 의무로 만드는 것이다. 2)[인간에게 의무는] 자기의 의지를 개발하여, 곧 법칙이 동시에 자기의 의무에 맞는 행위들의 동기가 되는 가장 순수한 덕의 마음씨로 고양시키고, 그 법칙에 의무이기 때문에 복종하는 것이다. 이것은 내적인 도덕적-실천적 완전성이다. 이 완전성은, 인간 안에서 스스로 법칙을 수립하는 의지가 그 의지에 따라 행위하는 능력에 행사하는 것은 작용의 감정이기 때문에, 도덕 감정, 말하자면 일종의 특수한 감관/감각[기능](道德感)이다. 이것은 두말할 것 없이 마치 (소크라테스의 정령[22]처럼) 이성을 앞지르며, 이성적 판단이 전혀 없어도 될 수 있는 것인 양, 자주 광신적으로 오용되기도 하지만, 그럼에도 이것은 동시에 의무인 모든 특수한 목적을 대상으로 삼는 윤리적 완전성이다."(MS, TL, A15이하=VI386이하)

인간이 이성적 동물(animal rationale)이라고 하지만, 당초의 자연상태에서는 단지 "이성적일 수 있는 동물(animal rationabile)"일 따름이다. 인간은 자기 형성의 노고를 거쳐 자신을 "이성적 동물"로 만들어가는 것이다.(Anth, A315=B313=VII311 참조) 인간은 완성된 이성적 동물이라기보다는 완성해가는 이성적 동물이다. 인간은 개인으로서나 유(類) 곧 인류로서나 완성의 도정에 있다.

"인간 안에는 단지 선으로의 씨앗들이 놓여 있을 뿐이다."(Päd, A19=IX448) "인간은 선으로의 자기 소질들을 우선 개발해야 한다. 섭리는 그 소질들을 이미 완성된 것으로 인간 안에 넣어둔 것이 아니다. 그것들은 한갓된 소질일 따름이[…]다. 자기 자신을 개선하는 일, 자기 자신을 교화하는 일, […] 자기에서 도덕성을 끄집어내는 일, 그것을 인간은 마땅히 해야 한다."(Päd, A14=IX446)

설령 인간이 지금 타락한 상태에 있다 하더라도 '교육'이 의미있는 일이고, 개선 노력이 헛된 것이 아니라면, 세네카(Seneca, BC 4~AD 65)의 말대로 "우리는 고칠 수 있는 병을 앓고 있는 것이다. 그리고 올바르도록 낳아진 우리를 자연 자신이, 만약 우리가 개선되기를 의욕한다면, 돕는다."[23]

'인간이 윤리적으로 선량하다거나 타락해 있다'라는 명제는 오로지 인간이 자율적 이성적 존재자일 경우에만 의미를 갖는다. 인간이 자연본성상 선하다거나 악하다는 명제는 무의미하다. 인간의 자연본성은 그 자체로 선하거나 악할 수 없는 것이기 때문이다. 인간이 '이성적임'에 이른다는 전제에서만 도대체가 진·선·미의 가치를 논할 수 있다. 이성의 원리가 작동하지 않으면 인식 작용도 일어나지 않고, 윤리적 행위도 발생하지 않으며, 쾌·불쾌의 감정도 움직이지 않을 것인데, 진·선·미가 어디에 있을 수 있겠는가? 진리는 지식의 언표에, 선은 윤리적 행실에, 미는 미감적 판단에 자리하는 것이니 말이다. 선악은 인간의 "이성이 의무와 법칙의 개념에까지 고양될 때에만"(Päd, IX, 492) 비로소 논할 수 있는 가치이고, 선악의 분별이 있는 곳에 비로소 '이성적' 동물로서 인간이 있다.

"자연은, 인간이 자기의 동물적 현존의 기계적 안배를 넘어서는 모든 것을 전적으로 자기 자신으로부터 만들어내고, 그 자신이 본능에서 벗어나 자신의 이성을 통해 마련해 가진 이외의 행복이나 완전성을 분유[分有]하지 않을 것을 의욕했다."(IaG, BM390=VIII19) "이성은 그의 모든 힘들의 사용 규칙들과 의도들을 자연본능을 훨씬 넘어서까지 확장하는 능력"(IaG, BM388이하=VIII18)인바, 자연이 인간에게 이러한 능력을 부여한 것은 인간이 한갓 자연본능과 자연의 법칙에 따르는 삶 대신에 그런 것들을 극복하는 '간난고초'의 삶을 감내하고, 동물을 뛰어넘는 '인간'의 품격을 이룰 것을 의도했기 때문이라는 것이 칸트의 추정이다. 이러한 추정에 따르면 인류의 역사는 "자연의 후견상태에서 자유의 상태로 이행"(MAM, BM12이하=VIII115)하는 것이다. 자연의 역사는 "신의 작품"이라 선에서 시작하지만, 자유의 역사는 "인간작품"(MAM, BM13=VIII115)이라서 악에서 출발하여 개선해가는 것이다. 그것은 "보다 나쁜[악한] 것에서부터 보다 좋은[선한] 것으로 점차 발전"(MAM, BM27=VIII123; 참조 KpV, A222=V123)하는 것이다.

인간이 개선된다는 것은 행실에서 그 행실의 동기가 자기사랑이 아니라 도덕법칙인 경우가 더욱 빈번해진다는 것으로, 그것은 도덕법칙에 따르는 힘, 곧 덕이 증진됨으로써이다. 어떤 사람이 '유덕하다'는 것은 "그가 어떤 것을 의무로 인식할 때 의무 자체에 대한 이러한 표상 이외에 어떤 다른 동기도 더 이상 필요로 하지 않는 인간"(RGV, B54=VI47)이라는 것을 말한다. 그런데 이러한 인간이기 위해서는 마음씨, 성향이 점진적으로 개혁되어 "하나의 성격[성품]을 창립함"(RGV, B55=VI48)에서 시작하지 않으면 안 된다. 그로부터 도덕적 습관 곧 윤리(Sitten)가 형성될 수 있기 때문이다. 일회적 덕행이 아니라 거듭되는 덕행, 도덕적 습관이 공고화함으로써 사람은 비로소 덕 있는 사람이 되는 것이고, 그것을 일러 개선, 개화(改化)라고 한다.

5장 인본
주의

1

칸트의 인본주의

1) 자연의 최종 목적으로서의 인간

칸트는 자신을 교화해가는 인간을 자연의 최종 목적으로 본다.

인간이 "스스로 자신의 의사대로 목적들을 세울 수 있는 능력을 가진 지상의 유일한 존재자"(KU, B390=V431)로서 자신을 목적적 존재자라고 생각하는 한, "여기 지상에서는 그것과 관계해서 여타 모든 자연사물이 목적들의 체계를 이루는, 자연의 최종 목적으로"(KU, B388=V429) 인간 이외의 것을 생각할 수 없다.

우리가 자연을 목적론적 체계로 볼 때, "인간은 그의 사명의 면에서 자연의 최종 목적"(KU, B390=V431)이다. 이러한 견지에서 "인간은 본래 자연의 목적이고, 지상에 살고 있는 어떤 것도 이 점에서 인간과 견줄 자는 있을 수 없다."(MAM, A10=VIII114) 다시 말해 이것은 언제나 "조건적으로만" 그러하니, 곧 인간이 자신이 최종 목적임을 "이해하고, 자연과 그 자신에게 그러한 목적관계를 부여할 의지를 가지고 있으며, 그러한 목적관계가 자연에 대해 독립적으로 스스로 충분하다는 […] 조건 아래서만 그러"(KU, B390=V431)한 것이다.

그렇다면 우리는 "자연의 저 최종 목적을 인간의 어느 점에 놓아야 할 것인가"?(KU, B390이하=V431) 이에 대한 답을 우리는 "자연이 인간으로 하여금 그 자신이 궁극목적이기 위해 행하지 않으면 안 될 것에 대한 준비를 시키기 위해 수행할 수 있는 것이 무엇인가를 찾아내"(KU, B391=V431)면 얻을 수 있을 것이다. 그러한 것으로는 "스스로 목적들을 세우고 […] 자연을 자기의 자유로운 목적들 일반의 준칙들에 알맞게 수단으로 사용할 수 있는" "유능성을 산출하는" "문화[교화]"(KU, B391=V431)만한 게 없다. "그러므로 문화[교화]만이 사람들이 인류를 고려하여 자연에 부가할 이유를 갖는 최종 목적일 수가 있다."(KU, B391=V431)

인간이 자연의 특별한 "총아"(KU, B389=V430)는 아니다. 각종 유행병, 태풍과 같은 자연의 기계성의 맹목성에 인간은 여느 동물들처럼 굳세지도 못하다. 게다가 인간은 전쟁이나 독재와 같은 악행을 스스로 저질러 인류를 파괴한다. 그럼에도 훈육과 교화, 예술과 학문들은 인간으로 하여금 "감각적 성벽(性癖)의 폭군적 지배를 제법 잘 극복하고, 그렇게 함으로써 인간에게 이성만이 권력을 가져야 하는 지배 체제를 준비해준다."(KU, B395=V433)

"그러나 개개 문화가 이런 최종 목적이기에 충분한 것은 아니다."(KU, B392=V431) 문화적인 것이라 하더라도 무엇인가가 궁극 목적이기 위해서는 "자신의 가능성의 조건으로서 다른 어떤 것도 필요로 하지 않는 그런"(KU, B396=V434) 것이어야 한다. 그런데 인간 안에서 찾을 수 있는 그런 것으로는 도덕성밖에 없다. — "이제 도덕적 존재자로서 인간에 대해서는 (그러하니 세계 안의 모든 이성적 존재자에 대해서는) '무엇을 위해 (무슨 目的을 爲해) 그것이 실존하는가'를 더 이상 물을 수가 없다. 그의 현존은 자신 안에 최고의 목적 자체를 가지며, 그는 그가 할 수 있는 한, 이 최고 목적에 전체 자연을 복속시킬 수 있으며, 적어도 이 최고 목적에 반하여 그가 자연의 어떤 영향에 복속되지 않도록 자신을 지켜야만 한다. — 무릇 세계의 사물들이 그것들의 실존의 면에서 의존적인 존재자로서, 어떤 목적들에 따라 활동하는 최상의 원인을 필요로 한다면, 인간이야말로 창조의 궁극목적이다. 왜냐하면 인간이 없으면 서로서로 종속적인 목적들의 연쇄가 완벽하게 기초되지 못할 것이니 말이다. 오로지 인간에서만, 또한 도덕성의 주체인 이 인간에서만 목적들에 관한 무조건적인 법칙수립[입법]이 찾아질 수 있으며, 그러므로 이 무조건적인 법칙수립만이 인간으로 하여금 전체 자연이 목적론적으로 그에 종속하는 궁극목적일 수 있게 하는 것이다."(KU, B398이하=V435이하)

무릇 "인간은 도덕적 존재자로서만 창조의 궁극목적일 수 있다."(KU, B412=V443 참조) 윤리적 존재자, 즉 한낱 수단이 아닌 '목적'으로서의 인간은 자연의 합목적적 체계의 정점이고, 자연만물 창조의 '궁극목적'인 것이다. 도덕적 존재자로서 인간은, 그리고

세계에 있는 모든 이성적 존재자는 단지 자연의 궁극목적으로서
가 아니라, 창조의 궁극목적으로서 실존한다.

2) 자기자율인 인본주의

윤리적 존재자, 즉 '목적'으로서의 인간은 자연의 합목적적 체
계의 정점이고, 자연만물 창조의 '궁극목적'이라 하지 않을 수 없
다. 이렇게 칸트는 합목적성이라는 발견의 원리에 의거해 자연의
정점에서 도덕적 존재자로서의 인간을 발견한다.

이러한 칸트의 합목적적 성찰은 기독교의 '창세기'적 인간관과
그리스적 이성적 인간관의 결합을 상기시킨다.

> "하느님께서는 '우리 모습을 닮은 사람을 만들자! 그래서 바다
> 의 고기와 공중의 새, 또 집짐승과 모든 들짐승과 땅 위를 기어
> 다니는 모든 길짐승을 다스리게 하자!' 하시고, 당신의 모습대
> 로 사람을 지어내셨다. […] 하느님께서는 그들에게 복을 내려
> 주시며 말씀하셨다. '자식을 낳고 번성하여 온 땅에 퍼져서 땅
> 을 정복하여라. 바다의 고기와 공중의 새와 땅 위를 돌아다니
> 는 모든 짐승을 부려라!'"[1]

무릇 인간이 창조의 최고 목적이라는 판단은 인간이 신의 형상
에 따라 창조된 유일한 '이성적' 동물이고, 그 자율적 이성으로 인

해 인간은 유일하게 목적 정립적인 도덕적 존재자라는 믿음과 맥락을 같이한다고 하겠다. 그런데 다윈(Charles Darwin, 1809 1882)의 진화론적 관점에 서 있는 이들 가운데는, 인간의 이성성은 여타 동물과의 종별적 차이라기보다는 정도의 차이에 불과한 것으로서, 그를 근거로 인간만이 목적 그 자체로서 모든 가격을 뛰어넘는 가치 곧 존엄성을 갖는다고 추론하는 것은 그야말로 인간 중심적인 사고의 전형이라고 이의를 제기하는 이도 있을 수 있겠다. 더구나 다윈적 관점에서는 인간 중에는 여느 동물의 '이성' 수준에도 미치지 못하는 저급한 '이성' 능력을 가진 자도 적지 않은데, 인간과 동물의 차이를 구별하는 칸트가 인간들 사이의 차이는 도외시한 채 종(種)으로서의 인간을 묶어 말하는 것이 인간들 사이의 불화를 미연에 방지하려는 전략적 사고처럼 보일 수도 있겠다. 이에 어떤 이는 타인을 한낱 수단으로 대하는 것을 비도덕적인 일로 규정하는 칸트가 여타의 동물을 한낱 생활 편익의 수단으로 이용하는 것을 윤리와 무관한 일이라고 여기는 것과 관련해 칸트를 비판하면서 말한다: "종차별주의(speciesism)[2]의 윤리가 인종차별주의(racism)의 윤리보다 확실한 논리적 근거가 있는지 모르겠다. 내가 아는 바는 그것이 진화 생물학적으로 아무런 적절한 토대가 없다는 것이다"[3]라고.

물론 인간의 생명과 마찬가지로 동물들에게도 그의 생명은 무엇과도 바꿀 수 없는 가치 있는 것이므로, '인간만이 도덕적'이라는 명제의 타당성 여부와 상관없이,[4] 또는 설령 종으로서의 인간이 유일한 도덕적 동물이라고 하더라도 그 이유로 해서, 모든 동물의 생명이 인간종의 생존 수단이 되는 것이 합목적적이라 함은 칸트 자신의 말대로 기껏 '주관적'으로만 합목적적이겠다. 그런데 이 대목에서 칸트가 말하는 '합목적성'이란 반성적 판단력의 "자기자율"(KU, BXXXVII=V185)이다. 그러니까 여기서 칸트 논변의 근거는 자기자율인바, 그 타당성은 인간을 도덕적 존재자로 규정하는 이성적 존재자의 범위 내로 국한된다고 할 것이다.

2

인본주의로서의
칸트 휴머니즘

1) 인간으로서의 인간의 권리

도덕적 존재자로서의 인간은 인간의 권리 곧 인권(Menschen-
recht)을 갖는다. 인권이란 "자기 자신의 인격에서 인간성의 권리"
(MS, RL, AB43=VI236) 곧 인간임의 권리(Recht der Menschheit)로
서, 사람이라면 누구라도 한갓된 수단이 아니라, 동시에 목적으
로 살고 대우받을 권리를 일컫는다. 인격으로서의 인간은 "권리
를 가지고 있는 하나의 살아 있는 존재자"(OP, XXI67)이다. 이러
한 "인격 안의 인격성의 권리들 및 인간들의 권리 외에 세상에
서 신성한 것은 없다. 신성성은 우리가 인간들을 결코 한낱 수단
으로 쓰지 않는다는 데에 있으며, 그러한 사용의 금지는 자유와
인격성 안에 있다."(Refl 7308, XIX308) 이러한 "인간의 권리에 대

한 존경"은 "무조건적인, 단적으로 지시명령하는 의무이다."(ZeF, A102=B109=VIII385)

인권이란 "모든 인간에게 그의 인간성의 힘으로[그가 인간이라는 바로 그 힘으로] 귀속하는 […] 근원적인 권리"(MS, RL, AB45=VI237)로서, "보편적 인권의 원리들"은 곧 자유, 평등, 안전이며(VARL, XXIII292 참조), 인권의 토대는 인간이 법적 주체가 되는 일이다.(MS, RL, AB43=VI236 참조)

무릇 인권의 으뜸은 "자유"의 권리로, 여기서 자유란 "타인의 강요하는 의사로부터의 독립성"이며, 그것은 "모든 타인의 자유와 보편적 법칙에 따라서 공존할 수 있는 한"에서 보장되어야 한다.(MS, RL, AB45=VI237 참조) 이 자유는 무엇보다도 각자가 자기가 좋다고 생각하는 방식으로 "자기의 행복을 추구"(TP, A235=VIII290)할 수 있는, "그 자신의 선택에 따라 행복하게 지낼"(MS, RL, A126=VI454) 권리를 핵심 요소로 갖는다.

이러한 "인간의 권리/법을 관리하는 직무"는 "신이 지상에서 가지고 있는 가장 성스러운[신성한] 것"(ZeF, AB27=VIII353)이다. 인권이야말로 "세계 안에서의 가장 신성한 것"(RGV, A226=VI159)이자 "인간들 사이에만 있을 수 있는 가장 신성한 것"(MS, RL, AB151=VI304)이니 말이다. 그러나 권리에는 반드시 상응하는 의무가 있다. '인간의 권리'에는 상응하는 '인간으로서의 의무'가 있고, 이에는 '인간의 윤리적 의무'가 포함된다. 인간에게는 특별나게도 윤리적 의무감이 있거니와, 그것은 인간에게는 "실천 이성의 자치[자기통치] […] 법칙에 반항하는 자기의 경향성을 통제하는 능력에 대한 의식"(MS, TL, A9=VI383)이 있기 때문이다.

인권과 비견하여 동물권(animal rights)을 주창하는 이들도 있고, 심지어는 인공지능 로봇의 권리(robot rights)를 논하는 이들조차 있지만, 그 '권리'라는 것이 실상은 인간의 동물에 대한 의무, 인간의 로봇에 대한 의무를 말할 뿐으로, 그에 상응하는 동물이나 로봇의 인간에 대한 의무 규정을 포함하고 있지 않다면, 그것들은 진정한 의미에서는 '권리'라 할 수 없다. 인권은 인간의 자연적 경향성에 대한 자기 통제 곧 자율성에서 기인하는 것으로, 그 권리는 동시에 인간으로서의 의무를 함유한다. 자기 욕구에 대한 자치능력이 없는 사물이 인간에게 요구하는 권리란 있을 수 없다. 그러한 사물 ── 동물이든 로봇이든 ── 이 스스로 의무를 규정하고 그를 이행하는 능력이 없는 한에서 그러하다. '동물권'이나 '로봇의 권리'란 실상은 인간이 정하는, 이러한 사물들에 대해 인간이 마땅히 가져야 할 태도나 취급 방식의 규정일 따름이다.

어떤 동물이든, 어떤 인공지능 로봇이든, 그것이 인격성을 갖지 않는 한 인권과 유사한 권리를 가질 수 없다. 인권의 핵심 요소는 자유, 평등, 우애, 시민적 독립성과 같은 것들인데, 한 인간의 이러한 권리들은 동시에 타인들에 대한 의무이기도 하다. 공동체 보위의 의무, 납세의 의무, 성실한 근로의 의무도 감당하지 않는 어떤 동물이나 사물은 결코 시민일 수가 없으며, 시민의 위격을 갖추지 못한 사물이 '인권'과 유사한 권리를 가질 수는 없다.

일찍이 칸트는 '동물권' 논의에 포함될 만한 인간의 의무에 관해 말했지만, 그 의무는 동물에 대한 인간의 의무가 아니라, 인간의 인간에 대한 의무의 일환이다.

"이성은 없지만 생명이 있는 일부 피조물과 관련하여 동물들
을 폭력적으로 그리고 동시에 잔학하게 다루는 것은[5] 인간의
자기 자신에 대한 의무와 내면에서 더욱더 배치되는 것이다.
왜냐하면 그로 인해 동물들의 고통에 대한 공감이 인간 안에
서 둔화되고, 그로써 타인과의 관계에서의 도덕성에 매우 이로
운 자연소질이 약화되어, 점차로 절멸될 것이기 때문이다. 비
록 동물들을 민첩하게 (고통 없이 행하는) 도살하는 것이나, 단지
그것들의 능력 이상으로 무리하지 않게 시키는 노역 — 그 같
은 노역은 인간 자신도 감수해야만 하는 것이거니와 — 은 인
간의 권한에 속하는 것이지만 말이다. 그에 반해 순전히 사변
을 위한, 고문적인 생체 실험들은, 만약 이런 것 없이도 목적이
달성될 수 있다면, 삼가야 하는 것이다. — (마치 그것들이 가솔인
양) 늙은 말이나 개의 오랫동안 수행한 봉사에 대한 감사마저
도 간접적으로는 인간의 의무에 속한다. 그러나 곧 이러한 동
물들에 관련한 감사의 정은 직접적으로 볼 때는 언제나 인간
의 자기 자신에 대한 의무일 따름이다.(MS, TL, A108=VI443)

동물 사랑도 자연 보전도 그 합당성의 뿌리는 인간의 인간에 대
한 사랑과 인간의 영구한 보전이다. — 칸트는 철두철미 인본주의
자이고, 그의 인본주의는 진정한 의미에서 휴머니즘이다.

2) 영원한 평화

(1) 인권의 토대로서의 평화

인권의 이념은 영원한 평화의 추구로 나아간다. 그것은 평화 안에서만 인간의 인간다움, 인간의 인간으로서의 권리, 곧 인권을 지속적으로 펼칠 수 있다고 보기 때문이다.

인권의 보장은 법치 국가에서만, 그리고 더 나아가 국제적으로는 "보편적인 국가연합"(MS, RL, A227=B257=VI350)을 이룸으로써만 실현될 수 있다.(ZeF, A104=B112=VIII386 참조) 이것이 칸트가『영원한 평화』와「윤리형이상학」의 제1편『법이론의 형이상학적 기초원리』에서 역설하는 바이다.

타인과 공존하는 '시민적 상태'에서 인간의 본질적 속성은 '자유'와 '평등' 그리고 '자립성'이다. 그래서 "행위가 또는 그 행위의 준칙에 따른 각자의 의사의 자유가 보편적 법칙에 따라 어느 누구의 자유와도 공존할 수 있는 각 행위"만이 "옳다"라는 것이 칸트에서 법의 "보편적 원리"이다.(MS, RL, AB33=VI230 참조) 이 원리는 한 국가 안에서뿐만 아니라 국가들 사이에서도 타당하다. 칸트의 법사상은 인간 각자는 자립성을 갖되, 더불어 삶에서는 화합해야 한다는, 말하자면 '부동이화(不同而和)'의 원리 위에 있다고 하겠다.

(2) 칸트 세계평화론의 의의

칸트는 '영원한 평화'의 구상을 논고 「이론과 실천」, III(Berlin 1793)(TP, VIII307~313)을 통해 밝힌 이래 소책자 『영원한 평화』(Königsberg 1795)(ZeF, VIII341~386)에서 세칙을 제안하였고, 그 법이론적 이념을 『법이론의 형이상학적 기초원리』(Königsberg 1797)의 '국제법'과 '세계시민법'의 체제 안에서(MS, RL, A215=B343=VI343~A234=B266=VI355) 제시하였으며, 후에 『학부들의 다툼』(Königsberg 1798)의 종결부(SF, A152=VII89~A162=VII94)에서도 다시 한번 개진하였다.

칸트의 세계평화론은 세계정치사적으로 매우 중요한 의의를 갖는다. 그것은 인류 역사상 최초로 진정한 의미에서 '세계 평화'를 진지하게 숙고하고 있다. 이전에도 국제적 평화가 거론되지 않은 것은 아니다. 그러나 '로마에 의한 평화(Pax Romana)', '중국에 의한 평화(Pax Sinica)', '대영제국에 의한 평화(Pax Britanica)', '미국에 의한 평화(Pax Americana)'의 사례에서 보듯, 보통 '평화'란 하나의 중심국가에 의해 주변 국가들이 통제됨으로써 전쟁이 방지되고 평온이 유지되는 수준의 것이었다. 칸트는 이런 것은 "자유의 묘지에서의"(ZeF, A63=B64/65=VIII367) '평화'로서 진정한 평화일 수 없음을 갈파하면서, 동등한 독립 국가 간의 평화를 주창하고 있다. 개인들이 전쟁상태를 종식시키기 위해 사회계약을 통해 '시민국가'를 수립하는 것과 꼭 마찬가지로, 국가들 또한 전쟁

상태를 종식시키기 위해 평화조약(foedus pacificum)을 넘어 "국제연맹(Völkerbund)"(ZeF, AB30=VIII354) 내지는 "보편적인 국가연합(Staatenverein)"(MS, RL, A227=B257=VI350)을 이뤄냄이 마땅한 일이라는 것이다.

칸트의 세계평화론이 제시된 지 1세기가 지나 제1차 세계 대전이 끝났을 때 창설된 국제연맹(League of Nations)은 그의 구상을 부분적으로 실행에 옮긴 사례이며, 그 정신은 오늘날의 국제연합(United Nations)에 일정 부분 승계되고 있지만, 그 평화 유지 방식은 여전히 강대국의 주도와 정치적 이해타산에 따른 조정에 의한 것이다. 그러나 무릇 "열강의 균형에 의해 지속하는 보편적 평화라는 것은, 한 건축 장인에 의해 모든 균형의 법칙들에 따라 그토록 완전하게 축조되었건만 참새 한 마리가 그 위에 앉자마자 곧장 무너졌던 스위프트[6]의 집처럼, 하나의 순전한 환영[幻影]이다."(TP, BM283=VIII312)

한낱 정치적 이해타산이나 군사적 힘의 균형에 의한 세계 평화는 매우 가변적이다. 영원한 평화는 인간이 인간성을 지속적으로 고양시켜나갈 수 있는 필수 조건이자 토대로서, 이것의 성취는 인간이 인간이기 위한 인간의 무조건적 의무 가운데 하나이다. 그것은 계산이 맞으면 취할 수도 있는 선택 사항이 아니다.

(3) '영원한 평화'의 이념과 실현 원리

"우리 안에 있는 도덕적-실천적 이성이 '어떠한 전쟁도 있어

서는 안 된다'라고 저항할 수 없는 거부권을 표명한다. 자연상
태에서의 나와 너 사이의 전쟁도, 비록 내적으로는 법칙의 상
태이나 외적으로는 (서로에 대한 관계에서) 법칙 없는 상태에 있
는 국가들인 우리 사이의 전쟁도 있어서는 안 된다. — 왜냐하
면 그것은 각자가 자기의 권리를 찾아야 하는 방식이 아니기
때문이다. 그러므로 과연 영원한 평화가 실재적인 무엇인가 아
니면 아무것도 아닌가, 그리고 우리가 영원한 평화를 실재하는
무엇이라고 상정할 때 우리는 우리의 이론적 판단에서 우리를
속이는 것이 아닌가 하는 것은 더 이상 문젯거리가 아니다. 오
히려 우리는 어쩌면 있지 않을 그러한 것이 실재하는 것처럼
행위하지 않으면 안 된다. 우리는 영원한 평화의 확립과 그것
을 유도하기 위해, 그리고 이제까지 모든 국가가 예외 없이 그
것을 주목적으로 삼아 그들의 내부 조직을 정비했던, 불치의
전쟁수행을 종식시키기 위해, 가장 적절한 것으로 우리에게 보
이는 그러한 체제 — 아마도 모든 국가의 공화제, 전체적으로
든 분리해서든 — 를 향해 노력해야만 하는 것이다. 그리고 설
령 이러한 의도의 완성에 관한 최종적인 것이 언제나 경건한
소망에 머물러 있다 해도, 우리는 확실히 그를 향해 간단없이
노력한다는 준칙을 받아들임으로써 우리를 기만하는 것이 아
니다. 왜냐하면 이러한 준칙을 받아들임은 의무이기 때문이다.
그러나 우리 안에 있는 도덕법칙 자체를 기만적인 것이라고
받아들임은 차라리 일체의 이성을 벗어나, 자기를 자기의 원칙
에 따라 여타의 동물류들과 함께 자연의 동일한 기제에 던져

져 있는 것으로 보는, 혐오를 불러일으키는 소망을 만들어내는 것이겠다."(MS, RL, A233=B264=VI354이하)

"이러한 보편적이고 지속적인 평화 설립은 순전한 이성의 한계 안에서의 법이론 일부를 이룰 뿐만 아니라, 전체적인 궁극목적을 이룬다."(MS, RL, A234=B265=VI355) 보편적인 "국가연합"을 통해서나 확정적이 될 "영원한 평화(der ewige Friede)"는 "국제법의 최종 목표"이기는 하지만 "확실히 하나의 실현될 수 없는 이념"(MS, RL, A227=B257=VI350)이다. 그러나 이러한 "이념만이, 만약 그것이 비약, 다시 말해 기존의 결함 있는 체제의 폭력적인 전복에 의해 혁명적으로가 아니라, ― (왜냐하면 그럴 경우에는 중간에 일체의 법적 상태가 폐기되는 순간이 생길 것이기 때문에) 오히려 확고한 원칙들에 따라서 점진적인 개혁을 통해 시도되고 수행된다면, 최고의 정치적 선, 즉 영원한 평화로의 연속적인 접근을 이끌 수 있다."(MS, RL, A235=B265 이하=VI355)

(4) 현실적인 국가 관계

1) 국가 간의 외적인 관계는 본성상 비-법적인 상태이다.
2) 이러한 상태는 전쟁의 상태로, 그 자체로 불법적인 것이므로, 이웃해 있는 국가들은 이 상태에서 벗어나야 할 책무가 있다.
3) 외부의 공격에 대한 방위를 위해 근원적인 사회계약의 이념에 따라 하나의 국제연맹(Völkerbund)이 필요하다. 이는 서로 타국

의 국내 불화에 개입하기 위한 것이 아니라, 외부의 공격에 대한 방위를 위한 것이다.

4) 그럼에도 이 결합체는 주권적 권력을 갖는 것이 아니라, 단지 동료관계(연방관계)로서, 언제든 해체될 수 있는 것이고, 그러니까 때때로 갱신되어야 하는 것이다.(MS, RL, §54: A216이하=B246 이하=VI344)

(5) 국가 간의 권리와 의무

1) 한 국가는 타국의 능동적 침해가 있을 때 가능한 모든 수단을 동원하여 대응할, 곧 전쟁의 권리를 갖는다.(MS, RL, §56)

2) 그러나 국가들의 전쟁은 징벌전쟁, 섬멸전쟁, 정복전쟁이어서는 안 된다. 국가들 간에 도덕적 우월성을 갖는 국가란 있을 수 없기 때문이다. 그러므로 권리 있는 전쟁은 방어전쟁뿐이다. 그러나 방어전쟁의 경우도 장래의 지속적인 평화의 확립에 필요한 신뢰를 파기할 터인 교활한 수단(간첩파견, 암살, 독살, 거짓 정보의 유포 등)을 이용해서는 안 된다.(MS, RL, §57)

3) 전쟁 후에 패전국 또는 패전국의 국민은 식민지나 노예가 되어서는 안 된다.(MS, RL, §58)

4) 국가들은 평화의 권리를 갖는다.(MS, RL, §59)

　① 중립의 권리, 곧 인근에서 전쟁이 있을 때 평화롭게 있을 권리.

　② 보증의 권리, 곧 체결된 평화의 지속을 확약하는 권리.

③ 방어 목적의 동맹의 권리, 곧 외부의 혹은 내부의 공격에 대해 공동으로 방어하기 위한, 다수 국가의 교호적 결속(동지 연맹)의 권리.

(6) 영원한 평화를 위한 구상 초안

세계 평화를 위한 칸트의 초안은 "국가 간의 영원한 평화를 위한 예비조항", "국가 간의 영원한 평화를 위한 확정 조항", 그리고 추가 조항을 담고 있다.

예비 조항

"1. 장래의 전쟁 소재를 암암리에 유보한 채로 체결한 어떠한 조약도 평화조약으로 간주되어서는 안 된다."(ZeF, AB5=VIII343)

장차 분쟁의 소지를 감춘 책략적인 조약은 평화조약이 아니라, 임시적인 휴전조약에 불과하다.

"2. 어떠한 독립국가도 (작든 크든 상관없이) 어떤 다른 국가에 의해 상속, 교환, 매매 또는 증여를 통해 취득될 수 있어서는 안 된다."(ZeF, AB7=VIII344)

국가는 물건이 아니라 "그에 대해 누구도 지시명령하거나 처분해서는 안 되는 하나의 인간 사회[인간의 공동체]"로서 그 자신 "하나의 도덕적 인격"이다. 국가는 결코 어떤 방식으로도 합병될 수 없다. 어떤 방식의 합병이든 그것에 의해 그 "신민들은 임의로 취급될 수 있는 물건으로 사용되고 소비되기 때문이다."(ZeF,

AB8=VIII344) 이런 식으로 "국가의 실존의 폐기"는 한 국민[민족]에 관한 "근원적 계약의 이념에 모순된다."(ZeF, AB7=VIII344) '근원적 계약(contractus originarius)' 한낱 사실로부터 추론될 수 있는 것이 아니라, 선험적으로 필연적인 것이다. 그것은 "이성에 놓여 있는 하나의 이념이다. 시민적 사회에서 모든 법칙[법률]은 만인의 동의에 의해 주어진 것으로 생각하지 않을 수 없"(V-NR/Feyerabend, XXVII1382)거니와, 한 국가는 '모든 국민의 일치라는 하나의 이념' 위에 세워진 것이니 말이다.

"3. 상비군(常備軍)은 점차 완전히 폐지되어야 한다."(ZeF, AB8= VIII345)

상비군은 결국 전쟁을 위한 것이다. 한 나라의 상비군은 지속적인 군비 지출을 강요할 뿐만 아니라, 위협을 느끼는 이웃 나라의 병력 증강을 부추긴다. 그러나 무엇보다도 지속적으로 그리고 반복적으로 사람으로 하여금 사람을 죽이도록 훈련시킨다는 것, "죽이고 죽임을 당하기 위해서 고용되어 있다는 것은 인간을 타자(즉 국가)의 수중에 있는 한갓된 기계와 도구로서 사용함을 함유하는 것으로 보이며, 이러한 사용은 전혀 우리 자신의 인격 안에 있는 인간성[인간임]의 권리와 합일될 수 없다."(ZeF, AB8=VIII345)

"4. 대외적인 국가분규와 관련하여 어떠한 국가부채도 져서는 안 된다."(ZeF, AB9=VIII345)

국내 경제를 위해 국가 안에서 또는 밖에서 이런 도움을 찾는 것은 있을 수 있다. 그러나 국가 간의 전쟁을 수행하기 위해 국민의 조세 부담 능력 이상으로 경비를 끌어다 쓰는 것은 결국 국가

간의 종속관계를 낳을 것이고, 그것은 분명 영원한 평화에 커다란 장애가 된다.

"5. 어떠한 국가도 다른 국가의 [헌정]체제와 통치[정부]에 폭력으로 간섭해서는 안 된다."(ZeF, AB11=VIII346)

어떤 국가도 다른 국가의 내정에 간섭할 권리는 없다. 그것은 어떤 자유인도 다른 자유인을 폭력으로 통제할 수 없는 것과 마찬가지의 이치이다. 다만, 어떤 국가가 내부 반란에 의해 둘로 쪼개져 각각이 독립국가로서 전체를 통괄하고자 할 때는 경우가 다르다. 이 경우에는 어느 한편을 지원하는 것이 내정 간섭은 아니다. 그때 그 국가는 무정부상태에 있는 것으로 보아야 하기 때문이다.

"6. 어떠한 국가도 다른 국가와의 전쟁 중에 장래의 평화 시에 상호 신뢰를 불가능하게 만들 것이 틀림없는 그러한 적대행위들, 예컨대 암살자(暗殺者), 독살자(毒殺者)의 고용, 항복 협정의 파기, 적국에서의 반역(叛逆) 선동 등을 자행해서는 안 된다."(ZeF, AB12=VIII346)

이러한 극악무도한 수단의 사용은 그 자체로 비열하고, 국가 간의 신뢰를 조금도 남겨놓지 않음으로써 결국 섬멸전으로 치닫게 할 뿐만 아니라, 일단 이러한 파렴치한 수단이 동원되면 그것은 전쟁 동안뿐만 아니라, 평화 시에도 지속적으로 사용되어 영원한 평화를 불가능하게 만든다.

이상의 여섯 조항 가운데서도 1, 5, 6항은 아무런 준비가 필요 없으므로 즉각 시행해야 할 엄격한 법칙(leges strictae)들이다.

확정 조항

영원한 평화를 위한 확정 조항은 세 항목인데, 각각은 국가법, 국제법, 세계시민법의 요체를 규정하고 있다.

① 영원한 평화를 위한 제1 확정 조항:

"각 국가에서 시민적 [헌정]체제는 공화적이어야 한다."(ZeF, AB20=VIII349)

"첫째로 (인간으로서) 사회 구성원의 자유의 원리들에 따라서, 둘째로 (신민으로서) 만인의 유일한 공동의 법칙수립에 대한 의존성의 원칙들에 따라서, 그리고 셋째로 (국가시민으로서) 그들의 평등의 법칙에 따라서 세워진 [헌정]체제는 — 근원적 계약의 이념에서 나오고, 한 국민의 모든 법적인 법칙수립이 그에 기초해 있지 않으면 안 되는 유일한 체제는 — 공화적 체제이다."(ZeF, AB20=VIII349/50)

여기서 칸트가 말하는 공화체제(Republikanism)는 전제체제(Despotism)와 대립하는 것으로, 전제체제에서는 지배자 자신의 "사적 의지"가 공적 의지로 간주된다면, 공화체제란 국가권력은 국민들의 근원적 계약에 기초하고, 입법부로부터 집행권이 분리되어 있는 정체를 말한다.(ZeF, AB25이하=VIII352 참조) 이 체제 아래에서는 전쟁을 할 것인가 말 것인가를 국민들이 스스로 정해야 하고, 전쟁 수행의 모든 부담 또한 국민 스스로 떠안아야 하기 때문에, 전쟁 선포에 매우 신중하지 않을 수 없다. 그렇기에 공화체제만이 영원한 평화에 대한 "전망"(ZeF, AB23=VIII351)을 준다. 공화적 "헌정체제는 모든 선의 파괴자인 전쟁을 멀리 떼어놓기 위한 모든 것 중에서 최선"(SF, A155=VII91)의 것이다.

② 영원한 평화를 위한 제2 확정 조항:
"국제법은 자유로운 국가들의 연방제[연방주의]에 기초해 있어야만 한다."(ZeF, AB30=VIII354)

개별 국가들의 독립성을 유지하면서도 항구적인 국제 평화를 담보할 수 있는 것은 "국제연맹(Völkerbund)이겠다."(ZeF, AB30=VIII354) 이 연맹은 평화조약(Friedenvertrag: pactum pacis)의 상태를 넘어서 모든 전쟁의 종식을 추구하는 진정한 "평화연맹(平和聯盟)"(Friedensbund: foedus pacificum)으로서, "오로지 한 국가 그 자신과 동시에 다른 연맹 국가들의 자유를 유지 보장"(ZeF, AB35=VIII356)함을 지향한다.

이상적으로는 개인들이 원시적 자유를 포기하고 스스로 공법적 규제에 복종함으로써 국가를 수립하듯이, 국가들이 하나의 "국제국가(國際國家)"(Völkerstaat: civitas gentium)를 수립하는 것이 좋겠지만, "그러나 국가들은 그들의 국제법의 이념에 따라서 결코 이것을 의욕하지 않을 것이므로", 칸트는 "세계공화국(Weltrepublik)"이라는 적극적인 이념 대신에 "소극적인 대용물"로서 연맹을 구성하는 것이 전쟁을 막는 유일한 현실적인 방안이라고 본다.(ZeF, AB37이하=VIII357 참조) 그러니까 국가들 사이의 영원한 평화의 관계는 개인들 사이의 관계에 비유하면 군자(君子)들의 "화이부동(和而不同)",[7] 아니 오히려 '부동이화(不同而和)', 즉 각기 주체로서 독자성을 유지하면서 어울리면 화합하는 상태라고 하겠다.

③ 영원한 평화를 위한 제3 확정 조항:
"세계시민법은 보편적 우호의 조건들에 국한되어 있어야만 한다."(ZeF, AB40=VIII357)

"우호(우대)란 외국인이 어떤 타국의 영토에 도착했다고 해서 이 국가에 의해 적대적으로 취급되지는 않을 외국의 권리를 의미한다."(ZeF, AB40=VIII357이하) 한 국가는 외국인 방문객을, 그가 평화적으로 처신하는 한, 적대적으로 다루어서는 안 된다. 인간은 지구 표면을 공동으로 소유하고 있는 만큼, 어디든 최소한 일시적으로는 방문할 권리를 갖는다. 그러나 누구도 외국의 땅을 침탈할 권리는 없으므로, 이방인이 영속적인 방문자의 권리를 주장할 수는 없다. "외국 이주민들의 권한은 원주민들과의 교제를 시도해볼 수 있는 가능성의 조건들 이상으로 확장되지는 못한다. — 이런 방식으로 멀리 떨어져 있는 세계 지역이 서로 평화적으로 관계 맺고, 이러한 관계들이 마침내 공법화하며, 그렇게 해서 인류는 마침내 세계시민적 체제에 점점 가까이 다가설 수 있다."(ZeF, AB41이하=VIII358) — (유럽 열강의 제국주의 기세로 차츰 식민지 쟁탈전이 치열해지는 시기에 이를 경계하는 칸트의 제안은 절실한 것이었다.)

추가 조항: 영원한 평화를 위한 보증

이러한 영원한 평화를 "보증해주는 것은 다른 것이 아니라 위대한 기예가인 자연(事物들의 案出者인 自然)이다. 자연의 기계적 운행에는 인간의 의지에 반하고라도 인간의 불화를 통해서 일치를 생장시키려는 합목적성이 명백히 나타나 있다."(ZeF, AB47=VIII360) 우리에게 알려지지 않은 작용법칙들에 따른 자연의 강요는 '숙명'이며, 세계 행정에서의 자연의 합목적성을 고려할 때 그것은 '섭리'라 할 것이다. 섭리란 "보다 상위의, 인류의 객관적인 궁극목적을 지향해 있고, 이 세계 운행을 예정하는 어떤 원인의 심오한 지혜"(ZeF, AB47=VIII361)이다. 이성적 행위자인 인간은 자유의지로 입법하고, 목적하는 바를 실현해나가지만, 그 위에 자연의 섭리가 있다.

영원한 평화를 위한 예비적 설계로서 자연은 "1)인간이 지상의 모든 지역에서 살 수 있도록 배려했다; ― 2)전쟁을 통해 모든 곳에, 극히 황량한 지역에까지 인간을 쫓아 보내 그곳에 거주하도록 했다; 3) ― 또한 바로 그 전쟁을 통해 인간을 크든 작든 법[칙]적 관계에 들어서도록 강요했다."(ZeF, AB52=VIII363) "자연은 인간이 지상의 어디에서나 살 수 있도록 배려함과 동시에 인간이 자신들의 경향성에 반해서라도 어디서나 살아야만 한다는 것을 전제적으로 욕구했다."(ZeF, AB55이하=VIII364) 자연은 인간이 의욕하지 않더라도 인간이 마땅히 행해야 할 여건을 만들어간다. 세네카의 말마따나 "운명은 의욕하는 자는 이끌고, 의욕하지 않는 자는 질질 끌고 간다."[8](ZeF, AB59=VIII365)

한 국민은 내부적 불화로 그렇게 할 필요가 없게 되었을지라도 외부로부터의 전쟁이 발발하면 부득이 공법에 복종하지 않을 수 없게 된다. 공법을 준수하는 것은 공화체제 유지의 근간으로서 시민의 제일 의무이다. 이렇게 해서 "인간은 비록 도덕적으로-좋은 사람은 아닐지라도 좋은 시민이 되지 않을 수 없는 것이다."(ZeF, A60=B61=VIII366) 의무 때문에 그렇게 하는 것은 아니지만, 공법을 준수하는 것은 의무에 맞는 일이니 말이다.

자연의 의도는 국제 관계도 합목적적으로 이끌고 있다. "국제법의 이념은 상호 독립적인 이웃해 있는 수많은 국가의 분리를 전제로 한다. 설령 이러한 상태가 [...] 그 자체로 이미 하나의 전쟁상태라 하더라도, 이 상태만으로도, 이성의 이념에서 볼 때 다른 국가들을 제압하여 하나의 보편 왕국으로 나아가는 강국에 의해 여러 나라들이 용해[합방]되는 것보다는 좋다."(ZeF, A62=B83=VIII367) 통치의 범위가 확대될수록 법률의 위력은 약화되고, 법의 정신이 사라짐과 함께 선의 싹도 절멸되어 마침내 "영혼 없는 전제"(ZeF, A62=B83=VIII367)가 출현하기 마련이기 때문이다. "그럼에도 불구하고 모든 국가(또는 그 수령)가 갈망하는 바는 이런 식으로, 자신이 가능한 한 전 세계를 지배하는, 지속적인 평화상태로 이행해가는 것이다. 그러나 자연은 이와는 다르게 의욕한다. ― 자연은 언어와 종교들의 상이성이라는 두 수단을 이용하여 민족들이 서로 섞이는 것을 막고, 그들을 분리시킨다. 언어와 종교의 상이성은 서로 상대방을 증오하는 성벽과 전쟁의 구실을 동반하기도 하지만, 그럼에도 문화가 성장해가고 인간이 원리에서의 보다 큰 일치로 점진적으로 접근해감으로써 평화에 대한 동의를 이끌어간다. 이 평화는 (자유의 묘지에서의) 저 전제에서처럼, 모든 힘의 약화에 의한 것이 아니라, 모든 힘의 활기찬 경쟁 속에서의 균형에 의해 만들어지고 보장되는 것이다."(ZeF, A62이하=B63이하=VIII367) 또한 자연은 세계시민법의 개념으로써는 폭력과 전쟁에 대항하여 보장할 수 없었을 여러 민족을 "교호적 사익[私益]을 통해" 통합시킨다. 상업적 정신은 전쟁과 양립할 수 없는 것인데, 금력이야말로 국가권력에 종속되어 있는 모든 권력(수단) 가운데서도 가장 믿을 만한 것이기 때문에, "국가들은 (물론 도덕성의 동기에서는 아니겠지만) 고귀한 평화를 촉진하지 않을 수 없게 되며, 그리고 전쟁 발발의 위협이 있는 곳이 어디든지 간에, 중재를 통해 전쟁을 막지 않을 수 없게 된다."(ZeF, A64=B65=VIII368)

"이러한 방식으로 자연은 인간의 경향성들 자체에 있는 기제를 통해 영원한 평화를 보증한다."(ZeF, A64=B66=VIII368)

(7) 과제로서의 영원한 평화

많은 사람이 '영원한 평화'란 한낱 이상적 구호이고 이론이며, 실천해내는 것은 사실상 불가능하다고 생각한다. 또 설령 인간의 도덕적-실천적 이성이 "어떠한 전쟁도 있어서는 안 된다"(MS, RL, A233=B264=VI354)라고 지시명령한다고 하더라도 현실 정치가 이러한 도덕과 합일하는 것은 불가능하다고 말들 한다. 그러나 도덕성은 인간성의 징표이고, 도덕성에서만 보장될 수 있는 인간의 권리는 사회의 온갖 정치 권력들에 "제아무리 큰 희생을 치르게 한다고 할지라도, 신성하게 지키지 않으면 안 된다."(ZeF, A91=B97=VIII380)

"도덕은 이미 그 자체로 객관적 의미에서 하나의 실천으로서, 우리가 그에 따라 행위**해야만 한다**는, 무조건적으로 지시명령하는 법칙들의 총체이다."(ZeF, A66=B71=VIII370) 도덕은 정언명령들에 의한 규범으로서, 그것의 이행은 인간의 의무이다. "그럼에도 그것을 **할 수 없다**고 말하고자 하는 것은 명백하게 이치에 맞지 않다."(ZeF, A66=B71=VIII370) 로마법의 법언(法諺)처럼 "누구도 할 수 있는 것 이상으로 의무 지우지 않는다." 정치에서 도덕이 백안시되는 것은 이익을 우선시하기 때문이다. 무릇 정치공동체는 공법의 질서에 따르는 것이 의무이다. 법이 마땅히 해야 할 것을 규정함에도 사람들은 부단히 그것을 회피할 명분을 찾고 만들어낸다.

일단 권력을 장악한 자는 '국익'이라는 구실을 댄 채로 국민에 의한 어떤 법적 제한도 받고 싶어 하지 않고, "국가 역시, 일단 어떤 외부의 법률에 종속하지 않을 정도의 힘을 가지면, 그 국가가 타국들에 대해 자기의 권리를 찾아야 하는 방식에 관하여 타국의 법정에 의존하지 않"으려 하며, "한 대륙조차도, 만약에 자기에게 별다른 장애가 되지 않는 타 대륙에 대해 우월함을 느끼게 되면, 그 대륙을 약탈하거나 심지어는 지배함으로써 그의 세력을 강화하는 수단으로 이용"하려 온갖 지혜를 짜낸다.(ZeF, A70=B75=VIII371 참조) 그리하여 국가법이든 국제법이든 세계시민

법이든 법정신은 실종되고 법의 내실은 휘발되어버린다. 그러나 주관적인 목적이 행위의 동기가 되는 준칙은 결코 실천 법칙이 될 수 없다.

영원한 평화는, 사람들이 그것을 "물리적 좋음으로서뿐만 아니라 의무로 인정함에서 생겨"난다. 인간의 권리를 지켜야 하는 인간에게 영원한 평화는 하나의 "기술적 과제(技術的 問題)"라기보다는 하나의 "윤리적 과제(道德的 問題)"이다.(ZeF, A83=B88이하 =VIII377 참조) 모든 덕의 항목이 그러하듯이, 영원한 평화는 "비록 단지 무한히 진보하면서 접근할 수밖에 없다고 할지라도, […] 공허한 이념은 아니고, 오히려 그것은 차츰차츰 해결되어, […] 그 목표에 지속적으로 더 가까이 다가가는 하나의 과제이다."(ZeF, A104=B111=VIII386)

6장

인간

생활세계에서의

난제들

1

사회 갈등의 문제

'갈등(葛藤)'이란 문자 그대로 '칡과 등나무가 서로 얽혀 있는 양태'를 말한다. 심리학에서는 '개인의 정서(情緒)나 동기(動機)가 다른 정서나 동기와 상충하여 그 표현이 저지되는 현상'을 지시하기도 하지만, 흔히는 사회를 구성하는 '개인이나 집단 사이에 목표나 이해관계가 달라 서로 적대시하거나 충돌함 또는 그런 불화(不和)의 상태'를 뜻한다. 그래서 후자의 의미로 노사 간의 갈등, 노노 갈등, 고부간의 갈등, 세대 간의 갈등, 지역 갈등, 남녀 간의 갈등, 여야 갈등, 국가 간의 갈등 등등이 이야기된다. 여기서는 사회적 갈등을 우선 생각해본다.

시선에 따라 서로 다른 조감이 가능하겠지만, 사회 갈등의 대부분은 '가진 자와 못 가진 자의 갈등' 내지는 '가진 자의 못 가진 자에 대한 백안시와 못 가진 자의 가진 자에 대한 적대시'에서 비롯하는 것이 아닌가 싶다. 그래서 논의의 주제를 이에 맞추고, 이러한 사회적 갈등의 원인을 고찰하면서, 그럴 필요성이 확인되면 그해소의 길을 찾아보겠다.

모든 '갈등'이 어떻게든 해소되어야 하는 것은 아니다. 갈등의 원인은 대개 이해(利害)의 상충에 있기 때문에, 갈등의 당사자들 간에 이해가 맞아 떨어지면 그 갈등은 해소될 수 있다. 그런데 이해가 맞아 떨어지는 것이 반드시 의롭게 일어나는 것만은 아니다. 불의한 자들끼리 이익 다툼하다가 어떻게 하여 짝짜꿍이 맞으면 갈등이 해소되는 사례도 있으니(실은 허다하다), 이런 경우에는 그나마 그중에 의로운 자가 섞여 있어 갈등이 지속되는 편이 오히려 나을 것이다. 그래서 갈등을 화제로 삼아 갈등의 원인을 살필 때에는 불가불 시선의 중심을 잡아야 한다. 갈등 해소의 첫걸음은 상대방과 '함께하는 마음[恕]'을 갖는 일이겠지만, 그에 앞서 '가치의 중심[忠]'을 잡을 일이다. 그래서 무릇 '혈구지도(絜矩之道)'[1]에는 '충서(忠恕)'[2]의 도가 함께해야 한다.

1) 사회 갈등의 주요인

어떤 사회의 갈등은 그 사회의 구성원들 사이의 갈등이고, 그것은 구성원 전체 또는 일부의 욕구 미충족, 즉 불만에서 오는 것일 터이다. 그런데 사람의 욕구는 자연본성적인 것도 있지만 사회문화적인 것도 있다. 그리고 사람의 욕구는 무엇이 되었든 충족되는 것만이 능사가 아니고, 경우에 따라서는 억제되고 조정되어야 하는 것이며, 후자의 것일수록 그러하다. 그래서 욕구가 동물 일반이 갖는 것임에도 불구하고, '인간은 이성적 동물'이라 정의하여 '욕구를 절제함'을 인간의 본질로 규정하고 있는 것이다.

> "뜻을 높이 새기면 멋대로 행동하지 않게 되고, 외부 사물에 이끌리면 의지는 흘러가서 돌아오지 못한다. 그래서 성인은 사람을 인도하기를 이성[본성을 다스림]으로써 하여, 방탕함을 억제하고, 사람과 함께하는 데에 조심하며 치우친 바를 절제한다. 비록 성정은 만 가지로 나뉘고 인간의 자질은 수없이 서로 다르지만, 일을 바로잡고 풍속을 개선하는 데에 이르러서는 그 방법은 하나이다."[3]

> "마음(animus)의 작용은 두 겹이다. 하나는 사고(cogitatio)작용이고, 다른 하나는 욕구(appetitus)작용이다. 사고작용은 주로 진리 탐구와 밀접한 관계가 있고, 욕구작용은 행동을 유발한다. 그러므로 유의할 것은, 우리가 가급적 최상의 것들에 대해 사고하고, 욕구로 하여금 이성에 복종하도록 처신하는 일이다."[4]

동서의 사상가들이 충고하듯이 사람들이 욕구를 절제하여 법도에 맞게 발산하거나 충족한다면 대개의 사회적 갈등은 발생하지 않거나 해소될 것이지만, 그 반대의 경우라면 숱하게 일어날 것이고 결국은 인간사회를 파괴하고 말 것이다.

현대 사회 운영의 최고의 원리는 자유·평등·정의라 할 것이다. 그런데 이 세 원리는 부분적으로 중첩되기도 하고, 경우에 따라서는 상충하기도 한다. 그렇기에 이런 원리를 바탕으로 사회를 운영하고자 하면, 결국 '운영의 묘'를 살려야 할 것인바, 바로 그 점에서부터 오히려 갈등이 발생하기도 한다. '묘'를 살린다는 것이 말처럼 쉬운 일이 아니기 때문이다.

사회 운영의 이 세 가지 기본 원리의 관점에서 일견하면 대개 시민들은 '자유'에 대해서는 일방적이고, '평등'에 대해서는 매우 민감하며, '정의'에 대해서는 일면적인 태도를 보인다. 그리고 이러한 태도가 사회적 갈등의 원인(遠因)이라 할 수 있다.

(1) '자유' 원리의 관점에서

'자유(自由, libertas, liberté)'야말로 인간을 인(人, person) 내지 인격(人格)으로 만드는 원리이다. 다시 말해 그것은 인간을 주체적으로 행위하고, 그런 만큼 자기 행위에 대해 책임을 지는 자로 만드는, 인간의 인간 됨의 제일 원리이다. 시민들의 이에 대한 성찰이 얕고, 오해가 클수록 사회적 갈등의 골은 깊어진다.

'자유'란 정치적으로는 일차적으로 사람이 "타인의 허락을 구하거나 타인의 의지에 구애받지 않고, 자연법칙의 테두리 안에서 스스로 적당하다고 생각하는 바에 따라서 자신의 행동을 명령(order)하고 자신의 소유물과 일신(一身)을 처분할 수 있는 완전한 자유의 상태"[5]를 뜻한다. 그러나 어떤 사람의 이러한 자유가 사회 안에서 실행될 때, 똑같은 자유를 가진 타인 또는 사람들의 조직과 충돌하기 십상이므로 개인의 자유는 불가불 '공존의 원칙'에 제한받기 마련이다.

> "너의 의사의 자유로운 사용이 보편적 법칙에 따라 어느 누구의 자유와도 공존할 수 있도록, 그렇게 행위하라."(MS, RL, AB34= VI231)

> "행위가 또는 그 행위의 준칙에 따른 각자의 의사의 자유가 보편적 법칙에 따라 어느 누구의 자유와도 공존할 수 있는 각 행위는 법적이다[권리가 있다/정당하다/옳다]."(MS, RL, AB33=VI230)

이로부터 '권리(jus, Recht)'의 개념도 나온다. 법적이고, 정당하고, 옳은 것만이 권리를 담보한다. — 그래서 '권리(權利)'를 '의권(義權)'이나 '통의(通義)' 또는 '공의(公義)'로 새기는 이도 있었다. — 그리고 이러한 권리에는 바로 '의무(officium)' 내지 '책무(obligatio)가 상응해 있다. 권리 없는 의무가 없는 것과 꼭 마찬가지로 의무가 없는 권리 또한 없다. 그래서 권리 없는 의무가 강요당하는 사회에 갈등이 발생하는 것과 마찬가지로, 의무 수행이 동반하지 않는 권리 주장은 갈등을 유발하기 마련이다. 그런데 보통의 시민들은 대체로 의무 이행에는 스스로 관대하고('적당히' 하고) 권리 주장에는 맹렬하다(한 치도 양보하지 않는다). 그것은 쌍방적인 사회 운영 원리인 '자유'에 대한 일방적인 생각의 표출이라 해야 할 것이다. — 상대방에게 무엇을 요구할 때는 그에 상응해서 나는 무엇을 할 것인지를 분명히 밝히고, 상호 주장의 근사치를 찾아야 한다. 자기의 주장만을 일방적으로 모두 쏟아 내놓고 이를 받든지 말든지 하라고 상대방을 윽박지르는 사회에는 으레 갈등이 넘치기 마련이다. 상대방 역시 살아 있는 사회에서는 말이다.

그런데 '자유'는 한낱 정치사회적 의미만 갖는 것이 아니다. 그것은 윤리 도덕적으로는 더 중대한 의미를 갖는다.

'스스로에서 비롯함'이라는 '자유'는 "우리의 의사[의지] 안에" "자연원인들에 독립해서, 그리고 심지어는 자연원인들의 강제력과 영향력에 반하여, 시간질서에 있어서 경험적 법칙들에 따라 규정되는 무엇인가를 산출하고, 그러니까 일련의 사건들을 전적으로 자기로부터 시작하는 어떠한 원인성"(KrV, A534=B562)이 있음을 말하는 것이다. 그런데 이것은 자연의 법칙성, 즉 자연 안에서 발생하는 사건의 원인은 오로지 자연 안에 있을 수밖에 없다는 존재 생성의 충분근거율에 어긋난다.

바로 이 어긋남으로 인해 도덕[당위]의 '세계'와 자연[존재]의 세계의 구별이 있고, 자연적 존재자인 인간이 이 도덕의 '세계'에도 동시에 속함으로써 인격적 존재일 수 있으며, 인간이 인격적 존재로 승인될 때만 그 존엄성을 내세울 수 있다.

존엄성이란 '그 자체로 가치 있는 것', 다시 말해 '목적'적 존재자만이 가질 수 있는 것이다. 그 자체로 가치 있는 것은 비교적인 값, 즉 가격을 갖지 않는 것이니 서로 비교되어 교환되는 물품이나 상품과는 위격이 다른 것으로, 그렇기에 그것은 원리상 '대체될 수 없는 것'이다. 인간이 존엄하다는 것은 유(類)로서의 인간만을 두고 하는 말이 아니라, 개개인이 모두가 존엄하다는 것, 즉 어떤 개인도 무엇에 의해 대체될 수 없다는 것 또한 말한다. 그래서 물품이 아닌 인품을 가진 인격만이 존엄한 것이고, 이 인격은 인간이 여느 자연물처럼 한낱 인과 연쇄의 한 매체로서 작동하는 것이 아니라, 스스로 인간다움을 표상하고, 그 표상에 따라 법도를 세우고, 그 법도에 자신을 복종시키는 자율(自律)적 존재자가 됨으로써 자연물 이상의 것임을 증명하는 데서 성립한다. 자연운동의 한낱 매체는 그 운동의 수단 내지 도구일 뿐으로, 그 운동과 그 운동의 매체에게 자발성이란 없으며, 따라서 '내가 한 일'이라는 것도 없고, 그런 만큼 내가 책임질 것도 없으며, 또한 '내 것'도 없다. 그런 연쇄 운동에서 한 고리는 '나'든 '그'든 '그것'이든 '저것'이든 이미 정해져 있거나, 어느 것이 되어도 '나'와는 상관이 없다. 아니 내가 관여할 여지가 없다. 그런 과정에는 '당위(當爲)', 곧 '마땅히 그렇게 해야 함'이 있을 자리는 없는 것이고, 따라서 '인간은 모름지기 이러저러해야 한다'라는 따위의 당위명제는 성립할 수 없고, 그런 만큼 일체의 정치·사회철학적 논의는 자연과학적(심리생리학적, 의학적) 논의로 전환해야 할 터이다.

'자유'는 인간 존엄성의 토대일 뿐만 아니라, '한국 사회의 갈등 요인을 알아내, 그를 해소할 수 있는 방안을 찾아보자!'라는 따위의 발상과 발언의 기초이다. 그러니 한낱 사람들 사이의 이해관계의 조정이 아니라, 인품이 인간 평가의 제일 척도가 되어, 사람들이 뛰어난 인품을 갖추려고 서로 다투는 곳에서라야 사회적 갈등은 그 근원에서 해소될 수 있다. 어떤 사람이 대단히 뛰어난 인품을 갖춘다고 해서 그것이 다른 사람이 인품을 갖추는 것과 상충할 일은 없기 때문이다.

(2) '평등' 원리의 관점에서

사람들은 보통 '자유'에 비해 '평등'에 대해서 민감한 태도를 취하거니와 '평등'이라는 것이 애당초 이중적인 성격을 갖는 것인 까닭에, 사람들이 평등에 민감하면 민감할수록 갈등의 골은 자칫 깊게 파인다.

논의를 시작하자마자, 도대체 '평등(平等, aequalitas, égalité)'이 무엇인지, 무엇에서 평등인지 하는 것부터가 문제로 부상하여 논의를 난맥으로 이끌지만, 사태를 더욱 어렵게 만드는 것은, 많은 이들이 평등을 주창하면서도 실은 누구도 평등한 사회에서 살고자 하지는 않는다는 점이다. 자유의 문제가 누구나 자기는 충분히 자유롭기를 바라면서, 미처 남의 자유를 돌보지 못하는 데서 발생한다면, 평등의 문제는 왕왕 사람들이 평등 사회를 바라는 척하면서 실은 자신은 끊임없이 타인들보다 우월한 상태에 있기를 꾀하는 데서 생기는 것이다.

평등의 가치는, 다른 누구에게 자기보다 우월함을 허용하지 않고 혹시 누군가가 그러한 것을 추구하지나 않을까 하고 염려하면서도, 자기는 남들의 위에 서려는 부당한 욕구와 결부된 사람들의 경향성에서 비롯한다고 볼 수 있다. 이러한 경향성은 질투심 또는 경쟁심이라고 일컫는 것으로서, 남들이 나보다 우위에 서고자 할 때, 자기의 안전을 위하여 이 타인 위에 서는 우월성을 방비책으로 확보해두려는 경향성이다.(RGV, B17=VI27 참조) 그래서 뭇사람들의 '평등'에의 몰두는 최소한 같음을 확보하기 위해 타인을 시기하고 해코지하는 상황을 빚기도 한다. 바로 이 서로 간의 경향성의 충돌에서 얻은 공존의 지혜가 평등의 원리인 셈이다. 그렇기에 '평등'은 사회적 조정을 통해서만 확보될 수 있다.

흔히들 '천부인권'이라 말하지만, 그것은 당위에 있어서 그렇다는 것이지 사실을 두고 말한다고 보기는 어렵다. '자유'는 사람의 자연본성에서 비롯하되 사회가 형성되면서 제약을 받게 된 것인 반면에, '평등'은 자연 상태에서는 말할 수 없는 것으로, 평등은 그에 대한 인간의 이중적인 경향성을 '인권'이라는 당위로 조정하여 기준을 만들고, 그에 입각해서 불평등한 사실을 변경 내지는 시정하고자 하는 사회적 의지에서 비롯한 것이기 때문이다.

사람들은 태어날 때 성별로나 재능에 있어서나 체력에 있어서나 미모에 있어서나 결코 똑같지가 않다. 그리고 이런 자연적 요소들은 후천적인 사회적 요소들 못지않게 사람들 사이를 불평등하게 만드는 충분한 원인들이 된다. 그럼에도 '평등'은 사람들이 추구하는 가치를 똑같이 누림을 그 내용으로 가질 것이다. 신분, 지위, 재산, 명예, 권력, 건강, 미모 등등, 더 나아가 자식의 양육, 교과성적, 실적에 따른 성과급, 심지어는 배우자에 관해서도 평등을 말한다. 이런 것들 가운데 핵심 주제는 근대 이전 사회에서는 신분이었고, 근대 시민사회 형성 이래로는 '재산'이 아닌가 싶다.

그래서 많은 사람은 시민들 사이의 매우 큰 빈부의 차이가 사회 갈등의 주요인이라 여긴다. 여기에 어떤 이들은 시민들을 정략적으로 부자와 빈자로 편을 가르고 상대방에 대한 적대감을 증폭시킨다. 그러면서 그들은 경제적 빈부의 차이를 여러 가지 사회적 불평등을 초래하는 원인적 요소로 보아 경제적 불평등을 해소하면 여타 방면의 불평등 상황도 개선될 것이라 말한다. 이는 부가 공평하게 배분되면 나머지 것들로의 접근도 비교적 용이할 것으로 보기 때문일 것이다. 물론 그러한 면이 없지 않을 것이다. 그러나 경제적 빈부의 차이 못지않게 사회 갈등을 야기하는 것은 '재산'의 가치가 여타의 가치들을 압도하는 사태이다. 근래 사회에서 '재산'은 최고의 가치로서 여타 가치들의 창출 원천으로 여겨지고, '돈만 있으면 세상 살기 좋아', '어디서나 자기 돈 없으면 끝장이야', '유전무죄(有錢無罪) 무전유죄(無錢有罪)'라는 말들이 드물지 않게 들리며, '양반은 얼어 죽어도 곁불은 쬐지 않는다'라는 염치 대신에 '수염이 대자라도 먹어야 양반이다'라는 파렴치가 횡행한다. 돈만 있으면 원하는 바가 다 이루어지는 사회, 많은 사람이 돈 앞에서는 품위 손상을 기꺼이 감수하는 사회에서 '평등'의 원칙은 인간다움의 발양을 위한 기반 조성의 원리가 될 수 없다. 그런 곳에서는 '평등'의 원리가 갈등 해소의 기능을 하기는커녕, 오히려 서로의 자유를 심하게 침해함으로써 다른 갈등을 증폭시키는 역기능을 할 수도 있다. 돈으로도 결코 할 수 없는 일이 많은 사회, 돈보다는 인간의 품격이 여타 가치들의 창출의 원천이 되는 사회, 그런 사회에서라야 '평등'의 원칙은 '자유'의 원칙과 화해할 수 있어, 마침내 인간이 추구하는 이상적인 정치공동체인 '자유롭고 평등한 사회'를 구현할 수 있을 것이다. 사람이 돈이 많기 때문이 아니라 인품이 뛰어나서 존경받고, 돈이 없어서가 아니라 인품이 모자라 경멸의 대상이 되는 사회에서라면 빈부 차이에 의한 갈등은 자연스럽게 완화될 것이다.

재산상의 평등 추구는 어떤 의미의 '평등'이라 하더라도 자유의 원칙을 해치기 십상이고, 그래서 두터운 도덕성을 요구한다. 왜냐하면 평등의 실현은 그것이 인간적인 사회 운영의 요체를 이루어야 한다는 자율적 당위에 국가시민 모두가 복종하는 것을 전제로 하기 때문이다. 이 문제로 사회의 갈등이 깊다면 그것은 국가시민들의 도덕성이 아직 얕음을 뜻한다. 그래서 이 논의는 '정의'의 문제로 이어질 수밖에 없다.

(3) '정의' 원리의 관점에서

'정의(正義, justitia)'는 적어도 세 겹의 의미를 갖는다.

첫째로, 정의는 '의로움'이다.

정의(正義)의 근본은 의(義)로움에 있다. 의로움이란 "올바른 길[正路]"을 걸음이다.[6] 그런데 올바른 길의 첫걸음은 사람이 남의 것을 탐내지 않음이라 한다. 그러니까 자기 것 이상을 가지려는 욕망 즉 탐욕(pleonexia)은 불의를 낳는다. "자기 소유가 아닌 것을 취하는 것은 의로움이 아니다(非其有而取之 非義也)."[7] 근원을 따져 말하면 이같이 의롭지 않은 것에서 부끄러워하는 마음[羞惡之心]

이 의로움의 실마리이다.[8] 이욕(利慾)으로 인해 "벽을 뚫고 담을 뛰어넘고 싶은 마음[穿踰之心]"[9]이 생기지 않도록 자제하는 것이 도의(道義)의 기본임이다.

그러니까 정의는 일차적으로는 부정적인 성격을 갖는다. '신의 정의' 또한 심판의 척도로 등장한다. "정의는 순전히 처벌적(punitiva)인 것으로 보상적(remunerativa)인 것이 아니다. 신은 정의에 의해 처벌하며, 보상은 오로지 자비로써 하는 것이다."(V-Th/Baumbach, XXVIII1292) 그런 의미에서 "정의는 자비의 제한이다."(V-Th/Baumbach, XXVIII1294)

둘째로, 정의는 '법(jus)'이다.

인간의 행위 규범이 되는 당위적 명령이 내적으로 수립될 때 '윤리' 내지 '도덕'이라고 일컫고, 외적으로 수립되면 우리는 그것을 '법'이라 일컫는다. 일반적으로 '의무에 맞는' 인간의 행위는 '올바르다/옳다/정당하다/법적이다(rectum)'라고 하고, '의무에 어긋나는' 행위는 '그르다/부당하다/불법적이다(minus rectum)'라고 말한다. 이때 "외적인 법의 면에서 옳은/정당한/법적인 것은 정의롭다(gerecht/justum)라고 일컫고, 그렇지 않은 것을 정의롭지 않다(ungerecht/injustum)라고 일컫는다."(MS, RL, AB23=VI224) 그래서 '법적임'과 '정의로움'은 사실상 같은 의미로 쓰인다. 그런 맥락에서 대개의 국가에서 법적인 사안의 주무부서인 '법무부'를 '정의부(Department of Justice[DOJ])'라고 일컫는다.

소크라테스가 아테네 법과 다중 재판의 부당성을 들어 자신의 탈옥을 돕겠다고 나선 친구 앞에서 사형 집행일 새벽까지 역설했던 바도, 설령 상대방이 부당한 짓을 한 상황일지라도, '법대로 함'이 정의라는 것이었다. 상대방의 부정의가 나의 부정의를 '정의'로 만들어줄 수는 없으며, 어떤 경우에도 부당함/불법은 정의로울 수 없다.

> "소크라테스: 그렇다면 많은 사람(다중)이 생각하듯이, 올바르지 못한 일을 당했다고 해서 앙갚음으로 올바르지 못한 짓을 해(antadikein)서도 아니 되는데, 이는 어떤 경우에도 올바르지 못한 짓을 해(adikein)서는 아니 되기 때문일세."[10]

"법정 자체를 한 나라의 정의라고 부"(MS, RL, AB155 = VI306)를 수 있는 곳에서라야 정의는 있다. 법원 앞에서 법관의 판결에 항의하는 시위가 빈번한 사회, 법관의 판결을 못마땅하게 여겨 그 법관의 직위를 왕왕 박탈하는 사회에 정의는 없다.

오늘날도 흔히 '정의의 법칙(lex justitiae)'이라 일컫는 울피아누스(Domitius Ulpianus)의 정식(定式), "각자에게 자기 것을 분배하라(suum cuique tribue)"[11]가 말하는 바도 정의(justitia)는 곧 '법(jus)적임'이라는 것이다. 아니, 정의는 본래 법이다. "최고의 법은 최고의 불의이다(summum jus summa injuria)"[12]라는 경고가 있듯이 형식적이고 한낱 추상적인 제정법(制定法)의 한계는 납득해야 하겠지만, 그럼에도 정의는 법을 떠나서는 존립할 수 없다. 정의는 법으로만 표현될 수 있기 때문이다.

셋째로, 정의는 '복지(salus)'이다.

정의는 정말이지 법이다. 그런데 "인민의 복지가 최고의 법일진저(salus populi suprema lex esto)."[13] 여기서 인민의 복지란 국가시민 각자 모두의 평안한 삶의 상태를 뜻할 터이다. 밥이 없으면 법도 없고, 따라서 정의도 없음이겠다. 그러니까 국민의 복지는 국가 경제를 모든 이가 평안한 삶을 운위할 수 있도록 관리해나가는 데서만 기대할 수 있다. 그것은 불가불 국가가 '나의 것과 너의 것'을 조정해야 함을 함축한다.

그래서 "正義·人道"를 실현하고 "不義를 타파하며, 自律과 調和를 바탕으로 自由民主的 基本秩序"[14]를 확립하고자 하는《대한민국 헌법》역시 국민 내의 "적정한 소득의 분배"를 규정하고 있다.[15]

복지는 이를테면 경제적 정의의 표현이다. '소득과 부'는 사람이 사람답게 사는 데 필수적인 것이다. 사회 구성원 대부분이 또는 일부라도 경제적 궁핍으로 인해 심하게 고통받는 상황이라면 그러한 사회를 정의롭다고 볼 수 없으며, 어떤 사회가 정의롭지 못하다면 그 사회의 시민들 역시 정의롭다고 보기 어렵다. 현저한 경제상의 불균형은 경제적 자유뿐만 아니라 정치적 자유와 평등의 실현 또한 저해할 뿐만 아니라, 결국은 인간의 품격 있는 삶을 파괴한다.

> "경제적·사회적 체제에서의 불평등은 유리한 역사적 조건 아래에서 존재할 수 있었던 정치적 평등을 순식간에 저해한다."[16]

경제적 정의는 정치적 정의의 초석으로서 법적 정의 실현의 기반이자 징표임이 분명하다. 그러나 '적정한 소득의 분배'나 각자의 '자기 것'이 어떠한 것인지는 국가 구성원들의 양식(良識) 있는 긴 논의와 협의를 거쳐야 비로소 드러날 것이다. 그런 과정을 거쳐 합의에 이르는 데 오랜 시간이 걸리면 우선 잠정적인 '합의안'을 낼 수도 있다. 그 합의안이 '현행의 법'이다. 사람이 만든 법은 더 좋은 합의안이 나오면 언제든 개정될 수 있다. 제정법에 절대적인 것은 없을 터이다. 그렇더라도 현행의 법은 지금의 '정의'의 표현이다. 그렇기에 '법'은 언제 어디서나 준수되어야 한다. 한국 사회 갈등의 주요인 중 하나는 법정의 권위가 늘 위태위태하고, '자기 것'을 분별하지 못하는 데에 있다. 다시 말해 사람들이 '정의'의 세 겹의 뜻 가운데 첫 번째, 두 번째 뜻에는 주목하지 않은 채 세 번째 뜻 주변에서만 맴도는 데에 있다.

2) 갈등 해소의 참다운 길

"국가란 법법칙들 아래에서의 다수 인간의 통일체[하나됨]이다."(MS, RL, A164=B194=VI313)

"[법치의] 이념만이, 만약 그것이 비약, 다시 말해 기존의 결함 있는 체제의 폭력적인 전복에 의해 혁명적으로가 아니라, ─ (왜냐하면 그럴 경우에는 중간에 일체의 법적 상태가 폐기되는 순간이 생기할 것이기 때문에) 오히려 확고한 원칙들에 따라서 점진적인 개혁을 통해 시도되고 수행된다면, 최고의 정치적 선, 즉 영원한 평화로의 연속적인 접근을 이끌 수 있다."(MS, RL, A235=B265 이하=VI355)

국가공동체는 법인(法人)인 만큼 법의 체계를 세우고, 한 번의 법체계로 미흡하면 다시 고쳐 세우고, 국가시민은 상호 배려와 인내 속에서 그에 복종해야 한다. 그래서 시민국가는 의회도 가지고 있고, 법원도 가지고 있으며, 일정 기간마다 통치자도 바꾸어 선출한다. 모든 실천적인 역량, 곧 덕(德)은 이념 주창이나 부자들의 거만과 빈자들의 울분만으로 얻어지는 것이 아니라, 절제의 실습과 훈련을 통해 증진되는 것이다. 더 이상 신분사회가 아닌 시민사회에서라면 어떤 국가라도 계층 이동과 권력 교체가 합법적으로 이루어지는 횟수가 차츰 증가하면서 법치(法治)도 정착되어갈 것이다.

"민주정의 기본적인 원칙은 민중이 통치자이자 피통치자라는 것이 아니라, 모든 시민이 이 두 위치를 번갈아 가며 차지할 수 있어야만 한다는 것이었다. 아리스토텔레스는 '민주정의 기본 원칙'인 자유가 취해야 할 두 가지 형태 가운데 하나를 다음과 같이 정의했다. '자유의 한 형태는 다스리고 또 다스림을 받는 것을 번갈아 하는 것이다.'[17] 다시 말하면 민주적 자유는 [민중이] 자신에게 복종하는 것이 아니라 내일이면 자신이 차지할 그 자리에 오늘 앉아 있는 누군가에게 복종하는 것이다.

아리스토텔레스는 이처럼 통치와 복종을 번갈아 하는 것을 시민의 덕 혹은 탁월함이라고 했다. 그는 다음과 같이 말했다. '좋은 시민의 탁월함은 잘 다스리고 잘 복종함으로써 나타난다.'[18] 시민에게 핵심적인 이 두 능력은 역할 교대를 통해 배우게 된다. 즉 '잘 복종할 줄 모르는 사람은 잘 통치할 수 없다는 것은 매우 옳은 말이다.'[19]"[20]

갈등이 없다 해서 그것만으로 사회가 건강하다고 볼 수는 없다. 갈등은 해소되어야 할 것이기는 하지만 합리적인 방식으로 해소되어야 한다. '이치에 부합함'이라는 합리성(合理性)이 '서로의 이익이 맞아 떨어짐'이라는 '합리성(合利性)'으로 호도되어 잠재워지는 것보다는, 해소가 지체되더라도 갈등의 난국을 겪으면서 진정한 합리성(合理性)이 성숙해가서 마침내 화합을 이뤄내는 편이 더 좋을 수도 있다. 갈등 해소가 의롭지 못한 방식으로 이루어진다거나, 또는 큰 사회적 갈등이 없는 대신에 어떤 사회의 구성원들이 전반적으로 생에 대한 의욕이 감퇴하고 침울하거나 행복에 대해 무감각해지면, 갈등의 와중에서도 활력이 넘치는 사회가 더 낫다고도 볼 수 있기 때문이다.

2

자살의 문제

자살(自殺, 자기 살해, 자기를 죽임, 스스로 목숨을 앗음[버림], suicidium, Selbstmord)에 관한 철학적 논의의 주요 쟁점은 대체로 다음과 같은 세 가지이다.

1) 무엇이[어떻게 하는 것이] 자살인가(아니, 대체 무엇이 삶이고 죽음인가)?

2) 인간은 (어떤 경우에는) 자살을 해도 좋은가[(어떤 경우에도) 해서는 아니 되는 것인가]?

3) 자살이 일어나서는 안 되는 일이라면 어떻게 방지할 것인가?

그리고 이 쟁점들을 보통 주요 관심에 따라 생물학적/의학적, 또는 사회학적/심리학적, 또는 법학적, 또는 철학적, 또는 종교적 관점에서 다룬다. 이 논고에서는 주로 두 번째 쟁점과 관련한 재래 철학사상의 논변들을 조감하면서, 이에 대한 칸트적 관점을 검토하여 그 의의를 새긴다.

자살에 관한 서양 전통 사상은 스토아학파에서 보듯 예외가 없는 것은 아니지만 대체로 '사람은 (어떤 경우에도) 자살해서는 안 된다'라는 것이며, 그렇게 생각하는 이유를 살펴보면 대개 네 가지이다. 첫째는 사람은 생명체(동물)이되, 자기 자신이 그 생명을 부여한 자가 아니니, 그 자신이 그것을 탈취할 권리가 없다는 것이다.(플라톤, 아우구스티누스, 로크) 둘째는 자살이라는 행동은 자기 존재를 보존하고 자기를 파괴하려는 것에 저항하는 모든 사물이 따르는 자연법칙(lex naturalis)에 어긋난다는 것이다.(토마스 아퀴나스) 셋째는 자살은 타인(부모 형제 자식, 친구, 동료시민)과 그가 속한 공동체에 대한 의무를 저버리고 오히려 해를 입히는 나쁜 짓이라는 것이다.(아리스토텔레스, 공리주의) 넷째는 자살은 그 감행자 자신의 인격을 추락시키는 일로서, 동물로서의 자신이나 인격으로서의 자신에 대한 의무를 저버리는 비행(非行)이라는 것이다.(칸트)

이제 앞의 두 이유는 더 어려운 선결문제를 포함하고 있어 받아들인다 해도 논의를 더 이상 진척시키기가 곤란하고, 세 번째 이유는 제한적 의미를 가질 따름임을 지적하면서, 네 번째 이유를 제시하는 칸트의 인격주의 윤리 관점에서 '사람은 어떤 경우에도 자살을 해서는 안 된다'라는 당위 규칙을 우선해서 해명한다.

그런데 이러한 자살의 문제에 대한 시각은 인간을, 그리고 인간에서 생명을 어떻게 보느냐에 따라 거의 결정될 것이므로, 인간과 인간의 생명에 대한 원론적 규정과 전통적인 개념을 살피면서 논의를 시작해보자.

1) '이성적 동물'로서의 인간

인간은 통상 동물들 가운데 한 종(homo sapiens)으로 여겨진다. 이는 인간이 동물들과 공유하는 속성과 함께 여느 동물에서는 볼 수 없는 특성, 즉 적어도 한 가지 종차(differentia specifica)를 가지고 있음을 말한다. 그리고 '인간'이 현존하고 있으니 동물이라는 보편성에 어떤 특수성(종차)이 조합한 하나의 존재자가 있음은 사실이라 하겠다. 그러나 만약에 이 두 성질의 조합에 불화가 있을 경우 그것은 인간이라는 존재자의 파열을 뜻하는 것이겠는데, 실상 인간의 역사는 그 파열과 봉합의 시도로 점철되어 있다고 해도 과언이 아니다.

어떤 문제 상황에서 '인간은 부끄러워할 줄 아는 동물'이라느니, '인간은 웃을 줄 아는 동물'이라느니, 또는 '인간은 자기 한계를 알면서도 거기에 머물려 하지 않는 동물'이라느니, '인간은 알고 싶은 욕망을 피할 수 없는 동물'이라고 정의되기도 하지만, 인간에 대한 많은 정의 가운데서도 가장 포괄적이고 가장 널리 통용되고 있는 것은 아마도 인간(人間, ἄνθρωπος, homo, man, Mensch)은 "이성을 가진 동물(ζῷον λόγον ἔχον)"[21] 또는 "이성적 동물(λογικὸν ζῷον, animal rationale)"일 것이다.[22] 그리고 인간 역사의 대부분은 실상 인간을 이루고 있는 이 '이성성(rationalitas)'과 '동물성(animalitas)'의 길항작용으로 이루어져,[23] 가령 동물성이 발휘되는 것을 이성이 막으려 한다거나 이성의 활동에 동물성이 장애를 일으키는 과정으로 보아도 큰 무리가 없을 정도이다. 다행히 동물성이라는 보편성과 이성성이라는 특수성이 잘 화합한다면, 그때야 인간은 진정으로 '인간성/인문성(humanitas)'을 확보하고, 그때는 많은 인간의 문제들, 그 가운데 하나인 자살의 문제도 거의 해소될 것이다.

무릇 인간을 '이성적 동물'이라고 규정할 때 '동물'은 어느 면으로는 '짐승(獸, θηρίον, bestia)'을 뜻하지만, 더 근원적으로는 '생명체(ζῷον, animal, Lebewesen)'를 뜻하며, 그 '생명(生命, ζωή, vita, Leben)'의 원리는 보통 '영혼(靈魂, 목숨, ψυχή, anima)'이라고 일컫는다.

그렇다면 생명체에서 생명이란 무엇인가?

'생명'의 개념은 인간의 오랜 사유의 도정에서 다양하게 채색되어 있다. 재래 형이상학에서 생명의 원리로 일컬어지는 '영혼'이란 "운동능력(κινητικὸν)"[24] 내지 "스스로 운동하는 자(τὸ αὐτὸ κινοῦν)"[25]를 말하며, 그 운동은 자기발전 내지 자기보존을 위한 것으로 이해된다. 생명체는 영혼이 이러한 운동을 하는 동안은 '살아 있다'하고, 더 이상 운동이 없으면 '죽었다'라고 한다. 그러니까 넓은 의미에서는 생장력(anima vegetativa)를 가지고 있는 식물도 생명체에 포함된다.[26] 그러나 '살아 있음'의 생생한 징표가 '감각하고 지각할 수 있음(anima sensitiva)'으로 이해됨[27]과 동시에, '생명'이 "존재자의, 욕구능력의 법칙에 따라 행위하는 능력"(KpV, A16=V9)으로 규정되고, 욕구능력이 "자기의 표상들을 통해 이 표상들의 현실성의 원인이 되는 그런 것의 능력"(KpV, A16=V9)으로 정의된다면, 생명체란 자기 욕구 실현을 위해 능동적으로 운동하는 생물, 즉 동물만을 지칭하기도 한다. — 그래서 어원적으로는 '생명체/생물'을 뜻하는 라틴어 'animal'이나 독일어 'Lebewesen'은 흔히 '동물'을 지칭한다. — 이럴 때 생명의 원리로서 영혼은 "영양섭취능력, 생식/번식능력, 욕구능력, 감각능력, 장소운동능력, 사고능력(θρεπτικόν, γέννητικόν, ὀρεκτικόν, αἰσθητικόν, κινητικὸν κατὰ τόπον, διανοητικόν)"[28]을 아우르는 것으로 규정된다.

그러나 이러한 동물 가운데는 말(λόγος)하고 셈(ratio)할 줄 아는 것과 그리할 줄 모르는 것이 있으니, 전자를 인간이라고, 후자를 '여타 동물들(τὰ ἄλλα ζῷα)' 또는 '비이성적 동물들(ἄλογα ζῷα)'이라고 부르기도 한다. 그러니까 인간이 이성적 동물이라는 것은 감각하고 지각할 줄 알며, 자기 욕구 실현을 위해 능동적으로 활동한다는 유적(동물적) 성질에 더하여, 말을 할 줄 알고, 셈을 할 줄 안다(anima rationalis)는 종적(인간적) 특성을 가지고 있음을 지시한다. 인간의 여타 동물과의 이러한 차이[種差]를 두고서, '짐승 동물(animal brutum)'과 '이성 동물(animal rationale)'의 구별이 생겼다. — 이제 짐승 동물의 생명성이 감각능력으로 정의된다면, 이성 동물의 생명성은 사고능력으로 정의된다.

"인간들은 각양각색이지만, 이 한 점에서는 짐승들과 다르니, 즉 인간은 천부적으로 이성을 가지고 있다"[29]

인간이 사고능력(νοητικόν)으로 정의된다는 것은, 인간은 말을 하며, 그것을 통해 보고 느낀 것을 논리적으로 개념화한다는 뜻과 함께 선과 악을 식별하고 이것들을 서로 견주어서 그에 대해 의견을 세우고, 자기 의견을 가지고서 남과 이야기를 나눌 수 있다, 곧 의사소통할 수 있다는 것을 뜻한다. 그래서 '말다운 말' 또는 '말 같지 않은 말'은 논리적 척도에서뿐만 아니라 윤리적 척도에 의해서도 구분된다. 그런데 이 말하기에는 으레 말하는 '나'가 있으니, '너'에 대해서 '나'를 세우고, 선악을 분별하여 그것에 대해 내 생각을 말하는 이 '나'로 인해 이성적인 인간은 이제 '인격'이 된다.

"인간이 자기의 표상 안에 '나'를 가질 수 있다는 사실은 그를 지상의 여타의 모든 생물 위로 무한히 높이 세운다. 그로 인해 인간은 하나의 인격이며, 그에게 닥치는 모든 변화에도 불구하고 의식의 통일성에 의해 하나의 동일한 인격이다. 다시 말해 인간은 사람들이 임의대로 처분할 수 있는, 이성 없는 동물들과 같은 그러한, 물건들과는 지위와 존엄성에서 전적으로 구별되는 존재자이다."(Anth, BA3=VII127)

인간이 '나'로 나타나는 인격이라 함은 인간은 한낱 물건이 아니며 또한 '아무나'가 아니라는 것, 그렇기에 한 인간은 어떤 물건으로도 또한 어떤 다른 인간으로도 대체될 수 없는 독자적이고 고유하다는 것을 의미한다. 그러나 인간이 '나'를 말하는 이 인격성으로 인해, 인간은 스스로 '나'를 바라보는, 그러니까 내가 나를 돌아보는, 말하자면 내가 '나'를 대상화하는 일 또한 일어나며, 이로써 '나'는 '나'와 분열하여, 나를 타자화하고, 소외(Entfremdung)시키기도 한다. 그러한 '나'와 '나'의 관계에서 인간은 자신의 선의이념에 따라 자기에게 스스로 의무를 부여하기도 하지만, 스스로 부여한 의무를 위반하기도 하며, 자기의 생각에 따라 자기를 상해하거나 살해하는 일마저도 한다.

동물이 '물성(物性)' 내지 '육성(肉性)'을 본질로 갖는 한, '물질에 대한 육욕'이 그 중심에 있다. 동물로서 인간은 근본적으로 이러한 동물적인 경향성에 따라 움직인다. 그러나 인간은 자신의 운동 방향이 선의 이념에 어긋나는 듯싶으면 스스로 그에 제동을 걸기도 한다. 그것은 인간이 자유의 능력 역시 가지고 있기 때문이다. 그리고 그것은 인간이 언제나 동물적 경향성에 따르는 것은 아님을 뜻한다.

"한 존재자가 자기의 표상들에 따라서 행위하는 능력"(MS, RL, AB1=VI121)으로서의 생명이 행위를 위한 규정근거를 자신 안에 가질 때, 그러한 "임의대로 행동하는 능력"(MS, RL, AB5=VI213)을 '욕구능력'이라 한다. 이때 그 행동의 준거가 되는 임의적 표상들에 따라 행위의 목적을 세우는 생명체는 '주체' 곧 '자기'라고 하고, 그러한 임의가 자기의 이성 안에 있는 한에서, 그러한 욕구능력은 '의지(Wille)'라고 일컫는다. 이것은, 인간이 동물적 경향성을 갖되 또한 동시에 실천적 의지에 기초해서 행위를 선택하는 의사(Willkür)를 갖는 주체적인 존재자이며, 그런 한에서 자기로부터(a se) 또는 자기에 의해(per se) 무엇인가를 시작하는 자유(自由)로운 존재자임을 말한다. 그리고 그것은, 그런 한에서 인간은 동물임에도 불구하고 인격적인 존재자임을 뜻한다.

2) '목적으로서의 인간의 존엄성 원칙' — 윤리적 평가 원리

인간은 선·악을 분별하고, 그 뜻에 따라 행위 규칙을 세우고, 그를 실현하고자 의욕한다는 점에서 인격적인 존재자이다. 그런데 선·악/좋음·나쁨이란 무엇을 뜻하는가?

앞의 논고에서도 분별하여 본 바 있듯이 '좋은/선한'이라는 말은 윤리적인 관점에서뿐만 아니라 심리적인 또는 실용적인 관점에서도 흔히 사용된다. 그러나 행복이론과 구별되어야 할 윤리이론에서 "좋은[선한] 것"이란 한낱 "모든 것이 추구하는 것"[30]이 아니라, "이성을 매개로, 순전한 개념에 의해 적의한 것"(KU, B10=V207)을 지시한다. 좋은 것은 그것이 '무엇을 위해' 좋은 것이든, '그 자체로' 좋은 것[31]이든, 바꿔 말해 '간접적으로' 좋은 것이든 '직접적으로' 좋은 것이든, 그 안에는 언제나 "목적의 개념이, 그러니까 이성의 (적어도 가능한) 의욕과의 관계가, 따라서 한 객관 또는 한 행위의 현존에 대한 흡족"(KU, B10=V207), 다시 말해 어떤 이해관심의 충족이 들어 있다. 그런데 '이성에 의한 개념'이 '좋은/선한'의 척도가 된다고 함은 순전히 감정에만 좋은 것은 진정으로 좋은 것에서 배제되어야 함을 뜻한다. 공리(utility) 곧 행복(happiness) 곧 선(good)이라는 이론을 펴는 공리주의자들은 쾌와불쾌, 쾌적함과 불편함, 길흉화복에 대해서도 두루 '좋은/좋지 않은'이라는 말을 쓰지만, 칸트는 이 말이 근본적으로 '이성에게 좋은/좋지 않은' 것으로 판단되는 사태에 대해서만 적확하게 쓰일수 있다고 본다. 그러니까 도덕적인 선·악은 오로지 이성적으로만 판별될 수 있는 것이다. 거듭 말하거니와, 이렇기에 도덕적으로 좋음·나쁨 곧 선악은 감성적인 호오(好惡)나 복화(福禍)와는 다른 것이다.

이렇게 분간되는 의미에서 선한 행위의 판별 기준이 되는 것이 도덕법칙이다. 교통법규가 없으면 교통질서의 준수 위반을 판정할 수 없듯이, 도덕법칙이 없다면 우리는 어떤 행위의 선악을 평가할 수 없다. 그러나 교통법규는 실용적 관점에서 제정할 수도있고 폐기할 수도 있는 데 반하여, 행위의 윤리성을 판가름하는기준이 되는 도덕법칙은 순전히 이성에서 유래하는 것으로서 임의로 제정하거나 폐기할 수 있는 것이 아니다. 그것은 인간의 어떤 사고가 논리적으로 맞는지 틀리는지를 판가름할 수 있는 최고척도인 논리법칙으로서의 모순율이 그러한 것과 꼭 마찬가지이다. 그것은 임의로 제정하고 폐기할 수 있는 것이 아닌 "이성의 사실"(KpV, A56=V31)로서, 이성적 존재자에게는 자명하고 필연적인것이다. 이성의 사실로서의 이런 윤리 도덕의 법칙 중의 법칙이라

할 수 있는 것이 칸트가 정식화한 '목적으로서의 인간의 존엄성 원칙', 줄여 말해 '인간 존엄성의 원칙', 곧 "네가 너 자신의 인격에서나 다른 모든 사람의 인격에서 인간(성)을 항상 동시에 목적으로 대하고 결코 한낱 수단으로 대하지 않도록, 그렇게 행위하라"(GMS, B66/67=IV429)라는 정언명령이다.

이 '인간 존엄성의 원칙'이야말로 "너의 의지의 준칙이 항상 동시에 보편적 법칙 수립의 원리로서 타당할 수 있도록, 그렇게 행위하라"(KpV, A54=V30)라는 "순수 실천 이성의 원칙"이 내적 자유의 법칙으로 정식화한 가장 보편적인 덕법칙(Tugendgesetz)이다.[32] 무릇 법칙이란 객관적으로 필연적인 규칙이거니와, 윤리 도덕의 법칙은 인간이 인간으로서 자기의 행위를 강제하는 당위 법칙이고, 그래서 도덕법칙의 준수는 인간에게는 의무이다. 의무란 "법칙에 대한 존경에서 비롯한 필연적 행위"를 일컫는 말이다. 그러니까 의무는 행위자의 호불호, 이해득실에 그 이행 여부가 달려 있는 것이 아닌, 무조건적인 준수 사항이다. 그래서 도덕법칙은 언제나 '정언적인 명령'으로 표현된다. 이제 인간을, 자신이든 남이든, 언제나 "목적 그 자체"(KpV, A156=V87)로 대해야 한다는 것은, 인간은 이런저런 용도에 따라 그 가치가 인정되기도 하고 안 되기도 하는 '물건' 즉 무엇을 위한 수단이 아닌, '나'라고 표현되는, 한낱 대상이 아니라, 그 자체로서 가치를 갖는 '인격' 즉 목적이기 때문이다. 바로 이 점에 인간 존재의 존엄함이 있고, 신성함이 있는 것이다.

"인격으로서, 다시 말해 도덕적-실천적 이성의 주체로 여겨지는 인간은 모든 가격을 뛰어넘는다. 무릇 그러한 인간(叡智體 人間)으로서 인간은 한낱 타인의 목적들, 아니 심지어는 자기 자신의 목적들을 위한 수단으로서가 아니라, 목적 그 자체로서 평가되어야 하기 때문이다. 다시 말해 그는 존엄성(절대적인 내적 가치)을 가지며, 이에 의해 그는 다른 모든 이성적 세계존재자에게 그에 대한 존경을 강요[…]할 수 있기 때문이다."(MS, TL, A93=VI434/435)

그러므로 이 '목적으로서 인간의 존엄성 원칙'은 모든 인간 행위에 대한 윤리적 평가의 최종 준거가 되지 않을 수 없다. 다시 말하면 그에 준거해서 누구의 어떤 행위가 윤리적으로 선한지 또는 악한지를 판정할 원칙으로서, 이것 이상의 원칙은 없다.

3) 생사여탈의 권리 소재

고대의 플라톤에서 근대의 데카르트에 이르기까지 서양 사상가들은 오랫동안 인간을 영혼과 육체의 결합체(conjunctio animae et corporis)로 보았다.

만약 인간의 생/생애(βίος)가 영육의 결합 상태이고, 그 결합을 영혼(ψυχή)이 육체(σῶμα)에 갇히는 것이라고 본다면, '죽음(θάνᾰτος)'이란 "영혼이 육체에서 벗어남(ἀπαλλᾰγή)"[33] 또는 "영혼과 육체의 분리(διαλυσις)"[34]로서 그것이야말로 '해탈'이니, 죽음의 순간은 다름 아닌 영혼의 해방의 순간이 되겠다. 그러니까 "푸시케[영혼]는 신체로부터 독립적인 삶을 영위할 수 있으며, 나아가 사후에 영혼은 오히려 순수한 삶을 영위할 수 있다는 추론이 가능하다."[35] 이런 맥락에서 플라톤은 "철학함이란 죽는 것을 수련함"[36]이라고 보기도 했다. 죽음, 그러니까 영혼과 육체의 분리에서 육체는 생명성을 잃되, 영혼은 육체로 인한 온갖 고난과 질곡에서 벗어나 이제야 자유로운 (진정한) 생을 누릴 수 있게 되는 것이다. 이제 이러한 파악이 맞다고 하면, '죽음'이란 육체에만 있을 뿐, 생명의 원리인 영혼은 그 본성상 영생하는 것이겠다.

> "진정으로 철학(지혜 사랑: philosophia)으로 생애를 보낸 사람은 내가 보기에는 죽음에 임하여 확신을 가지며, 또한 자기가 죽은 뒤에는 저승에서 최대의 것들을 얻게 될 것이라는 희망에 차 있을 것이 당연하다."[37]

그러나 그 영육의 결합과 해체는 무엇에 의해 어떻게 일어나는가? 만약 한 인간(A)이 특정 영혼(a)과 특정 육체(b)의 결합체(=A)라 한다면, 그 결합은 A가 한 것인가, 아니면 a 또는 b가, 그것도 아니면 a와 b가 어느 순간 의기투합하여 한 것인가 또는 저절로 (우연히) 일어난 일인가? 이도저도 아니면 제3자(B)가 한 것인가? a와 b를 결합시키지도 않은 자가 해체에 관여한다면 월권이라고들 말하지만,[38] 설령 어떤 제3자가 그 결합을 성사시켰다고 해도,

그가 다시금 해체할 권한을 반드시 갖는다고 볼 수도 없는 일이다. (한 번 준 것은 이미 받은 자의 것이니, 준 자가 과거에 주었다는 그 사실만을 이유로 다시금 빼앗는다면 이 또한 월권 아니겠는가!)

게다가 영육의 해체를 인간 자신이 결정할 권한이 있는지 어떤지 따위의 논쟁은 인간이 영혼과 육체의 결합체라는 전제에서만 의미 있게 진척될 수 있다. 그런데 과연 인간은 영육의 결합체인가? — 수천 년간의 탐구와 쟁론으로도 미결인 이 물음을 안고서 인간 생명에 대한 윤리적 논의를 이끌고 가서 결론을 내리는 일은 쉽지 않다. 그래서 근대 이후 인간의 타인(예컨대, 친족, 이웃)에 대한 도리 내지 공동체에 대한 의무 또는 자기 자신에 대한 의무의 관점에서 자해나 자살의 윤리적 문제를 더 많이 논의해왔는데, 칸트는 자살 행위를 일차적으로는 인간의 자기 자신에 대한 의무를 위반하는, 그러나 근본적으로는 인간 인격의 존엄성을 해치는, 그러니까 하나의 죄악이라고 본다.

4) 인간의 자기 생명 보존의 의무

동물로서 인간은 자신의 신체에 대한 존중의 의무를 갖는다. 신체적 존재자인 인간의 일차적 의무는 그의 동물성의 본질인 자기 생명의 보존이다. 그의 자기 신체와 생명에 대한 존중은 자기의 인간성, 그리고 그것을 떠나서는 있을 수 없는 자기 인격의 존엄성에 대한 경의 안에 포함되어 있다는 것이다. 동물인 인간은 그의 신체가 있지 않으면 더 이상 인간이 아니기 때문이다.

동물인 인간이 자기 자신에게 지우는 첫 번째 의무는, 자연대로의 자기를 보존하는 한편 자신의 자연적 능력을 개발하고 증진하는 일이다. 인간의 동물성은 생명 감각이고, 다름 아닌 그것이 "생의 촉진을 추동하는 것"(GMS, B53/54=IV422)이니 말이다. 그러므로 갖가지 가능한 목적들의 수단인 인간의 자연능력(정신력, 체력)을 배양하는 것은 인간의 자기 자신에 대한 일차적 책무이다. 인간은 이성적인 존재자인 자기 자신에 대해 그의 이성이 사용할 수 있는 자연 소질과 능력을 녹슬지 않도록 할 의무가 있다. 인간이 그의 능력을 배양하고, 실용적인 관점에서 그의 현존의 목적에 알맞은 인간이 되도록 하는 것은 도덕적 실천적 이성의 명령이자 인간의 자신에 대한 의무이다. 그렇게 해서 세상에 쓸모 있는 일원이 된다는 것은 그 존엄성을 내리 깎아서는 안 될 그 자신의 인격에서 인간성의 가치에 속하는 일이기 때문이다.(MS, TL, A110=VI444 이하 참조) 인격의 존엄성은 인간 생명의 존엄성을 포함한다.

자신의 자연 능력과 소질을 배양해야 할 의무에 극단적으로 반대되는 것이 임의로 자기 자신을 죽이는 일로, 그것은 자기 의무의 "위반(罪惡, peccatum)"이고, 그것이 고의적일 때는 "패악(悖惡, vitium)"(MS, TL, A21=VI390)이다. 전체적인 자기 살해든, 부분적인 자기 상해[不具化]든 그것이 자기를 죽이는 짓이면, 그것은 비행(非行)이다.

나아가서 윤리적 의무의 주체로서 인간은 무엇보다도 그 의무의 주체를 보존해야 할 책무가 있다. 인간이 의무 수행의 주체이면서 동시에 "일체의 책무성을 면할" 권한을 갖는다면, 그것은 하나의 자가당착이다. 자살은 "그 자신의 인격에서 윤리성의 주체를 파기하는 일"(MS, TL, A73=VI422이하)로, 이는 윤리적 의무 수행을 원천적으로 봉쇄하는 것이니, 그야말로 윤리성 자체를 말살하는 짓이다.[39]

아리스토텔레스나 토마스 아퀴나스에서도 거듭 논의되었듯이, 스스로 목숨을 끊는 경우, 그것이 부모의 사랑에 대해 자식으로서의, 배우자로서의, 자식들에 대한 부모로서의, 또는 사회에 대한 시민으로서의 의무를 저버린 것일 수도 있고,[40] 또 과연 어떤 인간에게 자신의 생명을 자기 임의로 처분할 권리가 있는지, 그것이 생의 "보편적 자연법칙"이나 영속적인 자연 질서에 맞는지가 문제 될 수도 있다.(GMS, B54=IV422; KpV, A76=V44 참조) 그러나 이런 점들을 차치한다고 하더라도 또한 인간이 현세적인 괴로운 상태에서 벗어나기 위해서, 자살한다면, "그는 자신의 인격을, 생이 끝날 때까지 견딜 만한 상태로 보존하기 위한, 한낱 수단으로 이용하는 것"(GMS, B67=IV429)으로서, 그것은 무엇보다도 자신을 목적으로 대해야 한다는 도덕법칙에 어긋나는 짓이다.

> "인간은 물건이 아니고, 그러니까 한낱 수단으로 사용될 수 있는 어떤 것이 아니며, 오히려 그의 모든 행위에 있어 항상 목적 그 자체로 보아야 한다. 그러므로 나는 나의 인격 안에서 인간에 대해 아무것도 처분할 수 없으니, 인간을 불구로 만들거나 훼손하거나 죽일 수 없다."(GMS, B67=IV429)

'어떠한 삶이 가장 좋은 것인가?'에 대해 '행복한 삶'이라고 답하는 한, 사람들은 자칫 자신을 죽이는 길로 들어설 수도 있다. 행복한 삶을 최고선으로 볼 경우 불행한 삶, 고통스러운 삶은 최악이 될 것이니, 그것은 결국 삶이 죽느니만 못한 것으로 여겨져, 고통스러운 자가 죽음을 택하는 것은 '논리적'인 일이 될 것이다.

> "실로 쾌락에 최고선을 두는 자는 모든 것을 이성에 따라서가 아니라 감각에 따라서 판단할 수밖에 없고, 가장 달콤한 것을 최상의 것이라고 말할 수밖에 없다."[41]

그래서 "순전히 자신의 고통을 경감하기 위해 신중하게 자살을 선택하는 자기배려적인 자살의 경우 그것이 도덕적으로 정당화될 수 있다"[42]라고 말하는 이도 있다. 그렇기에 감성적 욕구 충족이 그 본질일 수밖에 없는 행복한 삶보다는 어떤 경우에도 자신을 목적으로 대하는, 그러니까 그 자체로 가치 있는 인격으로 존중하는 '바른 삶'을 지향할 때라야 저러한 경향성은 통제될 수 있다.

물론 자살로의 경향이 자기 행복을 최고 가치로 여기는 사람에게만 나타나는 것은 아니다. 자기의 행복보다 세상사에 대한 초연함이나 대의를 위한 자기희생을 미덕으로 여기는 이들도 종종 자살을 품격 있는 행실로 받아들이니 말이다. 그러나 이러한 사유방식 역시 인간을 '도구'로 보는 것으로서, 인간의 인격성을 폄훼하는 것이다.

어떤 이는 대의가 앞에 있거나 생 안에서 더 이상 자신의 소용

될 바를 발견하지 못할 때는 생에서 마치 연기마냥 고요한 마음으로 스스로 세상을 떠나는 데서 "인격성의 탁월함"을 보기도 하고, 또 다른 어떤 이는 구차스러운 생보다는 스스로 죽음을 택함을 의롭다 생각하고[43] 오히려 그를 통해 인간의 인격성이 보존된다고 보아 이를 자살과 구별하여 '자결(自決)'이라고 규정하기도 한다. 또한 "지사와 어진 이는 삶을 구하여 인을 해침은 없고, 몸을 죽여 인을 이루는 경우는 있다"[44]라고 칭송하는가 하면, 조국을 구하기 위해 죽음을 택하거나 인류 전체의 치유를 위해 자신을 희생시키는 의도된 치명(致命)을 고귀한 행위로 평가하기도 한다.[45] 물론 경우에 따라서 그러한 죽음이 많은 사람에게 공적을 세우는 것도 사실이다.[46] 그러나 칸트의 생각에는, 이런 경우조차도 자기를 죽임은 근원적으로 자신에 대한 의무를 수행할 가능성을 영구히 없애 버리는 것이고, 또 자신이 보기에 적합한 목적을 위한 한갓 수단으로만 자신을 처분한 것으로서, 이는 더 이상 회복할 수 없게끔 "인간성의 존엄을 실추시키는" 짓이다.(MS, TL, A72=VI422이하 참조) ─ 이런 의미에서 어느 경우에나 자기 살해는 죄악인 것이다.

5) 남겨진 과제

생명을 자연의 '유기적 질서'로 규정하든 '자기 형성 능력'으로 설명하든, 생물학적으로는 인간의 생명은 여타 동물의 생명과 동일한 자연법칙에 따라 발생하고 소멸하는 것으로 보인다. 그런데 자기 의사결정 능력을 가진 인간은 출산을 조정하기도 하고, 자기 생명을 훼손하거나 폐기하기도 한다. 일견 이러한 자기의 의사결정이 자연스러운 자연 진행에 대한 인간의 자의적인 개입이고, 그래서 자연 파괴나 자연 질서 교란으로 보이기도 하지만, 인간의 의사결정도 자연 안에 사는 인간의 자연적 욕망에 따른 것으로 볼 때는, 그 역시 자연스러운 자연 진행의 한 방식으로 볼 수도 있다. 비근한 예로, 인간에 대한 의학적 치료 행위에서 어디까지가 자연 질서에 부합하고, 어디서부터가 자연 진행에 대한 간섭 내지 교란인지 판가름하는 것은 거의 불가능한 일이다. 그렇기에 또한 인간의 어떤 종류의 자기 상해, 자기 살해가 과연 자연의 법칙에 부합하는 것인지 어긋나는 것인지 하는 논의는 그 결말을 거의 기대할 수 없다. 자기 상해나 자기 살해는 일순간에 일어나기도 하지만 상당히 긴 시간 동안의 과정을 통하여 점진적으로 이루어질 수도 있는 일로서, 그 경우마다를 생물학적으로 또는 의학적으로 또는 심리학적으로 판정한다는 것이 결코 쉽지 않은 일이기 때문에, 더욱이 그러하다.

그리고 자기 상해나 자기 살해가 당사자에게, 또는 근친에게, 또는 사회에 과연 유익한 것인지 해악을 끼치는지에 대한 공리주의적 타산도 그 결과의 파장이 미치는 (공간적 시간적) 범위를 이루 다 헤아릴 수 없는 것인 만큼 그 최종적 결과를 측량하기란 사실상 불가능하다.

그러니 여타의 윤리적 문제와 관련해서도 그러하듯이, 자살에 관해서도, 인간의 그러한 행위가 과연 인간의 의무에 맞는가를 그

행위의 동기에서 묻고 답할 때에만, 그나마 효과적인 논의를 끌어
갈 수 있겠다.

이제 자살이 윤리적으로 악한 행위라면, 우리는 응당 이를 방지
해야 한다. 그런데 어떻게? — 응급하게는 세인들의 자살로의 경
향성을 제어할 수 있는 물리적·심리적·사회적 생활환경 조성을
병행해야 하겠지만, 모든 윤리적인 문제가 그렇듯이 또한 이 문제
의 근원적 해결을 위해서는 인간이 모두 인격을 얻는 윤리적 사회
건설이 먼듯하나 실은 가장 가까운 길이다.

개개 인간은 자연 안에서 한 생명체로서 많은 무생물들과 여타
의 생물들과 그리고 이웃의 사람들과, 또한 자기 자신과 함께 살
고 있거니와, 자기의 생명을 지키고 증진하는 데 있어서나 자신의
생명을 해치는 데 있어서나 그 기여도의 순서는 보통 자기 자신
→ 이웃 사람들 → 생물들 → 무생물들인 것으로 보인다. 그런 만
큼 인간 각자가 생명의 보존과 발양을 위해서 자연적 환경조성에
우선할 일은 이웃과 더불어 사는 생활환경을 윤리적 공동체로 건
설하는 일이고, 그러나 그보다도 먼저 해야 할 것은 스스로 자신
을 목적으로 대함으로써 늘 자신의 존엄성에 대해 경의를 표하는
일이다.

인간은 '자유'를 제일 요소로 갖는 주체적인 존재자이고, 따라
서 그에게는 '인간은 모름지기 자살해서는 안 된다'라는 당위 명
제가 명령으로 주어져 있다.

부록: 칸트의 생사관(生死觀)

1. 칸트도 오랫동안 종래의 이성적 영혼론, 곧 심신 이원론 내지 심신 교호작용론의 견지에서 생과 사를 바라보았다.

1) "인간은 두 가지 생(Leben)을 갖는다. (1)동물적 생과 (2)정신적 생이다."(Refl 4237, XVII472) 동물적 생을 가진 인간을 하나의 동물, 하나의 생명체로 일컫고, 정신적 생을 가진 인간은 인격(체)이라 일컫는다. "순수한 정신적 생은 근원적이고 독자적인 생이고, 반면에 동물적 생은 파생적이고 제한적인 생이다. 그러므로 태어남[탄생]은 생 일반의 시작이 아니라, 동물적 생의 시작으로서, 일정 정도 생기 없음(Leblosigkeit)이다. 완벽한 정신적 생은 동물[적인 것]의 죽음 후에 개시한다."(Refl 4240, XVII474)

2) "생은 영혼의 신체와의 상호작용에 존립한다. 생의 시작은 상호작용의 시작이고, 생의 종말은 상호작용의 종말이다. 상호작용의 시작이 태어남[탄생]이고 상호작용의 종말이 죽음[사망]이다. 상호작용의 지속[기간]이 삶[생]이다. 생의 시작이 태어남[탄생]인데, 그러나 이것이 영혼의 생의 시작은 아니고, 인간의 생의 시작이다. 생의 종말이 죽음인데, 그러나 이것이 영혼의 생의 종말은 아니고, 인간의 생의 종말이다. 그러므로 탄생, 생과 사는 단지 영혼의 상태들이다. 무릇 영혼은 하나의 단순 실체이니 말이다."(V-Met/Heinze, XXVIII282이하) "무릇 물체[신체]는 단지 영혼의 형식[틀]이다. 그러므로 인간의 시작 내지 탄생은 단지 상호작용의 시작이거나 영혼의 변화된 상태이다. 인간의 종말 내지 죽음은 단지

상호작용의 종말이거나 영혼의 변화된 상태이다. 그러나 상호작용의 시작 내지 인간의 탄생이 생[명]의 원리의 시작이 아니며, 상호작용의 종말 내지 인간의 죽음이 생[명]의 원리의 종말이 아니다. 무릇 생[명]의 원리는 탄생을 통해 발생하지도, 죽음을 통해 중단되지도 않으니 말이다. 생[명]의 원리는 하나의 단순 실체이다. […] 무릇 단순 실체는 자연법칙들에 따라서 발생하지도 소멸하지도 않는다. 그러니까 물체[신체]가 소멸해도 실체는 그대로 있다. 그러므로 물체[신체]가 발생했을 때 실체는 있었던 그대로였던 것 또한 틀림없다. ― 실체는 언제나 불변적으로 있다. 그에 따라 탄생, 삶과 죽음은 영혼의 단지 상이한 상태들이다. 그런데 상태란 이미 하나의 현존재를 전제한다. 무릇 시작은 하나의 상태가 아니다. 그러나 탄생은 영혼의 한 상태이다. 그러므로 영혼의 시작이 아니다."(V-Met/Heinze, XXVIII283)

3) "인간에서 생은 두 겹이니, 동물적 생과 정신적 생이 그것이다. 동물적 생이 인간으로서의 인간의 생이며, 인간이 살기 위해서는 물체[신체]가 필수적이다. […] 거기서 영혼은 물체[신체]와 결합해 있다. 영혼은 물체[신체]에 작용하여, 그것을 생기[살아] 있게 한다. 그런데 물체[신체]의 기계가 파괴되어 영혼이 그에 더 이상 작용할 수 없으면, 동물적 생은 중단된다. 그렇지만 정신적 생은 중단되지 않는다. 그러나 말할 수 있는 바는, 영혼의 모든 활동, 예컨대 사고, 의욕 등등은 물체[신체]를 매개로 일어난다는 사실이다. 이는 경험이 보여주는 바이다. 그러므로 물체[신체]가 영혼의 생의 조건이다. […] 그런 한에서 영혼의 활동들은 물체[신체]에

의존적이다. 무릇 그렇지 않다면 상호작용이란 없는 것이겠다. 동물이 살아 있는 동안에 영혼은 그 생[명]의 원리이며, 물체[신체]는 도구, 기관[機關]이다. 이를 통해 영혼의 살아 있는 작용이 세계 내에서 실행된다. 그래서 만약 우리가 두 실체가 상호작용하는 것으로 본다면, 하나가 다른 하나의 조건이라고 말할 수밖에 없다. 그래서 예컨대 물체[신체]가 병이 나면, 영혼은 사고할 수 없다. 모든 감성적 인식은 물체[신체]에 의거한다. 신체가 감각기관[器官]의 기관[機關]이기 때문이다."(V-Met/Heinze, XXVIII286)

4) "동물적 생은 우연적이고, 반면에 정신적 생은 그렇지 않다."(V-Met/Heinze, XXVIII286) 동물적 생의 시작인 탄생 자체가 양친의 우연한 결정, 우연한 생식에서 기인하고, 종말인 죽음 또한 자연에서 일어나는 우연한 사건에 기인하는 것이니 말이다.

5) "영혼이 물체[신체]에 구속되는 동안에는 물체[신체]의 좋은 구성이 생의 장려이다. [… 그렇지만] 물체[신체]는 생명 없는 물질이기 때문에, 생[명]의 방해자이다. 그러나 영혼이 물체[신체]와 결합해 있는 동안에는 이 방해자를 어떻게든 약화하려 하지 않을 수 없다. 그런데 물체[신체]가 완전히 중단되면, 영혼은 이 방해자에서 해방되는 것이고, 이제야말로 바르게 삶을 시작한다. 그러므로 죽음은 생의 절대적인 폐기가 아니고, 오히려 완벽한 생의 방해자로부터의 해방이다."(V-Met/Heinze, XXVIII287)

6) "순전한 '나'(das bloße Ich)에 대한 의식은 생이 물체[신체]에 있지 않고, 물체[신체]와는 구별되는 어떤 특수한 원리에 있음을 증명하고, 따라서 이 원리는 물체[신체] 없이도 계속 지속할 수 있

고, 그로써 생[명]이 감소하는 것이 아니라, 오히려 증가함을 증명한다. 이것이 선험적으로 주어질 수 있는 유일한 증명이다. 이 증명은 우리가 선험적으로 통찰하는 영혼의 본성과 인식에서 유래한 것이다."(V-Met/Heinze, XXVIII287)

2. 비판철학에서의 칸트는 영혼 실체론을 비판하는바, 이는 곧 심신 이원론에 대한 비판을 함의한다.

1) '실체' 즉 '고정불변성'은 경험적으로만 사용할 수 있는 개념(범주)이다. '영혼'이 경험에 주어지지 않는 한, 그것을 '하나의 실체'라고 지칭하는 것에서 어떠한 성질들, 예컨대 '단순성'이니 '불사성'이니 하는 것도 도출할 수 없다.(KrV, A348이하·B406이하 참조)

2) "인간의 죽음은 모든 경험의 끝이거니와 […] 인간의 영혼은 단지 인간의 생명 중에서만 밝혀질 수 있고, […] 죽음 후에는 […] 밝혀질 수가 없다."(Prol, A138=IV335)

3) "생명이란 내적 원리로부터 스스로 행위를 결정하는 실체의 능력, 스스로 변화를 결정하는 유한한 실체의 능력, 자신의 상태의 변화로서 운동이나 정지를 스스로 결정하는 물질적 실체의 능력을 일컫는다." 이때 "자신을 변화시키는 실체의 내적 원리로 욕구 이외의 것은 없으며, 내적 활동으로는 사고와 그에 속하는 것들, 쾌와 불쾌의 감정, 욕망 내지 의지 외의 것은 없다."(MAN, A120=IV544) 칸트는 영혼(Seele, anima)을 "물질 안에서의 생명의 원리"(KrV, A345=B403)라고도 말하는데, 여기서 생명성(animalitas)은 곧 동물성으로 이해되고, 동물성의 특성이 욕구능력이니만큼,

생(生) 내지 생명이란 "한 존재자의, 욕구능력의 법칙에 따라 행위하는 능력"(KpV, A16=V9)으로 정의된다. 그런데 욕구능력이란 "자기의 표상들을 통해 이 표상들의 대상들의 현실성의 원인이 되는" 능력(KpV, A16=V9; MS, RL, AB1=VI211 참조)이니, 생이란 "한 존재자가 자기의 표상들에 맞게 행위하는 능력"(MS, RL, AB1=VI211)이라고 규정하기도 한다.

4) "인간의 물질이 흩어져버린 죽음 후에 과연 영혼은, 설령 그실체가 남아 있다 하더라도, 계속 살아갈 수 있는지, 다시 말해 계속 사고하고 의욕할 수 있는지, 다시 말해 과연 정신(무릇 이 말은 물체[신체] 없이도 자기 자신과 자기의 표상들을 의식할 수 있는 어떤 존재자를 뜻하는바)인지 아닌지를 아는 일은 단적으로 불가능하다."(FM, XX309)

3. 노년의 칸트는 문득문득 죽음에 대해 사념하고, 장수(長壽)하고 있는 자신을 되돌아본다.

1) "생(Leben)에 뒤따라오는 생기 없음이 죽음(Tod)이다."(OP, XXI100) 그러나 생(生)과 사(死)가 "시작과 끝이 아니다."(OP, XXI100)

2) "어떤 사람도 죽는 것(Sterben)을 그 자체로 경험할 수는 없다. ― 무릇 경험하기 위해서는 살아 있음이 필요하니 말이다."(Anth, B67=A75=VII167)

3) 칸트는 "모든 사람이 모든 순간에 병이 나고 또 그럼에도 언제나 생기(belebt)를 얻어 끊임없이 다소간에 회복되는 것이 아닌지" 하고 생각해보며, 더 이상 생기를 회복하지 못하는 "항구적인

상태가 죽음"이 아닐까 생각한다.(OP, XXI118 참조)

4) 삶이 "따뜻함[열기]의 감정[느낌]"이라면, 죽음은 "차가움[냉기]의 감정[느낌]"이 아닐지….(OP, XXI118 참조)

5) "인간의 생명을 연장하는 기술이 도달하는바, 사람들이 결국은 살아 있는 것 중에서 오로지 그토록 견뎌내는데, 그것이 그렇게 아주 기쁘기만 한 상황은 아니다.

그러나 이 점에 대해서는 나 자신이 책임이 있다. 왜 나 또한 애쓰고 있는 젊은 세대에게 자리를 내주려 하지 않고, 살기 위해서 나에게 익숙한 삶의 향유를 축소하려 하는가? 왜 나는 쇠약한 삶을 단념들을 통해 이례적인 길이로 늘리고, 태생적으로 허약 체질인 이들의 양상과 그들의 추정 수명이 함께 계산되는 생사명부[生死名簿]를 나의 사례를 통해 혼란시키려 하며, 사람들이 보통 (겸허히 그리고 경건하게 복속하는) 운명이라 불렀던 모든 것을 자신의 확고한 결단에 복속시키고자 하는가? 이러한 결단이 이성이 직접적으로 치유력을 발휘하는 보편적 섭생 규칙으로 채택되어, 약국의 치료방식을 대체하기는 어려운 일인데 말이다."(SF, A201이하=VII114)

4. 칸트는 생과 사의 경계가 생의 공허함 또는 충실화로 짙어지기도 하고 희미해지기도 한다고 본다.

1) "자기 일생의 대부분에 걸쳐 지루함으로 고통을 받고, 그래서 그에게는 매일이 길기만 했던 어떤 사람이 그럼에도 생애의 마지막에 이르러 인생이 짧다고 탄식하는 현상을 어떻게 설명할 수 있을까? ― […]

생의 마지막 부분을 다양하고 다변하는 노동[일]들로 특징짓는 많은 시기는 노인에게 그가 햇수에 따라 생각했던 것보다 더 긴 생애를 보냈다는 상상을 불러일으키고, 계획에 맞게 진척해나가, 의도했던 큰 목적을 달성한 일들에 의해 시간을 충실화하는 것(생을 행실로 연장하는 것)은 자기 생을 기꺼워하고 그러면서 동시에 생에 대해 포만감을 갖게 하는 유일하고 확실한 수단이다. '당신이 생각을 많이 하면 할수록, 당신이 행함을 많이 하면 할수록 당신은 (당신 자신의 상상 속에서일지라도) 그만큼 더 길게 살았다.' ── 무릇 생을 이렇게 마침은 만족과 함께 일어난다."(Anth, BA174 이하=VII234이하)

2) "그러나 생애 중에 만족(滿足)이란 어떠한 것인가? ── 인간에게 이러한 만족은 이를 수 없는 것이거니와, (방정한 처신에서 자기 자신에 만족하는) 도덕적 관점에서도 그러하고, (숙련성과 영리함을 통해 얻으려 생각하는 자기의 안녕에 만족하는) 실용적 관점에서도 그러하다. 자연은 고통을 활동의 자극물로 인간 안에 넣어놓았다. 인간은 언제나 개선을 향해 전진하기 위해서는 고통을 피할 수가 없다. 생의 마지막 순간에서도 생의 마지막 시기에 대한 만족은 단지 비교하여서 ── 한편으로는 우리가 자신을 타인들의 신세와 비교해보고, 또 한편으로는 우리 자신과 비교해봄으로써 ── 만 그렇게 말할 수 있을 뿐, 그러한 만족은 결코 순수하고 완벽한 것이지 않다. ── 생에서 (절대적으로) 만족한다는 것은 행위 없는 **휴식**이고, 동기들의 정지 또는 감각들의 그리고 이 감각들과 연결되는

활동의 둔화이겠다. 그러나 이러한 둔화는 동물의 몸에서 심장의 정지와 같은 것으로서 인간의 지성적 생활과 공존할 수 없는 것이다. 동물의 몸에서 심장의 정지가 있을 때, 만약 (고통으로) 새로운 자극이 일어나지 않는다면, 죽음이 뒤따르는 것은 불가피한 일이다."(Anth, BA175이하=VII234이하)

주석

1장

1 Aristoteles, *Metaphysica*, 982b 10; 또 *De anima*, 433a 14 참조.

2 일반적으로 대상의 '본질(essentia)' 규정은 대상의 '존재(existentia)'를 전제로 한다. 그러나 여기서 '전제한다'고 함은 꼭 존재하는 대상만 본질 규정할 수 있다는 뜻이라기보다는 존재한다고 가정하고 그 본질을 규정한다는 뜻이다. 그러니까 실제에서는 존재하지 않는 것에 대해서도 본질 규정은 가능하다. 즉 '그러그러한 사물은 존재하지 않는다'라는 언표도 유의미하다. 예컨대 '인어는 존재하지 않는다'라고 말할 수 있다. 현존은 본질 규정의 요소는 아니다.

3 Taler. 은화인 Taler는 여러 종류가 있었는데, Johaimsthaler(1518~1892 통용)는 은 1Unze(약 27.2g), Reichstaler(1566~1750 통용)는 은 25.984g을 함유했으며, 칸트 당대에 프로이센의 공식 화폐였던 Konventionstaler(1750~1871 통용)는 은 1마르크(약 235g)로 14탈러를 주조했다고 한다. 그런데 칸트는 그의 『순수이성비판』에서 13탈러라고 말하고 있다.(KrV, A170= B212 참조)

4 Heidegger, *Die Frage nach dem Ding*, GA 41, S. 223.

5 같은 책, S. 222.

6 Heidegger, *Die Grundprobleme der Phänomenologie*, GA 24, S. 63 참조.

7 Heidegger, GA 41, S. 224 참조.

8 Heidegger, GA 41, S. 214. 앞에서 우리는 본질 규정은 '존재'를 전제한다고 말했다. 그러나 또한 거꾸로 어떤 것이 존재하기 위해서는 그것이 '무엇'이어야 한다. 아무것도 아닌 것이 존재하지는 않는다. 이런 뜻에서 '본질'은 어떤 것이 존재하기 위한 조건이다.

9 Heidegger, GA 41, S. 240.

10 같은 곳.

11 Jacobi, *David Hume über den Glauben, oder Idealismus und Realismus*, 수록: Werke II (1787), 복간본: Darmstadt 1976, S. 304. 그리고 또한 Werke II, S. 76 · 356 · 365 · 460 참조.

12 특히 G. J. Fichte, *Werke I*(hrsg. v. I. H. Fichte, 1797), 영인 재발행: Berlin 1971, S. 481 · 486 그리고 E. Schulze, *Aenesidemus*(1792), 재발행: Berlin 1911, S. 195 이하 참조.

13 Hegel, *Wissenschaft der Logik I*, GW 11, Hamburg 1978, S. 5.

14 Fichte가 Böttinger에게 보낸 1794. 4. 2. 자 편지: *J. G. Fichte Briefwechsel*, hrsg. v. Hans Schulz, Leipzig 1930, I. S. 353, Nr. 161.

15 『지식론의 개념(*Über den Begriff der Wissenschaftslehre*)』(1794), 『전 지식론의 기초(*Grundlage der gesammten Wissenschaftslehre*[*GW*])』(1794) 참조.

16 『철학의 원리로서의 '나'(*Vom Ich als Princip der Philosophie oder über das Unbedingte im menschlichen Wissen*)』(1795), 『지식론의 관념론 논고(*Abhandlungen zur Erläuterung des Idealismus der Wissenschaftslehre*[*AEIW*])』(1796/97), 『초월적 관념론의 체계(*System des transzendentalen Idelismus*[*StI*])』(1800) 참조.

2장

1 『신약성서』, 「요한복음」, 1, 1.

2 『구약성서』, 「출애굽기」, 3, 14.

3 앞서 요약한 Fichte, *Grundlage der gesammten Wissenschaftslehre* (1794) 참조.

4 다만 공간(公刊)한 3비판서에서는 매우 조심스럽게 표현된 사안들이 암중

모색 내지는 초안이라고 할 수 있는 [유작]의 조각글에서는 어느 면에서 좀 더 과감하게 표현되어 있다.

5   Ovidius, *Fasti*, VI, 5.

3장

1   G. E. Moore, *Principia Ethica*, 1959, p. 10.

2   근래의 윤리학 저술로서 탁월하다고 평가받는 J. Rawls의 *A Theory of Justice*, 61절에서도 그런 예시를 볼 수 있다.

3   '善'을 문제 삼으면서 어떤 사람들은, 고대 그리스 철학에서의 τὸ ἀγαθόν, 기독교 신학에서의 bonum, 영미 철학에서의 the good의 전 의미 영역을 분석하는데 이것은 자칫 문제의 초점을 흐리게 할 수 있다. 왜냐하면 선의 문제는 '좋음' 일반이 아니라, 오로지 '도덕적인 좋음'에 국한해야 하기 때문이다.

4   이런 진리 규정에 관한 좀 더 상세한 해설은 글쓴이의 책 『철학의 개념과 주요문제』, 철학과현실사, 2007, 182면 이하 참조.

5   여기에서 이른바 '지행합일(知行合一)'에 관해 몇 마디 덧붙여둘 필요가 있겠다. 이 말 자체는 '앎과 행함은 일치한다'를 뜻할 수도 있고, '앎과 행함은 서로 합치해야 한다'를 뜻한다고 해석될 수도 있다. 뒤의 경우에는 앎과 행함을 일단 구별하는 것이니 우리가 말하려는 취지와 다르지 않다. 그러나 앞의 경우에 관해서는 '앎(知)'을 무엇으로 파악하느냐에 따라 견해가 갈릴 수 있다. 어떤 사람이 "그는 많은 것을 알고 있으면서도 행하지 못한다"라고 말하면, 이에 대해 앞의 경우의 의미로 지행합일을 이해하는 사람은 "그는 많은 것을 알면서도 행하지 못하는 것이 아니라, 그 행하지 못하는 것으로 볼 때 그는 진정으로 아는 게 아무것도 없다"라고 주장할 것이기 때문이다. 그러나 행위를 함께 논할 필요가 없는 (형식적) 앎도 얼마든지 많이 있으며, 무엇이 옳은 일인가를 연구하고 아는, 가령 윤리학자가 언제나 옳은 행위를 하는 도덕군자이지 않은 경우도 허다하다는 의미에서 우리는 지(知)를 행(行)과는 서로 구별되는 인간 이성의 작용이라고 본다.

6   이 문제를 둘러싼 쟁론의 한 예로서 흔히 거론되는 것이 고대 중국 사상

사에 등장한 이른바 맹자(孟子)의 성선설(性善說), 순자(荀子)의 성악설(性惡說), 고자(告子)의 성무선무불선설(性無善無不善說), 세석(世碩)·공손니자(公孫尼子)의 성선성악설(性善性惡說)이다. 그러나 세심하게 판별해보면 이 네 견해는 동일한 차원 위에 세워진 것이 아니기 때문에 우리가 이 자리에서 구분하는 네 가지 경우에 딱 맞는 실례는 아니다.

7 『孟子』, 告子上 二 참조.

8 『大學』, 首章 釋明明德 참조.

9 『中庸』, 第一章 참조.

10 『孟子』, 告子上 十伍 참조.

11 『荀子』, 第二十二 性惡篇 참조.

12 같은 곳.

13 같은 책, 第二 修身篇.

14 같은 책, 第十四 致士篇.

15 같은 책, 第十二 君道篇.

16 같은 책, 第九 王制篇 참조.

17 『栗谷全書』, 卷十 答成浩原 壬甲 참조.

18 일부의 사람들이 그러한 의미로 사용하듯이, 만약 '자연주의'라는 것이 '인간 또한 자연물의 일종으로서 인간의 행위라는 것도 자연 운동이고, 따라서 자연법칙에 따라 일어난다'라는 생각이라면, 이러한 관점에서의 인간에게는 '윤리 도덕의 문제'란 없을 것이다. 자연의 여느 동물에도 그러한 문제가 없듯이 말이다.

19 「출애굽기」, 20, 12~17, 『공동번역 성서』, 118면. 이에 대한 해석은 M. Noth, *Das zweite Buch Mose: Exodus*, 한국신학연구소 역, 「출애굽기」, 서울, 1981, 180면 이하 참조.

20 「출애굽기」, 20, 6.

21 「출애굽기」, 20, 19.

22 G. E. Moore, *Principia Ethica*, p. 38 이하 참조.

23 D. Hume, *A Treatise of Human Nature*(ed. L. A. Selby-Bigge, Oxford, 1978), III, 3, 1(p. 576).

24 같은 책, III, 1, 2(p. 470).

25 『孟子』, 告子上 八.

26 여기서 '예지적 원인'이란 '지성을 통해 생각해볼 수 있는 원인'이겠다. '자유'를 '예지적 원인'이라고 말할 때 그것은 '현상체 원인(causa phaenomenon)'에 대비되는 '예지체 원인(causa noumenon)'(KpV, A97=V55)과 같은 말이다.

27 C. Gerhard, *Kants Lehre von der Freiheit*, Heidelberg 1885, S. 2.

28 글쓴이의 책『존재와 진리』, 전정판, 238면 이하 참조.

29 이 점에서 칸트는 자신의 '이념(Idee)'이라는 개념이 적어도 한뜻에서 플라톤의 '이데아(idea)' 개념으로부터 유래함을 비교적 자세하게 설명한다.(KrV, A313=B370~A320=B377) 칸트는 감각적 사물들의 원형이라는 의미에서의 '이데아'의 뜻은 납득하지 않지만, 행위의 이상 즉 "(행위와 그 대상들의) 작용 원인"(KrV, A317=B374), 말하자면 인간 행위의 "원형"으로서 마음속에 자리 잡고서 인간 행위를 규정하고 평가의 척도가 되는 '이데아'의 뜻은 자신이 발전적으로 계승하고 있다고 생각한다.

30 G. Krüger, *Philosophie und Moral in der Kantischen Kritik*(1931), S. 58.

31 도덕법칙의 최고 원칙을 칸트는 여러 가지 표현을 빌려 정식화한다. 여기서는 『실천이성비판』과 『윤리형이상학 정초』에 보이는 두 개의 정형만을 예로 든다. 다섯 가지 정식화에 관한 해설은 Paton, *The Categorical Imperative*, p. 129 이하 참조.

32 이런 예들을 상정해놓고 보면, 칸트의 '실천 이성의 원칙'은 『대학』의 '혈구지도(絜矩之道)'와 그 취지가 같다. 다만 '혈구지도'의 적용에는 주의를 요하는데, 왜냐하면, "所惡於上 毋以使下 所惡於下 毋以事上 所惡於前 毋以先后 所惡於后 毋以從前 所惡於右 毋以交左 所惡於左 毋以交於右"(『大學』, 傳文 '釋治國平天下')의 예문에서 보듯이 絜矩之道는 모든 역지사지(易地思之)·추기급인(推己及人), 예컨대 심리적 경향이나 이해관계의 상황에도 적용될 수 있기 때문이다. 그래서 공자는 '충서(忠恕)의 도(道)'를 덧붙여 말한다.(『論語』, 里仁篇) '다른 사람과 마음을 같이함[如心]'은 '스스로 중심(中心)을 잡음'을 전제로 해야 법도(法道)에 맞다는 뜻이겠다. 『中庸』의 '시

중(時中)'도 이것을 말함일 것이다.

33 오늘날 터무니없게도 진리를 유용성으로 규정하는 사람들이 있는가 하면, 선(善)조차도 이(利)와 혼동하는 사람들이 많다. 선은 이에 앞서는 가치이며, 따라서 정의(正義)도 이(利)의 평등한 분배나 소유보다 앞서는 가치이다. 먼 옛날 사람도 이 양자를 구별할 줄은 알았다. 예컨대 "孟子見梁惠王, 王曰 叟不遠千里而來 亦將有以利吾國乎, 孟子對曰 王何必曰利 亦有仁義而已"(『孟子』, 梁惠王上 一) 참조. 진리[참임]나 선[참됨]은, 도대체가 참다움은 유용함이나 이로움과는 다르며, 어떤 것이 유용하거나 이롭기 때문에 참인 것이 아니라, 어떤 것이 참다우면 대개의 사람들에게는 유용하기도 하고 이롭기도 한 것뿐이다.

34 자유의지가 가능함이 '풀 수 없는 문제'라 함은, 그러니까 자유의지가 가능하다는 것이 의심스럽다는 뜻이 아니라, 자유의지가 가능하다는 이 '사실'은 자명하지만, 이 사실의 유래를 우리 인간으로서는 더 이상 학문적으로 추구할 수 없다는 뜻이다.

칸트는 그의 이론철학에서도 공간·시간이 직관의 형식으로 그리고 순수 지성개념들이 사고의 형식으로 기능함은 '사실'이지만, 직관의 형식이 왜 하필 공간·시간 둘 뿐인지, 범주로서의 순수 지성개념이 왜 4종 12개 뿐인지, 이에 대해서는 "그것이 왜 그러한가의 연유를 더 이상 댈 수가 없다"라고 말한다.(KrV, B146 참조)

이런 칸트의 말은, 그의 현안 문제는, 도덕 행위의 가능 근거와 (자연적) 대상 인식의 가능 근거를 밝히는 일이므로, 다시 이 근거의 근거를 묻는 작업에까지는 나아가지 않겠다는 철학 작업의 제한을 함축하는데, 그것은 이 근거의 근거, 또 이 근거의 근거의 근거의 문제를 파고들 때에는 불가피하게 학적 인식의 차원을 벗어날 가능성이 큼을 염두에 두었기 때문이라고 이해된다.

35 『荀子』, 性惡篇.

36 성악(性惡)을 논하는 순자(荀子)조차도 "禮者 節之準也"(『荀子』, 致士篇)라고 생각하지 않았던가!

37 칸트는 심지어 사람들이 도덕법칙을 의식하면서도 빈번히 이 도덕법칙에

어긋나게 행위함을 염두에 두고서, "인간은 자연본성적으로 악하다"(RGV, B26=IV32: 참조 Refl 6906, XIX202)라고 말한 것이다.

38 글쓴이의 책『존재와 진리』, 전정판, 298면 이하 참조.

39 『論語』, 爲政 二.

40 "행복이라는 이념의 근원은 인간의 감성에 있다."(P. Fischer, *Moralität und Sinn*, S. 53)

41 Aristoteles, *Ethica Nicomachea*, 1094a 22.

42 Aristoteles, *Ethica Nicomachea*, 1094a 19.

43 Aristoteles, *Ethica Nicomachea*, 1095a 18/19.

44 Cicero, *De finibus bonorum et malorum*, 1.12.42.

45 Augustinus, *De civitate dei*, XIX, 1.1 참조.

46 J. R. Silber, "The Moral Good and the Natural Good in Kant's Ethics." 수록: *Review of Metaphysics* 36, p. 307 이하 참조.

47 그래서 '최고선' 개념은 칸트 도덕철학 내에서 '무의미'하거나 오히려 모순된다고 보는 이도 있고, 유의미하기는 하되, "내재적 의미" 또는 "세속적 의미" 또는 "초험적 · 신학적 의미"를 갖는다는 보는 이도 있다. 이러한 네 부류의 국내외 해석가들의 주장과 그 의의에 관해서는 강지영, 「칸트 윤리학의 맥락에서 본 최고선에 대한 논의들」, 수록: 서울대학교 철학사상연구소(편), 『철학사상』 제27호, 202 226면 참조.

48 칸트가 심지어는 "자연 안의 일체의 것에서 독립적인 참된 행복"인 "오성 세계의 행복"(Refl 6907, XIX202)을 말하고 있기도 하지만(이에 대한 한 해석은 Düsing, K., "Das Problem des Höchsten Gutes in Kants praktischer Philsolphie." 수록: KS 62, S. 24 이하 참조), 이러한 행복은 엄정한 의미에서는 '가능한 최고선'의 요소일 수가 없다. 그러한 '예지적' 내지 '지성적' 행복은 굳이 자연의 질서와 도덕의 질서의 합일을 기다릴 필요가 없기 때문이다.

49 B. Himmelmann, *Kants Begriff des Glücks*, S. 9 참조.

50 M.-B. Zeldin, "The Summum Bonum, the Moral Law, and the Existence of God", 수록: KS 62, S. 53 참조.

51 그러나 칸트는 다른 시각에서는 "에피쿠로스학파 사람들은 인간이 유덕

한 처신에서 최고의 즐거움[쾌락]을 향유한다고 주장한 이들로서, 만인 중에서도 가장 올바른 사람들이었다"(V-Anth/Mensch, XXV1078)라고 상찬하기도 한다.

52 『신약성서』, 「마태오복음」, 6, 9 13의 '주의 기도문.'

53 「베드로 제1서」, 2, 10: "하느님의 백성"; 「로마서」, 9, 25 참조.

54 O. Höffe(Hs.), *Immanuel Kant: Die Religion innerhalb der Grenzen der bloßen Vernunft.* S. 136 참조.

55 이러한 명제의 원형은 Platon, *Politeia*, 433a~434c; Cicero, *De legibus*, 1, 6에서도 볼 수 있다.

56 *Corpus Iuris Civilis, Digesta*, 1.1.10 참조.

4장

1 Ch. Darwin, *The Descent of Man, and Selection in Relation to Sex*(1871 · ²1879)(Penguin Books, 2004), p. 120.

2 Darwin, *The Descent of Man*(Penguin Books, 2004), p. 120 참조.

3 J. Micraelius, *Lexicon philosophicum terminorum philosophis usitatorum*, Stettin 1653 · ²1662, 204.

4 Platon, *Theaitetos*, 173c 참조.

5 Platon, *Poltikos*, 260e · 275c.

6 Aristoteles, *Ethica Nic.* 1098a.

7 Chrysppos, Frag. mor. Frg. 355, in: Ioannes ab Arnim(coll.), *Stoicorum Veterum Fragmenta*[*SVF*] III, Lissiae in Aedibus B. G. Teubneri, 86 참조.

8 『구약성서』, 「집회서」, 15, 14~17.

9 Tatianus, *Oratio ad Graecos*, X: ed. by Wilhelm Worth, Oxford 1700, p. 26.

10 Augustinus, *De libero arbitrio*, III.18.52.

11 Augustinus, *De libero arbitrio*, I.12.25.

12 Augustinus, *De libero arbitrio*, I.13.27.

13 Wendell Wallach / Collin Allen, *Moral Machines Teaching Robots Right from Wrong*, Oxford univ. press, 2009, p. 60.

14 Spinoza, *Tractatus Theologico-Politicus*, cap. XVI, 181.

15 Epiktetos, *Encheiridion*, 29.

16 Max Horkheimer, *Eclipse of Reason*(1947), New York: The Continuum, 1996, p. 21 참조.

17 Nietzsche, *Zur Genealogie der Moral*, III, 27.

18 F. Kaulbach, *Immanuel Kant*: 백종현 역, 『임마누엘 칸트. 생애와 철학 체계』, 아카넷, 2019, 276면.

19 Hegel, Ueber die wissenschaftlichen Behandlungsarten des Naturrechts, seine Stelle in der praktischen Philosophie, und sein Verhältniss zu den positiven Rechtswissenschaften(1802), in: Gesammelte Werke[GW], Bd. 4, hrsg. H. Buchner / O. Pöggeler, Hamburg 1968, S. 434.

20 '이성적 동물'로서 인간의 기초 소양인 말(logos)하고 셈(ratio)하는 능력이 지성의 핵심을 이루는 것이기 때문이다.

21 '인문(人文)' 즉 인간의 무늬, 인간의 특성은 그 도덕적 능력에 놓여 있기 때문이다.

22 원어: Genius. 곧 소크라테스가 말한 '다이몬(daimonion).'(Platon, *Apologia*, 31c-d · 40a 등 참조)

23 Seneca, *De ira*, II, 13, 1.

5장

1 『구약성서』, 「창세기」, 1, 26~28.

2 John Bryant / L. B. la Velle / J. Searle, *Introduction to Bioehtics*, John Wiley &Sons, 2005, p. 58 이하 참조.

3 Dawkins, *The Selfish Gene*(1976), Oxford 2006(30주년 기념판), p. 10.

4 Tom Regan, *The Case for Animal Rights*, Berkeley: Univ. of California Press, 1985; Evelyn Pluhar, *Beyond Prejudice: The Moral Significance*

of Human and Nonhuman Animals, Duke Univ. Press, 1995 참조.

5   이 대목은 B판에 따름. A판: "동물들을 폭력적으로 그리고 동시에 잔학하게 다루는 것을 삼가는 의무는."

6   *Gulliver's Travels*(1726)의 작가 Jonathan Swift(1667 1745).

7   『論語』, 子路 23: "君子 和而不同 小人 同而不和."

8   Seneca, *Epistulae moralis*, XVIII, 4.

6장

1   『大學』, 傳文, 釋治國平天下 참조.

2   『論語』, 里仁 15 참조.

3   『後漢書』, 卷六七, 堂錮列伝 第57 序: "夫刻意則行不肆 牽物則其志流 是以聖人導人理性 裁抑宕佚 愼其所與 節其所偏 雖情品萬區 質文異數 至於陶物振俗 其道一也."

4   Cicero, *De officiis*, I, 132.

5   Locke, *Two Treatises*, II, §4.

6   『孟子』, 離婁章句 上 10 참조.

7   『孟子』, 盡心章句 上 33.

8   『孟子』, 公孫丑章句 上 6 참조.

9   『孟子』, 盡心章句 下 31.

10   Platon, *Kriton*, 49b.

11   *Corpus Iuris Civilis*, Digesta, 1.1.10.

12   Cicero, *De officiis*, I, 10[33].

13   Cicero, *De legibus*, 3.3.8.

14   《大韓民國 憲法》(1987. 10. 29), 前文.

15   《大韓民國 憲法》, 제119조 참조.

16   J. Rawls, *A Theory of Justice*(1999), 36: p. 199.

17   Aristoteles, *Politica*, 1317a 40~1317b 2.

18   Aristoteles, *Politica*, 1277a 27.

19   Aristoteles, *Politica*, 1277b 12~13.

20 버나드 마넹 저/곽준혁 역, 『선거는 민주적인가』, 후마니타스, 2004, 46~ 47면.

21 Aritoteles, *Politica*, 1253a 참조.

22 Cicero, *De finibus bonorum et malorum*, II, 45 참조.

23 Thomas *Aquinas, De Ente et Essentia*, III, 1 참조.

24 Aristoteles, *De anima*, 404b.

25 Aristoteles, *De anima*, 404a.

26 Platon, *Timaios*, 77a 이하 참조.

27 『孟子集註』, 告子章句 上3: "生 指人物之所以知覺運動者而言" 참조.

28 Aristoteles, *De anima*, 414a 참조.

29 Cicero, *De finibus bonorum et malorum*, II, 45.

30 Aristoteles, *Ethica Nicomachea*, 1094a.

31 Aristoteles, *Ethica Nicomachea*, 1152b 참조.

32 이 '존엄성의 원칙'을 내적 자유의 법칙으로서 가장 보편적인 덕법칙이라고 한다면, 이에 비견되는 외적 자유의 법칙으로서 가장 "보편적인 법법칙(Rechtsgesetz)"은 "너의 의사의 자유로운 사용이 보편적 법칙에 따라 어느 누구의 자유와도 공존할 수 있도록, 그렇게 행위하라"(MS, RL, AB34= VI231)라는 '자유 공존의 원칙'이라 하겠다.

33 Platon, *Phaidon*, 64c.

34 Platon, *Gorgias*, 524b.

35 남경희, 「희랍의 생사관과 서구의 윤리학」, 수록:《철학연구》, 철학연구회, 제75집, 2006, 96면.

36 Platon, *Phaidon*, 67e.

37 Platon, *Phaidon*, 63e~64a.

38 "자네도 자네의 소유물들 중 어떤 것이, 정작 자네가 그것이 죽기를 바란다는 표시를 하지 않는데도, 스스로 자신을 죽인다면, 그것에 대해서 화를 내고, 또 벌 줄 방도만 있다면, 벌도 주겠지?"(Platon, *Phaidon*, 62b/c) "이런 점에서 신이 어떤 필연을 […] 내려보내기 전에 먼저 자신을 죽여서는 안 된다는 주장은 아마도 불합리하지 않을 게야."(Platon, *Phaidon*, 62c) "생

명이란 인간에게 준 하느님 편의 선물이며, 생사여탈은 그의 권능에 속하는 것이다. 그러므로 자신의 생명을 앗는 자는 누구든지 남의 노예를 죽인 이가 그 노예의 주인에게 죄를 짓듯이 하느님에게 죄를 짓는 것이다. 그리고 이것은 마치 자신에게 위임되지 않은 사안에 대한 판정을 불법적으로 내리는 것과 같은 것이다. 생사에 대한 판정은 오직 하느님만이 할 수 있는 것이기 때문이다."(Thomas Aquinas, *Summa Theologiae*, 2-2, q. 64, a. 5) "인간은 주(主)의 명령에 의해 그의 사업을 수행하기 위해 세상에 보내진 종(從)이고, 주의 소유물이며, 주의 작품으로서, 인간은 다른 누가 아니라 바로 신이 원하는 동안은 존속해야 하는 것이다."(J. Locke, *Two Treatises of Government*, II, §6)

39 Paul Guyer, *Kant*, Routledge, 2006, p. 251 참조.

40 "자살한 자는 폴리스에 부정의를 행한 자이다."(Aristoteles, *Ethica Nicomachea*, 1138b)

41 Cicero, *De finibus*, II, 91.

42 이태하, 「흄의 자살론」, 수록:《철학연구》, 제78집, 철학연구회, 2007, 41면.

43 스토아 학도들의 "이성적인 생활" 방식에 의하면 "현자는 합당한 이유가 있으면 조국을 위해서도, 벗들을 위해서도 자신의 목숨을 기꺼이 버릴 것이고, 또 견딜 수 없는 고통을 당하거나 수족이 절단되거나 불치의 병에 걸렸을 경우에도 그렇게 한다."(Diogenes Laertios, *Vitae philosophorum*, VII, 130)

44 『論語』, 衛靈公 8: "志士仁人 無求生以害仁 有殺身以成仁."

45 "선하고 현명한 자는 법률에 복종하고, 시민의 의무에 게으르지 않고, 만인의 유익을 개인의 이익이나 자신의 이익보다 더 중요하게 여긴다. 따라서 국가를 위해서 죽음을 택한 사람이 칭찬받는 이유는 우리에게는 우리 자신보다도 조국이 더 소중하다는 것이 지당하기 때문이다."(Cicero, *De finibus*, III, 64)

46 "신실한 이가 친구와 조국을 위해 많은 일을 한다는 것, 필요하다면 그들을 위해 죽기까지 한다는 것은 사실이다. [… 타인을 위해 죽는 사람들은] 자기 자신을 위해 진정 특별히 고귀한 것을 선택하는 것이다."(Aristoteles, *Ethica Nicomachea*, 1169a)

참고문헌

Kant, *Kant's gesammelte Schriften*[AA], hrsg. v. der Kgl. Preußischen Akademie der Wissenschaft // v. der Deutschen Akademie der Wissenschaft zu Berlin // v. der Akademie der Wissenschaften zu Göttingen // v. der Berlin-Brandenburgischen Akademie der Wissenschaften, Bde. 1~29, Berlin 1900~2009.

이 가운데 특히

『순수이성비판』: *Kritik der reinen Vernunft*[KrV], AA III~IV(백종현 역, 아카넷, 2006).

『형이상학 서설』: *Prolegomena zu einer jeden künftigen Metaphysik, die als Wissenschaft wird auftreten können*[Prol], AA IV(백종현 역, 아카넷, 2012).

『실천이성비판』: *Kritik der praktischen Vernunft*[KpV], AA V(백종현 역, 아카넷, 2019[개정2판]).

『윤리형이상학 정초』: *Grundlegung zur Metaphysik der Sitten*[GMS], AA IV(백종현 역, 아카넷, 2018[개정2판]).

『윤리형이상학』: *Die Metaphysik der Sitten*[MS], AA VI(백종현 역, 아카넷, 2012).

『법이론의 형이상학적 기초원리』/『법이론』: *Metaphysische Anfangsgründe der Rechtslehre*[RL].

『덕이론의 형이상학적 기초원리』/『덕이론』: *Metaphysische Anfangsgründe*

der Tugendlehre[TL].

『판단력비판』: *Kritik der Urteilskraft*[KU], AA V(백종현 역, 아카넷, 2009).

「판단력비판 제1서론」: Erste Einleitung in die Kritik der Urteilskraft[EEKU],
AA XX(백종현 역, 아카넷, 2009).

『이성의 한계 안에서의 종교』: *Die Religion innerhalb der Grenzen der
bloßen Vernunft*[RGV], AA VI(백종현 역, 아카넷, 2015[개정판]).

『학부들의 다툼』: *Der Streit der Fakultäten*[SF], AA VII(백종현 역, 아카넷,
2021)

『영원한 평화』: *Zum ewigen Frieden*[ZeF], AA VIII(백종현 역, 아카넷, 2013).

『실용적 관점에서의 인간학』: *Anthropologie in pragmatischer Hinsicht*
[Anth], AA VII(백종현 역, 아카넷, 2014).

「이론과 실천」: Über den Gemeinspruch: Das mag in der Theorie richtig
sein, taugt aber nicht für die Praxis[TP], AA VIII.

『교육학』: *Immanuel Kant über Pädagogik*[Päd], AA IX(백종현 역, 아카넷,
2018).

「형이상학의 진보」: Welches sind die wirklichen Fortschritte, die die
Metaphysik seit Leibnizens und Wolf's Zeiten in Deutschland
gemacht hat?[FM], AA XX.

「발견」: Über eine Entdeckung, nach der alle neue Kritik der reinen
Vernunft durch eine ältere entbehrlich gemacht werden soll[ÜE], AA
VIII.

「신 논조」: Von einem neuerdings erhobenen vornehmen Ton in der
Philosophie[VT], AA VIII.

「보편사의 이념」: Idee zu einer allgemeinen Geschichte in weltbürgerlicher
Absicht[IaG], AA VIII.

「인간 역사」: Mutmaßlicher Anfang der Menschengeschichte[MAM], AA
VIII.

『유작』: Opus Postumum[OP], AA XXI-XXII(백종현 역, 아카넷, 2020 2022)

「조각글」: Reflexionen[Refl], AA XIV-XIX.

「법이론 초고」: Vorarbeit zur Rechtslehre[VARL], AA XXIII.

「논리학 강의」: Logik Dohna-Wundlacken[V-Lo/Dohna] AA XXIV.

「인간학 강의」: Vorlesungen Wintersemester 1781/1782 Menschenkunde, Petersburg[V-Anth/Mensch], AA XXV.

「윤리형이상학 강의」: Metaphysik der Sitten Vigilantius[V-MS/Vigil], AA XXVII.

「자연법 강의」: Naturrecht Feyerabend[V-NR/Feyerabend], AA XXVII.

「이성신학 강의」: Danziger Rationaltheologie nach Baumbach[V-Th/Baumbach], AA XXVIII.

「종교론 강의」: Philosophische Religionslehre nach Pölitz[V-Phil-Th/Pölitz], AA XXVIII.

「형이상학 강의」: 1) Kant Metaphysik L_1(Heinze)[V-Met/Heinze], AA XXVIII.

2) Kant Metaphysik L_2(Pölitz, Original)[V-Met-L_2/Pölitz], AA XXVIII.

3) Metaphysik von Schön, Ontologie[V-Met/Schön], AA XXVIII.

4) Metaphysik Volckmann[V-Met/Volckmann], AA XXVIII.

5) Metaphysik Mrongovius[V-Met/Mron], AA XXIX.

백종현, *Phänomenologische Untersuchung zum Gegenstandsbegriff in Kants "Kritik der reinen Vernunft"*, Frankfurt/M. · Bern · New York 1985.

_____,『철학의 개념과 주요문제』, 철학과현실사, 2007.

_____,『존재와 진리 — 칸트《순수이성비판》의 근본문제』, 철학과현실사, 2008(전정판).

_____,『칸트와 헤겔의 철학』, 아카넷, 2010.

_____,『칸트 이성철학 9서5제』, 아카넷, 2012.

_____,『이성의 역사』, 아카넷, 2017.

_____,『한국 칸트사전』, 아카넷, 2019.

_____,『인간은 무엇이어야 하는가』, 아카넷, 2021.

Kaulbach, F., *Immanuel Kant*, Berlin ²1982: 백종현 역,『임마누엘 칸트 –

생애와 철학 체계』, 아카넷, 2019.

J. Ritter · K. Gründer(Hs.), *Historisches Wörterbuch der Philosophie*, 13
　　Bde., Darmstadt 1971~2007.
J. Micraelius, *Lexicon philosophicum terminorum philosophis
　　usitatorum*, Stettin 1653 · ²1662.
《大韓民國 憲法》.
《*Corpus Iuris Civilis, Digesta*(로마대법전)》.
『論語』·『論語集註』.
『孟子』·『孟子集註』.
『荀子』.
范曄, 『後漢書』.
이이(李珥), 《栗谷全書》, 卷10.

《성서》:
Biblia Sacra iuxta vulgatam versionem. Deutsche Bibelgesellschaft,
　　Stuttgart ⁴1994.
*Die Bibel oder Die Ganze Heilige Schrift des Alten und Neuen
　　Testaments nach der Übersetzung Martin Luthers*. Revidierter Text
　　1975, Deutsche Bibelgesellschaft, Stuttgart 1978.
Die Bibel. Einheitsübersetzung, Katholische Bibelanstalt GmbH, Stuttgart
　　1980.
Die Heilige Schrift. Einheitsübersetzung, Verlag Katholisches Bibelwerk,
　　Stuttgart 2003.
Greek-Englisch New Testament. Deutsche Bibelgesellschaft, Stuttgart
　　⁸1998.
『NIV 구약 원어대조성경』. 로고스, 1993.
『분해대조 로고스성경』. 장보웅 편저, 로고스, 1992.
『200주년 신약성서 주해』. 분도출판사, 2001.

『공동번역 성서』. 대한성서공회, 1977.

『성경』. 한국 천주교 주교회의 성서위원회, 2005.

『貫珠 聖經全書』. 대한성서공회, 2009[개역개정판].

H. Diels/W. Kranz[DK] 편, *Die Fragmente der Vorsokratiker*(1951), Berlin: Verlag Weidmann, [16]1972.

Platon, *Politeia*: 박종현 역,『국가 · 政體』, 서광사, 2005.

_____, *Nomoi*: 박종현 역,『법률』, 서광사, 2009.

_____, *Kriton*: 수록: 박종현 역,『플라톤의 네 대화 편』, 서광사, 2003.

_____, *Phaidon*, bearbeitet v. D. Kurz, Darmstadt 1974.

_____, *Phaidros*, bearbeitet v. D. Kurz, Darmstadt 1983.

_____, *Theaitetos*, bearbeitet von P. Staudacher, Darmstadt 1970.

_____, *Gorgias*, bearbeitet v. H. Hofmann, Darmstadt 1973.

Aristoteles, *De anima*, ed. by W. D. Ross, Oxford 1956: 유원기 역,『영혼에 관하여』, 궁리, 2001.

_____, *Politica*, ed. by W. D. Ross, Oxford 1957.

_____, *Metaphysica*, Griechisch-deutsche Parallelausg., 2 Bde., übers. v. H. Bonitz, Hamburg 1978/80: 김진성 역,『형이상학』, 이제이북스, 2007.

_____, *Ethica Nicomachea*, ed. by I. Bywater, Oxford 1979: 김재홍 · 강상진 · 이창우 역,『니코마코스 윤리학』, 길, 2011(개정판).

_____, *Categoriae // Liber de Interpretatione*, Oxford 1949.

Epikuros, *Kyriai doxai*.

Diogenes Laertios, *Vitae philosophorum*, ed. Miroslav Marcovich, Stuttgart · Leipzig 1999.

Titus Maccius Plautus, *Asinaria*.

Ovidius, *Fasti*.

Cicero, *De officiis*: 허승일 역,『키케로의 의무론』, 서광사 1989.

_____, *De finibus bonorum et malorum*: 김창성 역,『키케로의 최고선악론』, 서광사, 1999.

_____, *De legibus*: 성염 역, 『법률론』, 한길사, 2007.

_____, *De re publica*: 김창성 역, 『국가론』, 한길사, 2007.

_____, *De natura deorum*. lat.-dt. hrsg. und übers. von W. Gerlach und Karl Bayer, München · Zürich ³1990: 강대진 역, 『신들의 본성에 관하여』, 나남, 2012.

Seneca, *De tranquillitate animi*.

_____, *Epistulae moralis*.

_____, *De ira*.

Epiktetos, *Encheiridion*: 김재홍 역, 『엥케이리디온』, 까치글방, 2003.

Ioannes ab Arnim(coll.), *Stoicorum Veterum Fragmenta*[SVF] III, Lissiae in Aedibus B. G. Teubneri.

Augustinus, *Confessiones*, hrsg. v. J. Bernhart, Müchen 1980: 최민순 역, 『고백록』, 성바오로출판사(바오로딸), 1965(2010).

_____, *De libero arbitrio*: 성염 역, 『자유의지론』, 분도출판사, 1998.

_____, *De civitate dei*: 성염 역, 『신국론』(전 3권), 분도출판사, 2004.

_____, *De vera religione*. 성염 역, 『참된 종교』, 분도출판사, 2011.

Thomas Aquinas, *De ente et essentia*: 정의채 역, 『존재자와 본질에 대하여』, 바오로딸, 2004.

_____, *Summa Theologiae*[ST], Biblioteca de autores cristianos, Madrid 1978: 정의채 (외) 역, 『신학대전』, 성바오로출판사/바오로딸, 1985 이하.

Descartes, *Discours de la methode*(1637): in: Oeuvres de Descartes, publ. par C. Adam & P. Tannery[AT], Paris 1973. VI, 1~78: 이현복 역, 『방법 서설』, 문예출판사, 1997.

_____, *Meditationes de prima philosophia*(1641 · ²1642): AT VII, 1~90: 이현복 역, 『성찰』, 문예출판사, 1997.

_____, *Principia philosophiae*(1644): AT VIII-1: 원석영 역, 『철학의 원리』, 아카넷, 2002.

Pascal, Blaise, *Pensées*(유고 1658), éd. Léon Brunschvicg, Paris 1897: 김형길 역, 『팡세』, 서울대학교출판문화원, 2010(전정판).

Spinoza, *Ehtica ordine geometrico demonstrata*, in: Spinoza Opera, II, hrsg. v. Carl Gebhardt, Heidelberg 1925.

_____, *Tractatus Theologico-Politicus*, in: Spinoza Opera, III, hrsg. v. Carl Gebhardt, Heidelberg 1925.

Rousseau, *Discours sur les sciences et les arts* ― Discours qui a remporté le Prix à l'académie de Dijon, En l'année 1750: 김중현 역, 『학문과 예술에 대하여』, 한길사, 2007.

_____, *Émile, ou De l'éducation*(1762), in: Œuvres complètes de J.-J. Rousseau, tome II, A. Houssiaux, 1852: 김중현 역, 『에밀』, 한길사, 2003.

_____, *Discours sur l'origine et les fondements de l'inégalité parmi les hommes*, Amsterdam 1755. 수록: 박은수 역, 『사회계약론 외』, 인폴리오, 1998.

_____, *Du contrat social ou principes du droit politique*, Amsterdam 1762. 수록: 박호성 역, 『사회계약론 외』, 책세상, 2015.

Locke, *An Essay concerning Human Understanding*(London 1690), ed. by A. C. Fraser, New York 1959: 정병훈 · 이재영 · 양선숙 역, 『인간지성론 1 · 2』, 한길사, 2014.

_____, *Two Treatises of Government*(London 1690), ed. by P. Laslett, Cambridge 1988: 강정인 · 문지영 역, 『통치론』, 까치, 1996.

Newton, I., *Philosophiae naturalis principia mathematica*(1687): 이무현 역, 『프린키피아 1 · 2 · 3』, 교우사, 1998/9.

Tatianus, *Oratio ad Graecos*, X: ed. by Wilhelm Worth, Oxford 1700.

Hume, D., *A Treatise of Human Nature*((London 1739/1740), ed. L. A. Selby-Bigge, Oxford, 1978.

Jacobi, F. H., *David Hume über den Glauben, oder Idealismus und Realismus*, in: Werke II(1787), Neudruk: Darmstadt 1976.

Schulze, G. E., *Aenesidemus oder über die Fundamente der von dem Herrn Professor Reinhold in Jena gelieferten Elementar-*

Philosophie(1792), Neudruk: Berlin 1911.

Fichte, J. G., *Grundlage der gesammten Wissenschaftslehre*[GW](1794), in: Fichtes sämmtliche Werke[SW], hrsg. v. I. H. Fichte, Berlin 1845/1846, Bd. I.

Schelling, F. W. J, *Vom Ich als Princip der Philosophie oder über das Unbedingte im menschlichen Wissen*(1795), in: Sämtliche Werke[SW], hrsg. v. K. F. A. Schelling, Stuttgart 1856~1861, Bd. I/1.

_____, *Abhandlungen zur Erläuterung des Idealismus der Wissenschaftslehre*[AEIW])」(1796/97), in: SW, Bd. I/1.

_____, *System des transzendentalen Idelismus*[StI](1800), in: SW, Bd. I/3.

Hegel, Ueber die wissenschaftlichen Behandlungsarten des Naturrechts, seine Stelle in der praktischen Philosophie, und sein Verhältniss zu den positiven Rechtswissenschaften(1802), in: GW Bd. 4, hrsg. v. H. Buchner / O. Pöggeler, Hamburg 1968.

_____, *Wissenschaft der Logik*, Bd. I.[*WdL I*], in: GW, Bd. 11, hrsg. v. F. Hogemann / W. Jaeschke, Hamburg 1978.

Nietzsche, Friedrich, *Zur Genealogie der Moral*, in: Kritische Studienausgabe[KSA], hrsg. v. G. Colli · M. Montinari, Müchen 1999 (Neuausgabe), Bd. 5: 김정현 역, 『도덕의 계보』, 수록: 《니체전집》 (책세상, 2000~2005) 1.

Darwin, Charls, *The Origin of Species*(1859), Signet Classics, Penguin Books, 2003: 김관선 역, 『종의 기원』, 한길사, 2014 / 송철용 역, 『종의 기원』, 동서문화사, 2013.

_____, *The Descent of Man and Selection in Relation to Sex*(1871 · ²1879), Penguin Classics, Penguin Books, 2004: 김관선 역, 『인간의 유래 1 · 2』, 한길사, 2006 / 이종호 발췌역, 『인간의 유래와 성선택』, 지식을만드는지식, 2012.

Moore, G. E., *Principia Ethica*(1903), New York 1988.

Dewey, John, *Experience and Nature*(1925): his *The Later Works 1925-*

1953, Vol. 1, ed. Jo Ann Boydston, Southern Illinois Univ. Press, 1981.

Heidegger, M., Die *Grundprobleme der Phänomenologie*(1927), Gesamtausgabe[GA] 24, Frankfurt/M. 1975.

_____, *Die Frage nach dem Ding*(1962), GA 41, Frankfurt/M. 1984.

Horkheimer, Max / Theodor W. Adorno, *Dialektik der Aufklärung*(1947), Fankfurt/M. ²¹2013: 김유동 역,『계몽의 변증법』, 문학과지성사, 2001.

Horkheimer, Max, *Eclipse of Reason*(1947), New York: The Continuum, 2004: 박구용 역,『도구적 이성 비판』, 문예출판사, 2006.

Rawls, J., *A Theory of Justice*[TJ], Oxford ²1999: 황경식 역,『정의론』, 이학사, 2003.

Barrat, James, *Our Final Invention: Artificial Intelligence and the End of the Human Era*, Thomas Dunne Books St. Martin's Griffin, New York 2013: 정지훈 역,『파이널 인벤션』, 동아시아, 2016.

Bryant, John / L. B. la Velle / J. Searle, *Introduction to Bioehtics*, John Wiley & Sons, 2005: 이원봉 역,『생명과학의 윤리』, 아카넷, 2008.

Burley, Justine(ed.) / Richard Dawkins(Foreword by), *The Genetic Revolution and Human Rights: Oxford Amnesty Lectures 1998*, Oxford 1999: 생물학사상연구회 역,『유전자 혁명과 생명윤리』, 아침이슬, 2004.

Dawkins, Richard, *The Selfish Gene*(1976), Oxford 2006(30주년 기념판): 홍영남·이상임 역,『이기적 유전자』, 을유문화사, 2010(전면개정판).

Düsing, K., "Das Problem des Höchsten Gutes in Kants praktischer Philsolphie." in: *Kant-Studien* 62, 1971.

Fischer, Ernst Peter, *Die Bildung des Menschen*, Berlin 2004: 박규호 역,『인간』, 들녘, 2005.

Fischer, Peter, *Moralität und Sinn*, München 2003.

Gerhard, C., *Kants Lehre von der Freiheit*, Heidelberg 1885.

Guyer, Paul, *Kant*, London: Routledge, 2006.

Hayles, N. Katherine, *How We Became Posthuman: Virtual Bodies in Cybernetics, Literature, and Informatics*, Chicago 1999: 허진 역, 『우리는 어떻게 포스트휴먼이 되었는가』, 플래닛, 2013.

Höffe(Hs.), O., *Immanuel Kant: Die Religion innerhalb der Grenzen der bloßen Vernunft*. Berlin 2011.

Himmelmann, B., *Kants Begriff des Glücks*, Berlin · New York 2003.

Krüger, G., *Philosophie und Moral in der Kantischen Kritik*(1931), Tübingen 1967.

Manin, Bernard, *The Principles of Representative Government*(1997): 곽준혁 역, 『선거는 민주적인가』, 후마니타스, 2004.

Noth, M., *Das zweite Buch Mose : Exodus*: 한국신학연구소 역, 『출애굽기』, 서울, 1981.

Paton, H. J., *The Categorical Imperative. A Study in Kant's Moral Philosophy*, New York: Hutchinson 1947.

Pluhar, Evelyn, *Beyond Prejudice: The Moral Significance of Human and Nonhuman Animals*, Duke Univ. Press, 1995.

Regan, Tom, *The Case for Animal Rights*, Berkeley: Univ. of California Press, 1985.

Schmidinger Heinrich · Clemens Sedmak(Hs.), *Der Mensch — ein 》animal rationale《?*, Darmstadt 2004.

Silber, J. R., "The Moral Good and the Natural Good in Kant's Ethics." in: *Review of Metaphysics* 36, 1982.

Tegmark, Max, *Life 3.0: Being Human in the Age of Artificial Intelligence*, New York: Knopf, 2017: 백우진 역, 『맥스 테그마크의 라이프 3.0 — 인공 지능이 열어 갈 인류와 생명의 미래』, 동아시아, 2017.

Wendell Wallach / Collin Allen, *Moral Machines — Teaching Robots Right from Wrong*, Oxford univ. press, 2009.

찾아보기

※ 표제어는 한글로 적고, 본문에서 여타 문자(언어)가 사용된 경우
　표제어(한자) 뒤로 그리스어/라틴어/독일어/영어/프랑스어 순서로 병기한다.
※ 화살표(→) 다음의 제시어는 상관어이며, 해당 표제어를 참조하라는 뜻이다.

저자소개

백종현 白琮鉉

서울대학교 명예교수. 한국포스트휴먼연구소 소장.

서울대학교 철학과에서 학사·석사 과정 후 독일 프라이부르크 대학에서 철학 박사 학위를 받았다. 인하대·서울대 철학과 교수, 서울대 철학사상연구소 소장, 서울대 인문학연구원 원장, 한국칸트학회 회장, 한국철학회『철학』편집인·철학용어정비위원장·회장 겸 이사장, 한국포스트휴먼학회 회장을 역임하였다. 주요 논문으로는 "Universality and Relativity of Culture"(*Humanitas Asiatica*, 1, Seoul 2000), "Kant's Theory of Transcendental Truth as Ontology"(*Kant-Studien*, 96, Berlin & New York 2005), "Reality and Knowledge"(*Philosophy and Culture*, 3, Seoul 2008) 등이 있으며, 주요 저서로는 *Phänomenologische Untersuchung zum Gegenstandsbegriff in Kants "Kritik der reinen Vernunft"*(Frankfurt/M. & New York 1985),『독일철학과 20세기 한국의 철학』(1998/증보판 2000),『존재와 진리 — 칸트〈순수이성비판〉의 근본 문제』(2000/2003/전정판 2008),『서양근대철학』(2001/증보판 2003),『현대한국사회의 철학적 문제: 윤리 개념의 형성』(2003),『현대한국사회의 철학적 문제: 사회 운영 원리』(2004),『철학의 개념과 주요 문제』(2007),『시대와의 대화: 칸트와 헤겔의 철학』(2010/개정판 2017),『칸트 이성철학 9서5제』(2012),『동아시아의 칸트철학』(편저, 2014),『한국 칸트철학 소사전』(2015),『이성의 역사』(2017),『인간이란 무엇인가 — 칸트 3대 비판서 특강』(2018),『한국 칸트사전』(2019),『인간은 무엇이어야 하는가 — 포스트휴먼 시대, 인간을 다시 묻다』(2021),『인간의 조건 — 칸트의 인본주의』(2024) 등이 있고, 역서로는『칸트 비판철학의 형성과정과 체계』(F. 카울바흐, 1992),『임마누엘 칸트 — 생애와 철학 체계』(2019),『실천이성비판』(칸트, 2002/개정2판 2019),『윤리형이상학 정초』(칸트, 2005/개정2판 2018),『순수이성비판 1·2』(칸트, 2006),『판단력비판』(칸트, 2009),『이성의 한계 안에서의 종교』(칸트, 2011/개정판 2015),『윤리형이상학』(칸트, 2012),『형이상학 서설』(칸트, 2012),『영원한 평화』(칸트, 2013),『실용적 관점에서의 인간학』(칸트, 2014),『교육학』(칸트, 2018),『유작 I.1·I.2』(칸트, 2020),『학부들의 다툼』(칸트, 2021),『유작 II』(칸트, 2022) 등이 있다.

인간의 조건

칸트의 인본주의

1판 1쇄 펴냄 2024년 4월 22일
1판 2쇄 펴냄 2024년 6월 7일

지은이 백종현
펴낸이 김정호

책임편집 박수용

펴 낸 곳 아카넷
출판등록 2000년 1월 24일 (제406-2000-000012호)
주   소 10881 경기도 파주시 회동길 445-3
전   화 031-955-9510 (편집) · 031-955-9514 (주문)
팩시밀리 031-955-9519

www.acanet.co.kr

Printed in Paju, Korea.

ISBN 978-89-5733-921-3 93100